撰稿人

武长海　王　旭　黄静怡　武亚飞　王泓鑫
何依宁　潘墨泽　潘雅蓉　蔡文婷　张　薛
徐睿宁　韦　洁　吴铠安　郭思锐　钱云济
傅泽豪　程海林　付　媛　周政训　尹晓阳
滕　毅　李倩敏　黄雯欣　刘莘睿

XIN FANXIQIANFA
JIESHI、LILUN YU SHIWU

新反洗钱法
解释、理论与实务

武长海　王　旭 / 主编

中国法治出版社
CHINA LEGAL PUBLISHING HOUSE

序　言

一、反洗钱的时代背景与法治需求

在全球经济一体化与金融交易复杂化的浪潮下，洗钱活动正以前所未有的隐蔽性与复杂性冲击着各国的金融体系与社会秩序。洗钱行为犹如寄生虫般依附于金融创新与经济活动的肌体之上，从传统的毒品犯罪、贪污贿赂犯罪的赃款清洗，到如今网络诈骗、跨境赌博等新型犯罪的资金"漂白"，其"触角"已蔓延至经济生活的各个角落。每年全球因洗钱活动造成的经济损失高达数千亿美元，更严重的是，它侵蚀着社会公平正义，扰乱金融市场的资源合理配置，甚至威胁到国家安全与国际政治稳定。

在此严峻形势下，加强反洗钱法治建设成为各国的共同课题。我国作为负责任的大国，始终将反洗钱工作摆在重要战略位置。从早期的局部试点探索，到逐步构建起具有中国特色的反洗钱法律框架，我国在反洗钱领域的立法不断演进。而今，面对日益复杂的洗钱风险与国际社会对反洗钱工作的更高期待，我国对《中华人民共和国反洗钱法》（以下简称《反洗钱法》）进行了全面修订。这部凝聚着立法者智慧、监管实践经验以及社会各界深入研讨成果的新《反洗钱法》，肩负着预防洗钱活动、遏制相关犯罪、维护金融秩序与社会公共利益、保障国家安全的时代重任，必将在我国反洗钱事业中留下浓墨重彩的一笔。

二、新法的创新与突破

新《反洗钱法》在多方面实现了创新与突破。其立法宗旨不再局限于传统的金融秩序维护，而是将总体国家安全观贯穿始终，充分体现了新时代对反洗钱工作的要求。在定义上，它紧跟国际通行标准，将洗钱活动的界定范围拓展至几乎所有严重犯罪类型，为打击洗钱提供了更坚实的法律基础。同时，"风险为本"的理念在新法中得到全面确立，一改过去"规则为本"

下"一刀切"的监管模式，要求反洗钱措施与洗钱风险相适应，这一理念的转变与国际反洗钱组织——金融行动特别工作组（FATF）的建议相契合，使我国反洗钱工作更具科学性与精准性。

新法还着重加强了对特定非金融机构的监管，明确了其在反洗钱体系中的地位与义务。从房地产、珠宝到法律服务等领域，特定非金融机构因业务特点易被洗钱分子利用，新法的这一规定填补了监管空白，使反洗钱防线更为严密。此外，新法强调了反洗钱信息的保密性与保护要求，平衡了反洗钱工作与公民个人信息保护之间的关系，体现了对公民权利的尊重与保障。

三、本书的内容架构与特色

本书以新《反洗钱法》为纲，全面系统地对法条进行了解释与剖析。内容架构严谨，共分为七章，涵盖总则、反洗钱监督管理、反洗钱义务、反洗钱调查、反洗钱国际合作、法律责任以及附则等多个方面，确保对新法的全方位解读。

在总则部分，详细阐述了立法宗旨、反洗钱的定义、工作原则以及监管机构的职责等基础性内容，为读者勾勒出反洗钱工作的整体框架与核心理念。反洗钱监督管理章节则深入分析了国务院反洗钱行政主管部门及其他相关部门的监管职责划分、协同机制、信息共享等内容，明确了监管体系的运作模式与权力边界。

反洗钱义务部分是本书的重点之一，对金融机构和特定非金融机构的反洗钱内控制度、客户尽职调查、客户身份资料和交易记录保存、大额交易和可疑交易报告等核心义务进行了详尽解读，结合实际案例，为义务主体提供了合规操作的指引。

在反洗钱调查章节，对调查程序、调查措施以及冻结措施等进行了清晰阐释，有助于读者理解反洗钱调查的合法程序与权限范围。反洗钱国际合作部分则凸显了我国在全球反洗钱领域中的积极参与者角色，对国际合作的基本依据、基本原则以及具体合作机制等内容进行了深入探讨，为提升我国反洗钱国际合作水平提供了理论支持。

法律责任章节明确了违反新《反洗钱法》所应承担的法律后果，包括监管机构责任、内控管理责任、具体反洗钱义务违反责任等，通过详细的责任划分与处罚标准解读，警示各类主体严格遵守反洗钱法律规定。

附则部分对新法的施行时间以及相关术语的解释等进行了说明，确保新法的顺利实施与准确适用。

本书的特色在于，不仅对法条本身进行了精准的文字解读，还深入挖掘了每一条文的立法背景、演变历程，同时结合国内外的理论研究成果与实务操作案例，使读者能够从多个维度理解新《反洗钱法》的内涵与外延。

四、理论与实务的深度融合

在理论方面，《新反洗钱法解释、理论与实务》一书吸纳众多理论成果，构建起系统的理论框架。其重点借鉴金融行动特别工作组（FATF）的建议，覆盖反洗钱全方位内容，特别是"风险为本"理念，强调依风险程度灵活调整策略。对客户尽职调查制度（KYC）的研讨深入，视为反洗钱基石，要求金融机构严格审核客户身份等信息，强调依客户风险特征动态调整。反洗钱内部控制理论占据重要地位，主张金融机构建立完善的内控机制，涵盖政策制定、机构设立等，以抵御洗钱风险。信息共享理论被反复提及，主张打破信息壁垒，实现高效协作；特别预防措施理论针对高风险对象提出精准打击手段；国际合作理论强调全球协作应对跨国洗钱。该书融合多理论成果，为读者提供全面深入的反洗钱知识体系，助力应对洗钱挑战。

在实务方面，本书通过大量真实案例的剖析，展示了新《反洗钱法》在实际操作中的应用场景与合规要求。这些案例来自金融领域的各个层面，涵盖了金融机构在反洗钱工作中可能遇到的各类问题，为读者提供了宝贵的实践经验。同时，本书还结合了反洗钱行政主管部门的指导意见与监管动态，确保实务建议的准确性和时效性，使读者能够将理论知识迅速转化为解决实际问题的能力。

五、教育与宣传的双重使命

反洗钱工作不仅需要完善的法律法规与高效的监管执行，更离不开社会公众的广泛参与和金融机构等义务主体的积极配合。本书的出版肩负着教育与宣传的双重使命。通过对新《反洗钱法》的深入解读，旨在提高社会各界对洗钱危害的认识，增强公民的反洗钱意识，使社会公众能够自觉抵制洗钱活动，积极举报可疑行为。

对于金融机构和特定非金融机构而言，本书是一本实用的合规指南。它帮助从业人员准确理解新法要求，完善内部反洗钱制度建设，加强客户尽职调查与风险监测，提升反洗钱工作的质量和效率。同时，也为相关机构的管理人员提供了风险预警与防范的思路，助力机构在防范洗钱风险的同时，实现健康稳定发展。

在高校教育领域，本书可作为法学、金融学等相关专业的教学参考书，丰富反洗钱课程的教学内容，为培养具有扎实反洗钱知识与实践能力的复合型人才提供有力支持。通过系统化的教材建设，推动反洗钱教育纳入国民教育体系，从源头上提高全社会的反洗钱素养。

六、展望与结语

《新反洗钱法解释、理论与实务》的出版，不仅为法律从业者、金融机构和特定非金融机构提供了全面、专业、深入的新《反洗钱法》学习读本，也为推动我国反洗钱工作与国际标准接轨，提升我国在国际反洗钱领域的影响力发挥着积极作用。

展望未来，随着经济全球化进程的加速和金融创新的不断涌现，洗钱活动的形式与手段将更加复杂多样。我们坚信，在新《反洗钱法》的引领下，在全社会的共同努力下，我国的反洗钱工作必将迈上新的台阶，为维护国家金融安全、社会稳定和公平正义作出更大贡献。本书也将持续发挥其价值，成为反洗钱领域不可或缺的理论宝库与实务指南，见证并推动我国反洗钱事业不断向前发展，以法治力量构筑起坚固的金融安全防线，守护国家与人民的财产安全与社会的和谐稳定。

武长海　王旭

2025 年 6 月 18 日

目　录

中华人民共和国反洗钱法

第一章　总　则

第 一 条【立法宗旨】 …………………………………… 001

第 二 条【反洗钱的定义】 ……………………………… 005

第 三 条【反洗钱工作原则】 …………………………… 011

第 四 条【风险相适应原则】 …………………………… 014

第 五 条【监督管理】 …………………………………… 019

第 六 条【金融机构和特定非金融机构反洗钱义务的规定】……… 025

第 七 条【反洗钱信息的保密、使用范围和保护要求】………… 031

第 八 条【对履行反洗钱义务的机构及其工作人员开展相关

　　　　　工作的法律保障】 ……………………………… 036

第 九 条【反洗钱宣传教育】 …………………………… 040

第 十 条【单位与个人的反洗钱责任】 ………………… 043

第十一条【反洗钱举报与表彰奖励机制】 ……………… 046

第十二条【打击境外反洗钱和恐怖主义融资】………… 050

第二章　反洗钱监督管理

第十三条【国务院反洗钱行政主管部门的反洗钱监管职责】……… 054

第十四条【国务院有关金融管理部门的反洗钱监管职责】………… 059

第十五条【国务院有关特定非金融机构主管部门的反洗钱监

　　　　　管职责】 ………………………………………… 066

第十六条【反洗钱监测分析机构职责】 ………………… 070

第十七条【部门间信息交换机制】……………………………… 076

第十八条【出入境申报】………………………………………… 080

第十九条【受益所有人信息管理制度】………………………… 086

第二十条【犯罪材料移转】……………………………………… 092

第二十一条【行政部门监管职责】……………………………… 097

第二十二条【监督检查具体措施】……………………………… 102

第二十三条【风险评估职责】…………………………………… 105

第二十四条【高风险地区的识别与控制】……………………… 110

第二十五条【行业自律组织】…………………………………… 114

第二十六条【服务机构及其工作人员】………………………… 117

第三章 反洗钱义务

第二十七条【金融机构反洗钱内控制度】……………………… 120

第二十八条【建立客户尽职调查制度】………………………… 126

第二十九条【客户尽职调查义务】……………………………… 133

第三十条【金融机构实施风险管理措施的条件和限制】……… 140

第三十一条【特殊尽职调查义务】……………………………… 146

第三十二条【依托第三方开展客户尽职调查的相关规定】…… 151

第三十三条【相关部门支持客户尽职调查】…………………… 154

第三十四条【客户身份资料和交易记录保存制度】…………… 156

第三十五条【大额交易报告制度和可疑交易报告制度】……… 159

第三十六条【金融机构保持动态情形关注的要求】…………… 163

第三十七条【反洗钱工作统筹及信息共享】…………………… 168

第三十八条【对客户尽职调查的配合义务】…………………… 172

第三十九条【洗钱风险管理措施的救济】……………………… 179

第四十条【反洗钱特别预防措施】……………………………… 183

第四十一条【识别、评估相关风险并制定相应的制度】……… 188

第四十二条【特定非金融机构反洗钱义务】…………………… 191

第四章　反洗钱调查

　　第四十三条【调查程序】…………………………………… 194

　　第四十四条【调查措施】…………………………………… 199

　　第四十五条【冻结措施】…………………………………… 204

第五章　反洗钱国际合作

　　第四十六条【反洗钱国际合作的基本依据和基本原则】…… 209

　　第四十七条【中国人民银行履行反洗钱国际合作职责】…… 211

　　第四十八条【洗钱犯罪司法协助】………………………… 212

　　第四十九条【境外金融机构配合调查】…………………… 216

　　第 五 十 条【境外执法要求的处理】……………………… 221

第六章　法律责任

　　第五十一条【监管机构责任】……………………………… 226

　　第五十二条【内控管理之责】……………………………… 227

　　第五十三条【金融机构具体反洗钱义务之一】…………… 232

　　第五十四条【其他违反反洗钱义务的处罚】……………… 235

　　第五十五条【致使发生洗钱或恐怖融资后果的处罚】…… 242

　　第五十六条【对金融机构相关责任人员的处罚】………… 247

　　第五十七条【金融机构违反对等原则擅自行动的法律责任】……… 253

　　第五十八条【特定非金融机构反洗钱法律责任】………… 256

　　第五十九条【单位与个人违反反洗钱特别预防措施法律责任】…… 259

　　第 六 十 条【未按规定提交受益所有人信息的处罚标准】 264

　　第六十一条【裁量基准制定主体及原则】………………… 267

　　第六十二条【行刑衔接】…………………………………… 272

第七章 附　则

第六十三条【履行反洗钱义务的金融机构】…………………… 280

第六十四条【特定非金融机构的反洗钱法义务】…………………… 284

第六十五条【施行时间】…………………… 288

第一章 总 则

第一条 立法宗旨

为了预防洗钱活动,遏制洗钱以及相关犯罪,加强和规范反洗钱工作,维护金融秩序、社会公共利益和国家安全,根据宪法,制定本法。

条文内容解读

1. 立法意旨

本条是关于立法宗旨的规定。

2. 演变历程

本条可追溯至2006年《反洗钱法》[①] 第1条:"为了预防洗钱活动,维护金融秩序,遏制洗钱犯罪及相关犯罪,制定本法。"

在保留原有立法宗旨的基础上,本次修法吸收了各界立法建议,认为预防洗钱活动和遏制洗钱以及相关犯罪,采取反洗钱措施,与《中华人民共和国宪法》关于维护社会经济秩序的有关规定存在密切联系,因此应明确宪法是本法的立法依据,并对加强、规范和依法开展反洗钱工作提出要求。为此,本条作出如下修改:一是新增了"加强和规范反洗钱工作"的内容;二是增加了"维护社会公共利益和国家安全"的内容;三是在末句新增了"根据宪法"的内容。这一修订充分体现了反洗钱工作在新时代背景下的重要性,明确了立法目标的扩展方向,也彰显了立法者对防范金融风险及维护国家安全的高度重视。

[①] 编者注:本书将2024年修订的《中华人民共和国反洗钱法》简称为2024年《反洗钱法》或新《反洗钱法》,将原《中华人民共和国反洗钱法》简称为2006年《反洗钱法》,下文对此不再提示。

3. 内容解读

本条对应 2006 年《反洗钱法》第 1 条，有内容性修改。

依照本条规定，本法的立法宗旨有以下四个：一是预防洗钱活动。本法明确了其调整范围是对洗钱活动的预防。首先，就洗钱活动的定义和特点而言，本法并没有直接界定洗钱活动的概念，而是在本法第 2 条对反洗钱的规定中间接含有对洗钱活动的含义，即通过各种方式掩饰、隐瞒毒品犯罪、黑社会性质的组织犯罪、恐怖活动犯罪、走私犯罪、贪污贿赂犯罪、破坏金融管理秩序犯罪、金融诈骗犯罪和其他犯罪所得及其收益的来源、性质的活动。洗钱活动一般具有预谋性、隐蔽性、复杂性等特征。其次，就预防洗钱活动的必要性而言，本法之所以主要规范的是预防洗钱活动，是因为本法的目的是遏制洗钱以及相关犯罪、加强和规范反洗钱工作、维护金融秩序、社会公共利益和国家安全。洗钱活动具有严重的社会危害性。犯罪行为人主要通过银行等金融系统进行洗钱来达到逃避司法机关对上游犯罪的侦查活动、规避司法的制裁的目的，大量犯罪所得及其收益等流动性资金的涌入对国家金融市场的秩序及社会的稳定亦带来一定的威胁。尤其是近年来，随着经济全球化和金融创新的发展，跨境洗钱活动猖獗，大规模的洗钱活动呈现出特别明显的跨国性和有组织性变化，利用多国金融系统、多种银行服务产品和多种交易方式反复多次进行资金划转，今后的洗钱和恐怖融资活动将向着更为专业化的趋势演进。为此，提前发现和阻止洗钱活动的发生，从源头上切断犯罪所得及其收益的洗白渠道，是反洗钱法必然的立法宗旨。最后，就预防洗钱活动的内容而言，预防监控洗钱活动的措施主要是指金融机构和特定的非金融机构履行反洗钱的义务，依据本法规定，建立并实施客户尽职调查、客户身份资料和交易记录保存、受益所有人信息登记制度、大额交易和可疑交易报告、反洗钱特别预防措施等制度。

二是遏制洗钱以及相关犯罪。洗钱活动往往与其他犯罪行为紧密相连，如传统的七种洗钱上游犯罪，如毒品犯罪、黑社会性质的组织犯罪、恐怖活动犯罪、走私犯罪、贪污贿赂犯罪、破坏金融管理秩序犯罪、金融诈骗犯罪等，洗钱活动既为这些犯罪提供资金支持，又使其得以持续存续和扩大。且近年来，跨境网络赌博、跨境诈骗、拐卖妇女儿童、偷税等犯罪亦成为洗钱活动的上游犯罪。通过遏制洗钱活动，能够有效打击上游犯罪，切断犯罪集团的资金链条，削弱其经济能力，从而遏制相关犯罪的滋生和蔓延。

三是加强和规范反洗钱工作。反洗钱工作涉及多个部门和领域的协同配合，需要一套明确且有效的制度和机制来确保其顺利开展。此次修订进一步明确了各部门反洗钱监督管理职责的分工，细化了反洗钱义务主体——金融机构和特定的非金融机构的义务和责任，完善了部门间的反洗钱信息共享机制，建立受益所有人信息管理、使用制度等，以确保反洗钱工作的科学性、有效性和规范性。

四是维护金融秩序、社会公共利益和国家安全。随着我国在实践中深入反洗钱工作，人们对洗钱活动危及权益范围的认识逐渐加深，从金融行业秩序的维护，到社会公共利益的保障，再到国家安全的坚守，均表明预防洗钱活动是构建我国现代化国家能力建设中的重要一环。首先，金融体系的稳定和健康对于一国的经济发展至关重要。洗钱活动会干扰金融机构的正常运作，导致金融市场的波动，甚至可能引发金融风险。本法通过预防和打击洗钱行为，维护金融机构的稳健运行，保障金融市场的公平、透明。其次，洗钱活动还可能对社会的公平正义、经济发展和社会稳定产生负效应，本法的实施有助于保护社会公众的合法权益，维护社会的和谐稳定。最后，近年来，洗钱活动往往与恐怖主义融资、跨国犯罪等威胁国家安全的行为密切相关。恐怖组织和跨国犯罪集团会对国家安全和稳定构成严重威胁。本法从坚持总体国家安全观的高度出发，将反洗钱工作纳入国家安全战略，防范和化解相关风险，保障国家安全和稳定。

此外，本次修法明确了本法是根据《中华人民共和国宪法》制定的。宪法是我国的根本大法，具有最高法律效力。本法依据宪法制定，体现了其在法律体系中的重要地位和权威性，亦为反洗钱工作提供了坚实的宪法基础，确保反洗钱工作在法治轨道上运行。

相关法律法规

《中华人民共和国反恐怖主义法》

第一条 为了防范和惩治恐怖活动，加强反恐怖主义工作，维护国家安全、公共安全和人民生命财产安全，根据宪法，制定本法。

《金融机构反洗钱和反恐怖融资监督管理办法》

第一条 为了督促金融机构有效履行反洗钱和反恐怖融资义务,规范反洗钱和反恐怖融资监督管理行为,根据《中华人民共和国反洗钱法》《中华人民共和国中国人民银行法》《中华人民共和国反恐怖主义法》等法律法规,制定本办法。

《金融机构反洗钱规定》

第一条 为了预防洗钱活动,规范反洗钱监督管理行为和金融机构的反洗钱工作,维护金融秩序,根据《中华人民共和国反洗钱法》、《中华人民共和国中国人民银行法》等有关法律、行政法规,制定本规定。

《金融机构大额交易和可疑交易报告管理办法》

第一条 为了规范金融机构大额交易和可疑交易报告行为,根据《中华人民共和国反洗钱法》、《中华人民共和国中国人民银行法》、《中华人民共和国反恐怖主义法》等有关法律法规,制定本办法。

《金融机构客户身份识别和客户身份资料及交易记录保存管理办法》

第一条 为了预防洗钱和恐怖融资活动,规范金融机构客户身份识别、客户身份资料和交易记录保存行为,维护金融秩序,根据《中华人民共和国反洗钱法》等法律、行政法规的规定,制定本办法。

《涉及恐怖活动资产冻结管理办法》

第一条 为规范涉及恐怖活动资产冻结的程序和行为,维护国家安全和社会公共利益,根据《中华人民共和国反洗钱法》、《全国人大常委会关于加强反恐怖工作有关问题的决定》等法律,制定本办法。

《证券期货业反洗钱工作实施办法》

第一条 为进一步配合国务院反洗钱行政主管部门加强证券期货业反洗钱工作,有效防范证券期货业洗钱和恐怖融资风险,规范行业反洗钱监管行为,推动证券期货经营机构认真落实反洗钱工作,维护证券期货市场秩序,根据《中华人民共和国反洗钱法》(以下简称《反洗钱法》)、《中华人民共和国证券法》《中华人民共和国证券投资基金法》《中华人民共和国期货和衍生品法》及《期货交易管理条例》等法律法规,制定本办法。

《证券公司反洗钱工作指引》

第一条 为促进和规范证券公司的反洗钱工作，提高证券公司防范洗钱风险的能力，维护国家经济秩序和金融安全，根据《中华人民共和国反洗钱法》、《金融机构反洗钱规定》、《金融机构客户身份识别和客户身份资料及交易记录保存管理办法》、《金融机构大额交易和可疑交易报告管理办法》、《金融机构报告涉嫌恐怖融资的可疑交易管理办法》、《涉及恐怖活动资产冻结管理办法》、《金融机构洗钱和恐怖融资风险评估及客户分类管理指引》、《证券期货业反洗钱工作实施办法》等法律法规以及中国人民银行、中国证监会的有关规定，制定本指引。

❖ 条文理论延伸

1. 比较法规定

欧盟《欧洲议会和理事会关于防止金融系统用于洗钱和恐怖主义融资的指令》第1条第1款。[①]

2. 学术研究

俞光远主编：《中华人民共和国反洗钱实用手册》，中国财政经济出版社2006年版。

中国人民银行反洗钱局课题组编著：《完善反洗钱法律制度研究》，中国金融出版社2020年版。

第二条 反洗钱的定义

本法所称反洗钱，是指为了预防通过各种方式掩饰、隐瞒毒品犯罪、黑社会性质的组织犯罪、恐怖活动犯罪、走私犯罪、贪污贿赂犯罪、破坏金融管理秩序犯罪、金融诈骗犯罪和其他犯罪

[①] Directiive (EU) 2015/849 of the European Parliament and of the Council of 20 May 2015 on the prevent of the use of the financial system for the purposes of money laundering or terrorist financing, Art. 1. 1. This Directive to prevent the use of the Union's financial system for the purpose of money laundering and terrorist and financing.（《欧洲议会和理事会关于防止金融系统用于洗钱和恐怖主义融资的指令》第1条第1款，本指令旨在防止欧盟金融系统被用于洗钱和恐怖主义融资的目的。）

> 所得及其收益的来源、性质的洗钱活动，依照本法规定采取相关措施的行为。
>
> 预防恐怖主义融资活动适用本法；其他法律另有规定的，适用其规定。

❋ 条文内容解读

1. 立法意旨

本条是关于反洗钱定义的规定。

2. 演变历程

本条可追溯至 2006 年《反洗钱法》第 2 条和第 36 条，第 2 条规定："本法所称反洗钱，是指为了预防通过各种方式掩饰、隐瞒毒品犯罪、黑社会性质的组织犯罪、恐怖活动犯罪、走私犯罪、贪污贿赂犯罪、破坏金融管理秩序犯罪、金融诈骗犯罪等犯罪所得及其收益的来源和性质的洗钱活动，依照本法规定采取相关措施的行为。"第 36 条规定："对涉嫌恐怖活动资金的监控适用本法；其他法律另有规定的，适用其规定。"

在保留原有对反洗钱定义的基础上，本次修法强调使所有资金流动都置于金融监管机构的监管视野之内，将反洗钱的定义从原来的七种洗钱上游犯罪扩大到所有的犯罪类型，以及恐怖主义融资活动，极大拓宽了法律的适用范围。又明确以七种洗钱上游犯罪为重点监控对象，并以"和其他犯罪"的兜底表述来扩大其他上游犯罪范围，适应新形势下对洗钱活动的预防。作出了如下修改：一是将"等犯罪所得及其收益的来源和性质的洗钱活动"修改为"和其他犯罪所得及其收益的来源、性质的洗钱活动"；二是将 2006 年《反洗钱法》第 36 条放置在新《反洗钱法》第 2 条第 2 款，增加了"预防恐怖主义融资活动适用本法"的内容。这一修订充分体现了法律部门之间的体系协调，在平衡严厉打击洗钱行为与部门法协调之间权衡的同时，保障新《反洗钱法》与《中华人民共和国刑法》关于洗钱罪规定的上游犯罪相呼应。

3. 内容解读

本条将 2006 年《反洗钱法》第 2 条和第 36 条结合，有内容性修改。

依照本条规定，本条既是对反洗钱的界定，亦是对本法调整范围的规定。

就本条文的修改背景而言，主要有三大因素推动反洗钱定义的修改。一是与国际反洗钱定义标准对接。国际反洗钱组织——反洗钱金融行动特别工作组（FATF）发布的1990年版的《打击洗钱、恐怖融资与扩散融资的国际标准：FATF建议》（以下简称40项建议）中建议各国刑法尽可能地将各种严重罪行都规定为洗钱犯罪的上游犯罪。二是适应国内国际新形势的要求。随着我国经济的快速发展和金融市场的复杂化，网络赌博、电信诈骗等上游犯罪活动已成为金融机构普遍关注的可疑交易类型，且在全球化的今天，跨境经济交流已成为常态，随之而来的跨境赌博、诈骗等犯罪活动频发，洗钱手段日益多样化，传统的七种洗钱上游犯罪定义已难以满足现实需求。扩大洗钱罪的上游犯罪的范围，是进行国际反洗钱司法合作的必然趋势。三是坚持总体国家安全观的要求。近年来，洗钱和恐怖主义融资已经成为全球性公害。一方面，洗钱能为有组织犯罪提供现金和投资本金，另一方面，有组织犯罪利用犯罪资金获得的收益需要通过洗钱来发挥效应。这一恶性循环使得国际洗钱活动屡禁不止。同时国际上维系和支持恐怖主义组织及其活动的主要资金来源亦是犯罪收益，洗钱和恐怖融资资金规模的日益庞大，严重威胁着国家安全和人民权益。为此，将反洗钱工作提升到维护国家金融安全和社会稳定的高度迫在眉睫。

就本条文修改内容而言，主要修改了两个方面。一是扩大了洗钱上游犯罪的范围。明确将传统的七种洗钱上游犯罪作为反洗钱工作的重心，与我国刑法规定的洗钱罪的上游犯罪范围相衔接，且本法是从行政监管的角度对反洗钱工作进行规范，而刑法则是从刑事制裁的角度对洗钱犯罪进行惩治，二者相互补充。同时，进一步明确任何掩饰或隐瞒犯罪所得及其收益的来源和性质的其他犯罪也为洗钱的上游犯罪，则与国际相关规则相衔接。在本次修法之前，中国人民银行颁布的《中国人民银行关于加强开户管理及可疑交易报告后续控制措施的通知》中已扩大了洗钱活动的范围，且在反洗钱工作实践中，公安部门和反洗钱行政主管部门早已将传统的七种洗钱上游犯罪之外的其他犯罪类型，诸如电信诈骗等，亦纳入了监管执法的范围。本次修法对反洗钱定义的扩大不仅体现了"风险为本"的监管理念，亦为反洗钱工作的顺利开展提供了法律保障。二是将2006年《反洗钱法》第36条规定作为新《反洗钱法》第2条第2款，并对文字进行了调整，明确预防恐怖主义融资活动亦适用本法，使得反洗钱的内涵更加全面。本次修改与《中华人民共和国反恐怖主义法》关于恐怖活动资金的打击措施相呼应，共同构建了我国打击恐怖主义融资的法律体系，亦与反洗钱金融行动特别工作组的40项建议等国际规则相衔接。

就本条文与本法其他法律条文的关系而言，本法第12条与第2条中对洗钱活动的定义相呼应，对域外适用效力作出了规定，明确境外的洗钱和恐怖主义融资活动，若危害我国主权和安全或扰乱境内金融秩序的，亦适用本法的规定。这体现了我国对跨境洗钱活动的监管。

相关法律法规

《中华人民共和国刑法》

第一百九十一条　为掩饰、隐瞒毒品犯罪、黑社会性质的组织犯罪、恐怖活动犯罪、走私犯罪、贪污贿赂犯罪、破坏金融管理秩序犯罪、金融诈骗犯罪的所得及其产生的收益的来源和性质，有下列行为之一的，没收实施以上犯罪的所得及其产生的收益，处五年以下有期徒刑或者拘役，并处或者单处罚金；情节严重的，处五年以上十年以下有期徒刑，并处罚金：

（一）提供资金帐户的；

（二）将财产转换为现金、金融票据、有价证券的；

（三）通过转帐或者其他支付结算方式转移资金的；

（四）跨境转移资产的；

（五）以其他方法掩饰、隐瞒犯罪所得及其收益的来源和性质的。

单位犯前款罪的，对单位判处罚金，并对其直接负责的主管人员和其他直接责任人员，依照前款的规定处罚。

第三百一十二条　明知是犯罪所得及其产生的收益而予以窝藏、转移、收购、代为销售或者以其他方法掩饰、隐瞒的，处三年以下有期徒刑、拘役或者管制，并处或者单处罚金；情节严重的，处三年以上七年以下有期徒刑，并处罚金。

单位犯前款罪的，对单位判处罚金，并对其直接负责的主管人员和其他直接责任人员，依照前款的规定处罚。

第三百四十九条　包庇走私、贩卖、运输、制造毒品的犯罪分子的，为犯罪分子窝藏、转移、隐瞒毒品或者犯罪所得的财物的，处三年以下有期徒刑、拘役或者管制；情节严重的，处三年以上十年以下有期徒刑。

缉毒人员或者其他国家机关工作人员掩护、包庇走私、贩卖、运输、制造毒品的犯罪分子的，依照前款的规定从重处罚。

犯前两款罪，事先通谋的，以走私、贩卖、运输、制造毒品罪的共犯论处。

《中华人民共和国反恐怖主义法》

第三条　本法所称恐怖主义，是指通过暴力、破坏、恐吓等手段，制造社会恐慌、危害公共安全、侵犯人身财产，或者胁迫国家机关、国际组织，以实现其政治、意识形态等目的的主张和行为。

本法所称恐怖活动，是指恐怖主义性质的下列行为：

（一）组织、策划、准备实施、实施造成或者意图造成人员伤亡、重大财产损失、公共设施损坏、社会秩序混乱等严重社会危害的活动的；

（二）宣扬恐怖主义，煽动实施恐怖活动，或者非法持有宣扬恐怖主义的物品，强制他人在公共场所穿戴宣扬恐怖主义的服饰、标志的；

（三）组织、领导、参加恐怖活动组织的；

（四）为恐怖活动组织、恐怖活动人员、实施恐怖活动或者恐怖活动培训提供信息、资金、物资、劳务、技术、场所等支持、协助、便利的；

（五）其他恐怖活动。

本法所称恐怖活动组织，是指三人以上为实施恐怖活动而组成的犯罪组织。

本法所称恐怖活动人员，是指实施恐怖活动的人和恐怖活动组织的成员。

本法所称恐怖事件，是指正在发生或者已经发生的造成或者可能造成重大社会危害的恐怖活动。

《最高人民法院、最高人民检察院关于办理洗钱刑事案件适用法律若干问题的解释》

全文（略）

🔷 条文理论延伸

1. 比较法规定

《打击洗钱、恐怖融资与扩散融资的国际标准：FATF 建议》（40 项建议）B.3 洗钱犯罪、C.5 恐怖主义融资犯罪。[①]

《联合国打击跨国有组织犯罪公约》（又称《巴勒莫公约》）第 6 条。[②]

[①] International Standards on Combating Money Laundering and the Financing of Terrorism & Proliferation, B. 3. Money laundering offence. Countries should criminalise money laundering on the basis of the Vienna Convention and the Palermo Convention. Countries should apply the crime of money laundering to all serious offences, with a view to including the widest range of predicate offences. （《打击洗钱、恐怖融资与扩散融资的国际标准：FATF 建议》B.3 洗钱犯罪："各国应当以《维也纳公约》与《巴勒莫公约》为基础，将洗钱行为规定为犯罪。各国还应当将洗钱犯罪适用于所有严重犯罪，旨在涵盖最广泛的上游犯罪。"）

International Standards on Combating Money Laundering and the Financing of Terrorism & Proliferation, C. 5. Terrorist financing offence. Countries should criminalise terrorist financing on the basis of the Terrorist Financing Convention, and should criminalise not only the financing of terrorist acts but also the financing of terrorist organisations and individual terrorists even in the absence of a link to a specific terrorist act or acts. Countries should ensure that such offences are designated as money laundering predicate offences. （《打击洗钱、恐怖融资与扩散融资的国际标准：FATF 建议》C.5 恐怖主义融资犯罪，各国应当以《联合国制止向恐怖主义提供资助的国际公约》为基础，将恐怖融资行为规定为刑事犯罪，不仅应当将资助恐怖活动的行为规定为刑事犯罪，而且应当将资助恐怖组织和恐怖分子的行为规定为刑事犯罪，即使该行为并未与特定的恐怖活动相联系。各国应当确保将这些犯罪行为规定为洗钱犯罪的上游犯罪。）

[②] 《联合国打击跨国有组织犯罪公约》第 6 条，1. 各缔约国均应依照其本国法律基本原则采取必要的立法及其他措施将下列故意行为规定为刑事犯罪（a）（一）明知财产为犯罪所得，为隐瞒或掩饰该财产的非法来源，或为协助任何参与实施上游犯罪者逃避其行为的法律后果而转换或转让财产；（二）明知财产为犯罪所得而隐瞒或掩饰该财产的真实性质、来源、所在地、处置、转移、所有权或有关的权利；（b）在符合其本国法律制度基本概念的情况下：（一）在得到财产时，明知其为犯罪所得而仍获取、占有或使用；（二）参与、合伙或共谋实施，实施未遂，以及协助、教唆、便利和参谋实施本条所确立的任何犯罪。2. 为实施或适用本条第 1 款：（a）各缔约国均应寻求将本条第 1 款适用于范围最为广泛的上游犯罪；（b）各缔约国均应将本公约第 2 条所界定的所有严重犯罪和根据本公约第 5 条、第 8 条和第 23 条确立的犯罪列为上游犯罪。缔约国立法中如果明确列出上游犯罪清单，则至少应在这类清单中列出与有组织犯罪集团有关的范围广泛的各种犯罪；（c）就（b）项而言，上游犯罪应包括在有关缔约国刑事管辖权范围之内和之外发生的犯罪。但是，如果犯罪发生在一缔约国刑事管辖权范围以外，则只有该行为根据其发生时所在国本国法律为刑事犯罪，而且若发生在实施或适用本条的缔约国时根据该国法律也构成刑事犯罪时才构成上游犯罪；（d）各缔约国均应向联合国秘书长提供其实施本条的法律以及这类法律随后的任何修改的副本或说明；（e）如果缔约国本国法律基本原则要求，则可以规定本条第 1 款所列犯罪不适用于实施上游犯罪的人；（f）本条第 1 款所规定的作为犯罪要素的明知、故意或目的可根据客观实际情况推定。

《联合国制止向恐怖主义提供资助的国际公约》第 2 条。①

2. 学术研究

陈浩然：《反洗钱法律文献比较与解析》，复旦大学出版社 2013 年版。

吕行：《〈FATF 建议〉的主要内容与立法启示——兼评〈反洗钱法（修订草案）〉相关立法条款》，载《新疆财经大学学报》2023 年第 2 期。

第三条 反洗钱工作原则

> 反洗钱工作应当贯彻落实党和国家路线方针政策、决策部署，坚持总体国家安全观，完善监督管理体制机制，健全风险防控体系。

❂ 条文内容解读

1. 立法意旨

本条是关于反洗钱工作原则的规定。

2. 演变历程

相较于 2006 年《反洗钱法》，本条为新《反洗钱法》新增条文。

3. 内容解读

新增本条明确了反洗钱工作的总体指导原则和目标。

---

① 《联合国制止向恐怖主义提供资助的国际公约》第 2 条，1. 本公约所称的犯罪，是指任何人以任何手段，直接或间接地非法和故意地提供或募集资金，其意图是将全部或部分资金用于，或者明知全部或部分资金将用于实施：(a) 属附件所列条约之一的范围并经其定义为犯罪的一项行为；或 (b) 意图致使平民或在武装冲突情势中未积极参与敌对行动的任何其他人死亡或重伤的任何其他行为，如这些行为因其性质或相关情况旨在恐吓人口，或迫使一国政府或一个国际组织采取或不采取任何行动。2. (a) 非附件所列条约缔约国的国家在交存其批准书、接受书或加入书时得声明，对该缔约国适用本公约时，应视该条约为不属第 1 款 (a) 项所述附件所开列的条约之一。一旦该条约对该缔约国生效，此一声明即告无效，而该缔约国应就此通知保存人；(b) 如一国不再是附件所列某一条约之缔约国，得按本条的规定，就该条约发表一项声明。3. 就一项行为构成第 1 款所述罪行而言，有关资金不需实际用于实施第 1 款 (a) 或 (b) 项所述的罪行。4. 任何人如试图实施本条第 1 款所述罪行，也构成犯罪。5. 任何人如有以下行为，也构成犯罪：(a) 以共犯身份参加本条第 1 或第 4 款所述罪行；(b) 组织或指使他人实施本条第 1 款或第 4 款所述罪行；(c) 协助以共同目的行事的一伙人实施本条第 1 款或第 4 款所列的一种或多种罪行；这种协助应当是故意的，或是：（一）为了促进该团伙犯罪活动或犯罪目的，而此种活动或目的涉及实施本条第 1 款所述的罪行；或（二）明知该团伙意图实施本条第 1 款所述的一项罪行。

一是坚持正确的政治方向。《中华人民共和国宪法》明确了"中国共产党领导是中国特色社会主义最本质的特征",反洗钱工作须贯彻落实党和国家的路线方针政策、决策部署,确保与国家整体发展战略与安全目标相一致。这亦是反洗钱工作的总体要求。

二是坚持总体国家安全观。反洗钱工作不仅关注金融安全,也涉及社会稳定和国家利益。反洗钱工作须统筹发展与安全,完善反洗钱有关制度,维护国家利益以及我国公民、法人的合法权益。本法第 1 条有关国家安全的立法宗旨、第 2 条对反洗钱定义范围的扩大、第 12 条反洗钱工作跨境执法的管辖权等均体现了本法对维护总体国家安全观的坚持。

三是完善监督管理体制机制。反洗钱工作须随着社会洗钱活动出现的情况变化而作出相应的监督管理机制调整。为此,须建立健全反洗钱的监督管理体系,首先,明确各部门的职责分工。本法第 5 条规定了国务院反洗钱行政主管部门(中国人民银行)负责全国范围的反洗钱监督管理工作,其与国务院有关部门、国家监察机关和司法机关相互配合,国务院有关部门在各自的职责范围内履行反洗钱监督管理职责。其次,完善金融机构反洗钱监管。本法第 13 条和第 14 条规定了反洗钱行政主管部门须对金融机构履行反洗钱义务进行监督检查,有关金融管理部门须对金融机构的市场准入进行反洗钱审查,并将在监督管理工作中发现的违反反洗钱规定的线索移送反洗钱行政主管部门。再次,明确特定非金融机构的范围及反洗钱监管。本法第 15 条规定了有关主管部门须对特定非金融机构履行反洗钱义务的情况进行监督检查,根据需要可提请反洗钱行政主管部门协助。复次,加强风险防控与监督管理。例如,本法第 16 条规定了反洗钱资金监测;第 22 条规定了反洗钱行政主管部门可以采取的监督检查措施,开展反洗钱调查;第 23 条规定了国家、行业洗钱风险评估等。最后,完善反洗钱信息共享机制,并建立受益所有人信息管理、使用制度。本法第 17 条和第 18 条规定了反洗钱行政主管部门与其他部门间的信息交换制度以及海关信息通报机制,第 19 条规定了法人、非法人组织受益所有人的信息管理制度。本条要求的完善监督管理体制机制作为总纲性规定,与后续具体条款相呼应,构建我国反洗钱监督管理工作的法律框架。

四是健全风险防控体系。完善以"风险为本"的反洗钱工作机制，有效防范洗钱风险，确保金融体系的稳健运行和国家安全。此要求与本法第 4 条关于反洗钱措施与洗钱风险相适应的规定相呼应，且第 34 条规定的金融机构应当建立客户身份资料和交易记录保存制度是风险防控体系的重要组成部分，通过此制度，可为反洗钱调查和风险评估提供重要基础数据的支持。

相关法律法规

《中华人民共和国反恐怖主义法》

第四条　国家将反恐怖主义纳入国家安全战略，综合施策，标本兼治，加强反恐怖主义的能力建设，运用政治、经济、法律、文化、教育、外交、军事等手段，开展反恐怖主义工作。

国家反对一切形式的以歪曲宗教教义或者其他方法煽动仇恨、煽动歧视、鼓吹暴力等极端主义，消除恐怖主义的思想基础。

《金融机构反洗钱规定》

第三条　中国人民银行是国务院反洗钱行政主管部门，依法对金融机构的反洗钱工作进行监督管理。中国银行业监督管理委员会、中国证券监督管理委员会、中国保险监督管理委员会在各自的职责范围内履行反洗钱监督管理职责。

中国人民银行在履行反洗钱职责过程中，应当与国务院有关部门、机构和司法机关相互配合。

条文理论延伸

1. 比较法规定

日本《防止转移犯罪收益法》第 3 条。[①]

2. 学术研究

张维炜：《筑牢反洗钱法治"新防线"》，载《中国人大》2024 年第

[①] 日本《防止转移犯罪收益法》第 3 条，为了确保特定经营者采取确认客户身份等身份识别、保存交易记录、通知可疑交易等适当措施，国家公共安全委员会应当向特定经营者提供有关犯罪所得转移方法的信息和其他帮助，并提供其他帮助。应当努力加深公众对防止犯罪所得转移重要性的认识。

22 期。

林安民：《我国反洗钱立法演变研究》，厦门大学出版社 2010 年版。

第四条 风险相适应原则

> 反洗钱工作应当依法进行，确保反洗钱措施与洗钱风险相适应，保障正常金融服务和资金流转顺利进行，维护单位和个人的合法权益。

条文内容解读

1. 立法意旨

本条是关于反洗钱措施与洗钱风险相适应的规定。

2. 演变历程

相较于 2006 年《反洗钱法》，本条为新《反洗钱法》新增条文。

3. 内容解读

新增本条是首次在法律层面引入"风险为本"的监管原则，标志着我国反洗钱监管理念从"规则为本"转向"风险为本"，亦意味着我国反洗钱标准与国际反洗钱组织——反洗钱金融行动特别工作组（FATF）的国际反洗钱标准对接。"规则为本"原则是"清单式"的反洗钱形式合规，侧重于对已经发生的案件的查处打击，而"风险为本"原则以实用为目的，以有效性为基本特点，侧重于将反洗钱工作的重心转移到事前监管，更强调在风险评估基础上的实质性合规。

"风险为本"原则出自 FATF 的 40 项建议，该建议明确风险为本方法应当作为在反洗钱与反恐怖融资机制内有效配置资源、实施后续风险为本措施的基础性原则，要求各国在风险评估的基础上，应当采取风险为本的方法以确保防范和降低洗钱与恐怖融资风险的措施与已识别的风险相匹配。在识别为较高风险的领域，各国应确保其反洗钱机制有效应对该风险。在识别为较低风险的领域，各国可决定在满足一定条件时，采取简化措施。

本条确定了各方的义务，要求反洗钱工作应当依法进行，负有反洗钱监督管理职责的行政监管部门须依法行权，反洗钱义务机构须在法律规定的范围内履行义务，并明确提出反洗钱工作应遵循"风险为本"原则，强调反洗钱措施与洗钱风险暴露情况相适应，充分考虑义务机构所面临的洗钱风险程度，避免"一刀切"，既要有效防范洗钱风险，又不能干扰正常合法的金融活动，保护当事人的合法权益。

本原则性规定针对的是实践中反洗钱义务机构的业务经营发展与监管部门反洗钱监管措施权力权限之间的平衡问题，避免措施过度对业务经营产生不利影响。新《反洗钱法》在本次立法设计上对该问题作出回应，将"风险为本"原则规定在总则第4条，作为原则性指导，在后续具体法律适用上拓宽该原则适用的广度和深度，以灵活性和有效性应对日益复杂多变的洗钱风险。例如，第23条规定体现了动态的"风险为本"理念，要求反洗钱行政主管部门须对国家和行业的洗钱风险进行评估，并发布风险指引，以使金融机构和特定非金融机构更好地了解和应对洗钱风险。同时，鼓励反洗钱技术创新，以适应新领域、新业态带来的洗钱风险挑战。第27条规定体现了"风险为本"原则贯彻反洗钱工作的各个环节，要求金融机构建立与自身经营规模和洗钱风险状况相匹配的反洗钱内部控制制度，并配备相应人员，主动识别、评估和应对洗钱风险。第29条规定体现了"风险为本"的客户尽职调查方法，要求金融机构应对不同风险程度的客户采取差异化的尽职调查措施，对于洗钱风险较高的客户，要深入了解其资金来源和用途，而对于洗钱风险较低的客户，则可适当简化尽职调查程序；第30条规定体现了在"风险为本"原则下对金融业务发展与风险防控的统筹兼顾，要求金融机构在业务存续期间持续关注和评估客户洗钱风险，并在平衡好反洗钱与金融服务关系的基础上，根据风险状况采取相应的风险管理措施；第36条规定体现了"风险为本"原则在金融创新领域的应用，要求金融机构在面对新技术、新产品、新业务等金融创新领域时，要主动关注和评估其带来的洗钱风险，推动金融创新发展与风险防控的有机统一。第42条规定了特定非金融机构亦要遵循"风险为本"原则，要求其在履行反洗钱义务时，要结合自身行业特点、经营规模和洗钱风险状况，采取与风险相适应的反洗钱措施。新《反洗钱法》以"风险为本"理念构筑了全面、协调的反洗钱防控体系，将极大提升整个社会反洗钱的工作水平。

条文实务应用

在实践层面，一方面要求义务机构按照风险暴露程度采取相应的风险管控措施；另一方面要求监管部门适当考虑运用本条对义务机构所做出的反洗钱措施予以肯定。为此，义务机构对于超出范围的要求，可以援用该原则，以充分证据证明自身反洗钱措施与对应风险相当，以此申请免除相关责任。

相关法律法规

《金融机构反洗钱和反恐怖融资监督管理办法》

第四条 金融机构应当按照规定建立健全反洗钱和反恐怖融资内部控制制度，评估洗钱和恐怖融资风险，建立与风险状况和经营规模相适应的风险管理机制，搭建反洗钱信息系统，设立或者指定部门并配备相应人员，有效履行反洗钱和反恐怖融资义务。

第十八条 中国人民银行及其分支机构应当遵循风险为本和法人监管原则，合理运用各类监管方法，实现对不同类型金融机构的有效监管。

中国人民银行及其分支机构可以向国务院金融监督管理机构或者其派出机构通报对金融机构反洗钱和反恐怖融资监管情况。

第二十四条 为了有效实施风险为本监管，中国人民银行及其分支机构应当结合国家、地区、行业的洗钱和恐怖融资风险评估情况，在采集金融机构反洗钱和反恐怖融资信息的基础上，对金融机构开展风险评估，及时、准确掌握金融机构洗钱和恐怖融资风险状况。

《金融机构洗钱和恐怖融资风险评估及客户分类管理指引》

全文（略）

《证券期货业反洗钱工作实施办法》

第十二条 证券期货经营机构应当按照反洗钱法律法规的要求及时建立客户风险等级划分制度，并报当地证监会派出机构备案。在持续关注的基础上，应适时调整客户风险等级。

《证券公司反洗钱工作指引》

第十一条 证券公司应根据《金融机构洗钱和恐怖融资风险评估及客户

分类管理指引》，结合证券行业特点以及本公司实际情况，建立包括客户特征、地域、业务、行业（职业）等基本风险要素及其所蕴含的风险指标、风险指标子项和风险值的反洗钱客户风险评估指标体系，制定客户风险等级评估流程，对客户进行风险等级划分。客户风险等级至少应划分为高、中、低三个级别。

证券公司可以参考《证券公司反洗钱客户风险等级评估参考指标》（见附件），并结合本公司实际情况，制定反洗钱客户风险评估指标体系，并在实际应用中进行优化调整。

第十二条　证券公司可以建立相应的反洗钱客户风险等级管理信息系统，采取定性分析与定量分析相结合的方法，计量和评估客户风险等级。

证券公司可利用计算机系统等技术手段辅助完成部分初评工作。初评结果应由初评人以外的其他人员进行复评确认。初评结果与复评结果不一致的，可由合规管理部门决定最终评级结果。

对于新建立业务关系的客户，证券公司应在客户业务关系建立后的10个工作日内完成等级划分工作。当客户重要身份信息发生变更、或涉及司法机关调查、涉及权威媒体案件报道等可能导致风险状况发生实质变化时，证券公司应重新评定客户风险等级。对于已确立过风险等级的客户，证券公司应根据其风险程度设置相应的重新审核期限，实现对风险的动态追踪。

第十三条　对于具有下列情形之一的客户，证券公司可以将其直接定级高风险等级客户：

（一）客户（及其实际控制人或实际受益人）被列入我国发布或承认的应实施反洗钱监控措施的名单；

（二）客户（及其实际控制人或实际受益人）为外国政要及其亲属、关系密切人；

（三）客户多次涉及证券公司向中国人民银行反洗钱监测分析中心报送的可疑交易报告；

（四）客户拒绝证券公司依法开展客户尽职调查工作；

（五）其他认为存在相对较高的洗钱风险和恐怖融资风险，需要重点关注的客户。

第十四条　对于具有下列情形之一的客户，证券公司可以将其直接定级为低风险等级客户。但客户同时与证券公司存在代理行/信托等业务关系、涉及可疑交易报告、存在代理人的个人客户、拒绝配合尽职调查等情形时除外。

（一）1年内（客户开户1年以上）客户资产规模小于10万元的境内客户；

（二）证券投资资格和资金通过国家有关部门严格审核的客户，如QFII客户等；

（三）信息公开程度高的客户，如在规范证券市场上市的公司等；

（四）对其了解程度高、认为其洗钱风险或恐怖融资风险低的其他客户。

第十五条　证券公司应在客户风险等级划分的基础上，对不同客户采取相应的客户尽职调查及其他风险控制措施。其中，对高风险客户应采取强化的风险控制措施，以有效预防风险。

（一）证券公司工作人员在为高风险等级客户办理业务或建立新业务关系时，应经其业务部门或分支机构负责人的批准或授权；

（二）酌情加强客户身份尽职调查。对于高风险等级客户，应实施更为严格的客户身份识别措施，按照"了解您的客户原则"积极开展客户身份识别工作，进一步了解客户及实际控制人、实际受益人情况，进一步深入了解客户经营活动状况和财产来源，适度提高客户及其实际控制人、受益人信息的收集和更新频率；

（三）重点开展可疑交易识别工作。在对高风险等级客户评定、定期审核过程中，应当按照更为审慎严格的标准审查客户的交易和行为，开展可疑交易识别工作。一旦发现可能涉嫌洗钱的可疑交易行为，应按照可疑交易报告流程向反洗钱监测分析中心报告。

❋ 条文理论延伸

1. 比较法规定

《打击洗钱、恐怖融资与扩散融资的国际标准：FATF建议》（40项建议）A.1 评估风险并采用基于风险的方法①。

2. 学术研究

王雨欢：《"风险为本"理念下反洗钱合规制度建设的路径研究——以〈反洗钱洗（修订草案）〉为视角》，载《社会科学动态》2023 年第 7 期。

杜金富主编：《反洗钱国际标准教程》，中国金融出版社 2024 年第 1 版。

第五条 监督管理

> 国务院反洗钱行政主管部门负责全国的反洗钱监督管理工作。国务院有关部门在各自的职责范围内履行反洗钱监督管理职责。
>
> 国务院反洗钱行政主管部门、国务院有关部门、监察机关和司法机关在反洗钱工作中应当相互配合。

---

① International Standards on Combating Money Laundering and the Financing of Terrorism & Proliferation, A.1. Assessing risks and applying a risk-based approach. Countries should identify, assess, and understand the money laundering and terrorist financing risks for the country, and should take action, including designating an authority or mechanism to coordinate actions to assess risks, and apply resources, aimed at ensuring the risks are mitigated effectively. Based on that assessment, countries should apply a risk-based approach (RBA) to ensure that measures to prevent or mitigate money laundering and terrorist financing are proportionate to the risks identified. This approach should be an essential foundation to efficient allocation of resources across the anti-money laundering and countering the financing of terrorism (AML/CFT) regime and the implementation of risk-based measures throughout the FATF Recommendations. Where countries identify higher risks, they should ensure that their AML/CFT regime adequately addresses such risks. Where countries identify lower risks, they should allow and encourage simplified measures as appropriate. Countries should require financial institutions and designated non-financial businesses and professions (DNFBPs) to identify, assess and take effective and risk-based action to mitigate their money laundering, terrorist financing and proliferation financing risks. （《打击洗钱、恐怖融资与扩散融资的国际标准：FATF 建议》A.1 评估风险并采用基于风险的方法，为确保有效控制风险，各国应当识别、评估和了解本国的洗钱与恐怖融资风险，并采取相应措施，包括指定某一部门或建立相关机制负责统筹风险评估、配置资源。在风险评估的基础上，各国应当采取风险为本的方法以确保防范和降低洗钱与恐怖融资风险的措施与已识别的风险相匹配。风险为本方法应当作为在反洗钱与反恐怖融资机制内有效配置资源、实施 FATF 各项建议中风险为本措施的基础性原则。在识别为较高风险的领域，各国应确保其反洗钱机制有效应对该风险。在识别为较低风险的领域，各国可决定在满足一定条件时，对某些 FATF 建议采取简化措施。各国应当要求金融机构和特定非金融行业与职业（DNFBPs）识别、评估并采取有效措施以降低其洗钱与恐怖融资风险。）

🔹 条文内容解读

1. 立法意旨

本条是关于《反洗钱法》监督管理的规定。

2. 演变历程

本条可追溯至 2006 年《反洗钱法》第 4 条:"国务院反洗钱行政主管部门负责全国的反洗钱监督管理工作。国务院有关部门、机构在各自的职责范围内履行反洗钱监督管理职责。国务院反洗钱行政主管部门、国务院有关部门、机构和司法机关在反洗钱工作中应当相互配合。"

本次修订在保留原有关于监督管理规定的基础上:一是删除了"机构"一词;二是在第 2 款中新增"监察机关"的内容。

3. 内容解读

"国务院反洗钱行政主管部门负责全国的反洗钱监督管理工作",这一职责具有全面性和权威性,涵盖了反洗钱工作的各个方面。从国家层面来看,洗钱活动往往具有跨地区、复杂多变的特点。全国性的统筹监管能够确保政策的一致性和连贯性。例如,在涉及跨境洗钱案件中,不同地区的洗钱方式和渠道可能不同,但通过统一的反洗钱行政主管部门的监管,可以整合资源,协调各方力量进行有效打击。目前,我国的反洗钱行政主管部门是中国人民银行。中国人民银行作为全国反洗钱工作的牵头部门,承担着制定反洗钱政策、规章和标准,指导、部署全国反洗钱工作,开展反洗钱资金监测,监督、检查金融机构和特定非金融机构履行反洗钱义务,调查可疑交易活动,以及与有关部门开展反洗钱合作等重要职责。

"国务院有关部门在各自的职责范围内履行反洗钱监督管理职责",这体现了反洗钱工作的多部门协作特点。不同部门根据其自身的业务领域和职能优势,在反洗钱工作中发挥着特定的作用。国务院有关部门包括金融监管部门、特定非金融机构的主管部门以及其他与反洗钱工作相关的部门。例如,金融监督管理局负责对银行业金融机构的反洗钱工作进行监督管理,确保其在信贷、理财、保险等业务中有效识别和防范洗钱风险;证监会则负责对证券期货经营机构的反洗钱工作进行监管,防止洗钱资金通过证券市场进行转移;民政部作为社会组织的主管部门,需要加强对社会组织的反洗钱监管，防止其成为洗钱的渠道。海关在反洗钱工作中发挥着重要的边境监管作用，它可以对进出口货物的价值、申报价格等进行核查，防止通过低报、高报进出口货物价格来转移非法资金。同时，海关还可以对跨境携带现金、贵金属等行为进行监管。税务部门通过税收征管工作参与反洗钱。它可以通过对企业和个人的财务报表、纳税申报等资料的审核，发现资金流动异常的情况。税务部门可以将这些情况作为洗钱线索移交给反洗钱行政主管部门或者相关司法机关进行进一步调查。这些部门在各自的职责范围内，通过制定行业反洗钱规定、开展监督检查、督促整改等方式，共同推动反洗钱工作的深入开展。

"国务院反洗钱行政主管部门、国务院有关部门、监察机关和司法机关在反洗钱工作中应当相互配合"，这种协作机制是确保反洗钱工作取得成效的关键所在。在信息共享方面，反洗钱行政主管部门与其他有关部门需要建立有效的信息沟通渠道。例如，金融监管机构在日常监管中发现金融机构存在可疑的资金交易情况，应及时将相关信息共享给反洗钱行政主管部门。反洗钱行政主管部门也可以将其掌握的洗钱风险趋势等信息反馈给金融监管机构，以便金融监管机构调整监管重点和策略。在政策协调上，各部门在制定涉及反洗钱内容的政策时，需要相互沟通和协调。例如，税务部门在制定税收优惠政策时，要考虑是否可能会被洗钱分子利用，需要与反洗钱行政主管部门协商，确保政策不会对反洗钱工作产生负面影响。监察机关在反洗钱工作中主要负责对公职人员涉及洗钱相关的职务违法和职务犯罪行为进行调查。反洗钱行政主管部门在工作中发现公职人员可能存在洗钱行为线索时，应及时移交监察机关。司法机关包括公安机关、检察院和法院。公安机关在反洗钱工作中承担着侦查洗钱犯罪案件的重要职责。反洗钱行政主管部门和国务院有关部门发现洗钱犯罪线索后，应及时移送公安机关。公安机关可以利用其侦查手段，如调查取证、冻结资金、追捕犯罪嫌疑人等措施，对洗钱犯罪进行打击。检察院则负责对洗钱犯罪案件进行审查起诉，确保犯罪嫌疑人受到法律的制裁。法院通过审判洗钱犯罪案件，依法定罪量刑。在整个司法过程中，反洗钱行政主管部门和其他有关部门可以为司法机关提供专业的技术支持和证据材料，如协助司法机关解读金融交易记录、分析洗钱方法等。

条文实务应用

1. 实务指南

（1）风险提示

部门间协调配合不畅：各部门在反洗钱工作中可能存在职责划分不够清晰、信息共享不及时等问题，导致协调配合不畅，影响反洗钱工作的整体效率。

信息共享程度不高：目前，反洗钱信息共享机制可能尚不完善，各部门之间可能存在信息壁垒，导致反洗钱行政主管部门难以及时获取其他部门掌握的洗钱风险信息和线索。

（2）解决方案

建议相关部门建立定期沟通机制，定期召开联席会议，共同研究和解决反洗钱工作中的重大问题。进一步细化各部门在反洗钱工作中的具体职责，明确各自的监管范围和监管对象，避免职责重叠或遗漏，确保各部门各司其职、协同作战。要加快建立统一的反洗钱信息共享平台，实现各部门之间的信息互联互通，及时共享反洗钱相关信息。在反洗钱调查、执法检查等环节，各部门应加强协作，开展联合执法行动，形成监管合力，提高对洗钱犯罪的打击力度。

2. 典型案例[①]

汤某诉某银行某支行金融行政管理及某银行某分行行政复议决定案[②]

案情简介：

2013年1月2日，汤某名下在某1银行某支行的银行账户向其前妻王某的账户转入了100万元，转账凭条上签名为"汤某"。同年4月12日，该账户开通了手机银行业务，申请表上签名也为"汤某"。2016年，汤某向银监会苏州分局反映，称其前妻王某与某1银行某支行工作人员串通，未经其同意进行了上述转账，并违规开通了手机银行业务，导致其账户资金进一步损失。2017年3月9日，汤某向某银行苏州支行举报某1银行苏州分行。2017

[①] 本书典型案例引用的法律法规为案件裁判或发生当时有效，下文对此不再提示。
[②] 江苏省南京市中级人民法院（2018）苏01行终281号行政判决书，载中国裁判文书网，2025年6月6日访问。

年 5 月 5 日，某银行苏州支行作出答复意见书，汤某不服，于 7 月 1 日向某银行南京分行提起行政复议。

裁判要旨：

一审法院认为，某银行苏州支行收到汤某的举报后，即对汤某反映的问题启动调查程序，调取了相关资料，听取了被举报人的陈述申辩，并及时将调查处理情况告知举报人，其行政程序并无不当。某银行南京分行作为某银行苏州支行的上一级主管部门，具有对某银行苏州支行的行政行为作出行政复议处理决定的法定职权。某银行南京分行于 2017 年 7 月 1 日收到汤某的行政复议申请，于 2017 年 7 月 3 日决定立案受理，后经行政复议程序，于 2017 年 7 月 4 日作出并向汤某送达了涉案行政复议决定书，办理程序合法。

二审法院认为，某银行苏州支行针对上诉人汤某的举报所作出的调查处理以及答复符合《反洗钱法》及中国某银行相关金融制度的规定，被上诉人某银行南京分行经对汤某的行政复议申请进行审查后，决定维持某银行苏州支行所作答复亦无不当。关于某 1 银行某支行办理相关金融业务的合规性问题，上诉人汤某已经向银监会苏州分局及银监会江苏局投诉，银监部门已经依法予以处理，故不属于本案审理范围。

案件评析：

司法实践中出现了将 2006 年《反洗钱法》第 4 条作为裁判依据的引用，大部分是为了说明中国某银行的分支机构也具有反洗钱监督管理的法定职责，有权并应当处理当事人反映的关于违反《反洗钱法》的问题。

相关法律法规

《中华人民共和国中国人民银行法》

第四条　中国人民银行履行下列职责：

（一）发布与履行其职责有关的命令和规章；

（二）依法制定和执行货币政策；

（三）发行人民币，管理人民币流通；

（四）监督管理银行间同业拆借市场和银行间债券市场；

（五）实施外汇管理，监督管理银行间外汇市场；

（六）监督管理黄金市场；

（七）持有、管理、经营国家外汇储备、黄金储备；

（八）经理国库；

（九）维护支付、清算系统的正常运行；

（十）指导、部署金融业反洗钱工作，负责反洗钱的资金监测；

（十一）负责金融业的统计、调查、分析和预测；

（十二）作为国家的中央银行，从事有关的国际金融活动；

（十三）国务院规定的其他职责。

中国人民银行为执行货币政策，可以依照本法第四章的有关规定从事金融业务活动。

《金融机构反洗钱规定》

第三条　中国人民银行是国务院反洗钱行政主管部门，依法对金融机构的反洗钱工作进行监督管理。中国银行业监督管理委员会、中国证券监督管理委员会、中国保险监督管理委员会在各自的职责范围内履行反洗钱监督管理职责。

中国人民银行在履行反洗钱职责过程中，应当与国务院有关部门、机构和司法机关相互配合。

《证券期货业反洗钱工作实施办法》

第三条　中国证券监督管理委员会（以下简称证监会）依法配合国务院反洗钱行政主管部门履行证券期货业反洗钱监管职责，制定证券期货业反洗钱工作的规章制度，组织、协调、指导证券公司、期货公司和基金管理公司（以下简称证券期货经营机构）的反洗钱工作。

证监会派出机构按照本办法的规定，履行辖区内证券期货业反洗钱监管职责。

《金融机构反洗钱和反恐怖融资监督管理办法》

第三条　中国人民银行及其分支机构依法对金融机构反洗钱和反恐怖融资工作进行监督管理。

条文理论延伸

1. 比较法规定

越南《预防与反洗钱法》第 48 条。[①]

2. 学术研究

张维炜：《筑牢反洗钱法治"新防线"》，载《中国人大》2024 年第 22 期。

巫文勇、杨雨淋：《货币数字化背景下反洗钱监管立法逻辑与制度建构》，载《经济法论丛》2023 年第 41 卷第 1 期，法律出版社 2023 年版。

第六条 金融机构和特定非金融机构反洗钱义务的规定

> 在中华人民共和国境内（以下简称境内）设立的金融机构和依照本法规定应当履行反洗钱义务的特定非金融机构，应当依法采取预防、监控措施，建立健全反洗钱内部控制制度，履行客户尽职调查、客户身份资料和交易记录保存、大额交易和可疑交易报告、反洗钱特别预防措施等反洗钱义务。

[①] 越南《预防与反洗钱法》第 48 条：越南国家银行的职责

越南国家银行对政府负责，开展国家预防与反洗钱工作管理，具有如下职责和权限：

（一）拟订、报送职能机关颁布或依职权颁布预防与反洗钱规范性法律文件和计划；

（二）主持并会同有关机关在货币、银行领域采取各项预防与反洗钱措施；

（三）针对属于货币、银行活动国家管理职责范围内的报告方进行预防与反洗钱活动监察、检查和监督，其参照依据包括国家洗钱风险评估结果和上述报告方洗钱风险评估结果；

（四）在监察、监督、调查、起诉、审判和洗钱案件执行过程中，同有关部门合作、交流并向其提供信息；

（五）开展预防与反洗钱国际合作，作为发挥关键作用的参与主体，履行越南作为预防与反洗钱国际组织成员的义务；

（六）组织研究并将先进科学技术和信息技术应用于预防与反洗钱工作；

（七）主持并会同有关部门开展预防与反洗钱普法教育工作，做好预防与反洗钱方针、政策宣传和新闻传播工作，开展预防与反洗钱培训工作；

（八）汇总信息，每年向政府报告越南预防与反洗钱工作；

（九）主持开展本法第七条第（一）款规定的全国洗钱风险评估工作；根据本法第七条第（二）款的规定，对货币、银行领域的洗钱风险进行评估和更新，并汇总国家洗钱风险更新结果呈报政府批准；

（十）配合外交部及有关部门拟订、主持签署和组织实施关于预防与反洗钱的国际条约、国际协定；

（十一）在落实本法第二十五条、第二十六条和第三十四条规定的报告过程中监督报告方；配合向各部门提供监督信息，以服务于预防与反洗钱监察、检查和监督工作。（冯超、黄安瑜：《越南预防与反洗钱法》，载《南洋资料译丛》2024 年第 4 期）

条文内容解读

1. 立法意旨

本条是关于《反洗钱法》金融机构和特定非金融机构反洗钱义务的规定。

2. 演变历程

本条可追溯至2006年《反洗钱法》第3条："在中华人民共和国境内设立的金融机构和按照规定应当履行反洗钱义务的特定非金融机构，应当依法采取预防、监控措施，建立健全客户身份识别制度、客户身份资料和交易记录保存制度、大额交易和可疑交易报告制度，履行反洗钱义务。"

本次修订在保留原有规定的基础上：一是增加了"（以下简称境内）"，让行文更加严谨。二是将"按照规定"改为"依照本法规定"。三是删除了"客户身份识别制度"，改为"反洗钱内部控制制度"。四是增加了"履行客户尽职调查"和"反洗钱特别预防措施等"的反洗钱义务。

3. 内容解读

"在中华人民共和国境内（以下简称境内）设立的金融机构和依照本法规定应当履行反洗钱义务的特定非金融机构。"这是关于主体范围的规定。涵盖了在中华人民共和国境内设立的各类银行、证券、保险、期货等金融机构。这些机构作为金融体系的核心组成部分，在日常业务运营中与大量资金和客户打交道，极易成为洗钱活动的渠道，因此是反洗钱的关键防线，必须严格履行反洗钱义务。特定非金融机构是指除金融机构外，依照本法规定应当履行反洗钱义务的机构，如房地产、贵金属、珠宝玉石、典当、拍卖、小额贷款公司等特定行业的企业。这些机构在特定业务领域也可能涉及大量的资金流动和交易，同样存在被利用进行洗钱的风险，因此也被纳入反洗钱义务主体范围。

"依法采取预防、监控措施。"首先，金融机构和特定非金融机构需要对自身业务活动中可能面临的洗钱风险进行全面、系统的识别和评估。这包括对客户群体、业务类型、交易渠道、地域风险等因素的分析，以确定洗钱风险的高低和分布情况，为后续采取针对性的预防和监控措施提供依据。在建立业务关系、进行交易或提供服务之前，机构必须采取有效措施核实客户的真实身份,包括客户的姓名、地址、职业、联系方式等基本信息,以及受益所有人的身份信息。对于高风险客户,还需进行更深入的尽职调查,如了解客户的资金来源、交易目的、经营状况等,以确保客户身份的真实性和合法性,防止洗钱分子利用虚假身份进行交易。其次,机构应建立有效的交易监测系统,对客户的交易行为进行实时或定期的监测和分析。通过设定合理的监测指标和阈值,如交易金额、交易频率、交易对手、资金流向等,及时发现异常交易和可疑交易行为。对于发现的可疑交易,应进一步进行调查和分析,判断是否存在洗钱嫌疑。

"建立健全反洗钱内部控制制度。"新《反洗钱法》增加"建立健全反洗钱内部控制制度"的规定。该规定要求相关机构应建立一套完整、有效的反洗钱内部控制制度,明确各部门、各岗位在反洗钱工作中的职责和权限,规范反洗钱工作流程和操作标准。同时设立专门的反洗钱工作机构或指定内设机构牵头负责反洗钱工作,并根据经营规模和洗钱风险状况配备相应的专业人员。这些人员应具备必要的反洗钱知识和技能,熟悉反洗钱法律法规和监管要求,能够有效地履行反洗钱职责。通过内部审计或社会审计等方式,定期对反洗钱内部控制制度的有效性进行评估和监督,及时发现制度执行过程中存在的问题和漏洞,并采取相应的整改措施。

"履行客户尽职调查、客户身份资料和交易记录保存、大额交易和可疑交易报告、反洗钱特别预防措施等反洗钱义务。"其中,"客户尽职调查":客户尽职调查是金融机构和特定非金融机构履行反洗钱义务的关键环节。通过尽职调查,金融机构和特定非金融机构可以了解客户的真实身份、职业背景、财务状况等信息,从而判断客户是否存在洗钱风险。

"客户身份资料和交易记录保存"。机构应妥善保存客户身份资料和交易记录,包括客户的身份证明文件、开户资料、交易凭证、业务合同等。须采用安全、可靠的方式保存客户身份资料和交易记录,如电子存储、纸质档案等,并建立严格的访问控制和保密制度,防止客户信息泄露和被篡改。同时,应确保保存的资料和记录完整、准确、可追溯,以便在需要时能够及时、准确地提供。

"大额交易和可疑交易报告":金融机构和特定非金融机构应按照规定

的标准和程序，对达到一定金额以上的大额交易进行报告。大额交易报告的标准由国务院反洗钱行政主管部门规定，一般包括单笔交易或者在规定期限内的累计交易金额超过一定数额等情况。除大额交易报告外，机构还需对发现的可疑交易进行报告。可疑交易是指交易的金额、频率、流向、性质等方面存在异常，且与客户的身份、业务活动、财务状况等明显不符，可能涉嫌洗钱的交易行为。机构应充分运用自身的风险监测系统和专业判断能力，及时发现和识别可疑交易，并在规定的时间内向反洗钱行政主管部门报告。无论是大额交易报告还是可疑交易报告，都要求机构在规定的时间内及时报送，以确保反洗钱行政主管部门能够及时掌握洗钱活动的线索和情况。同时，报告的内容应准确、完整，包括交易的详细信息、客户的身份信息、可疑的迹象和理由等，以便反洗钱行政主管部门进行进一步的分析和调查。

"反洗钱特别预防措施"：针对特定的高风险客户或业务，新《反洗钱法》第6条还要求义务主体采取反洗钱特别预防措施。对于被认定为高风险的客户，如公众人物、特定非金融机构的客户、洗钱高风险地区的客户等，机构应采取更为严格的预防措施，包括加强客户尽职调查、增加交易监测频率、限制交易金额和业务范围等，以有效防范高风险客户带来的洗钱风险。在发现可能涉及洗钱活动或其他紧急情况时，机构应及时采取应急处置措施，如暂停交易、冻结账户、限制资金转移等，以防止洗钱活动的进一步发生和资金的非法转移。同时，应及时向反洗钱行政主管部门报告，并配合相关部门进行调查和处理。

条文实务应用

（1）风险提示

内部控制制度不完善：一些反洗钱义务机构的内部控制制度建设滞后，缺乏有效的反洗钱风险管理和内部控制机制，无法及时发现和纠正内部的洗钱风险和违规行为。

数据安全和个人信息保护压力增大：在反洗钱工作中，需要收集和处理大量的客户身份资料和交易信息，在确保反洗钱工作有效性的同时，加强数据安全和个人信息保护挑战很大。

（2）解决方案

金融机构和特定非金融机构应建立完善的反洗钱内部控制制度，包括客户尽职调查、客户身份资料和交易记录保存、大额交易和可疑交易报告等制度，确保反洗钱工作的有效实施。加强反洗钱内部审计工作，制订详细的反洗钱内部审计计划和方案，定期对反洗钱工作进行全面审计，评估反洗钱内部控制制度的有效性和健全性，发现反洗钱工作中的薄弱环节和潜在风险，并提出改进建议和措施。同时，要加强对反洗钱内部审计结果的运用，将审计结果与绩效考核、责任追究等挂钩，确保反洗钱内部审计工作的严肃性和权威性。还应定期组织全面且深入的反洗钱培训，涵盖反洗钱法律法规的详细解读、可疑交易识别的实用技巧以及客户尽职调查的标准流程等内容。培训方式可采用线上线下相结合的模式，邀请监管部门专家、行业资深人士等进行授课，以提升培训的质量和效果。

金融机构和特定非金融机构应积极推动行业间的信息共享与合作，建立健全反洗钱信息共享机制和平台。通过行业协会、自律组织等渠道，加强与同行业机构之间的沟通与协作，共同研究制定反洗钱信息共享的规则、标准和流程，确保信息共享的合法性、合规性、安全性和有效性。在遵守法律法规和保护客户隐私的前提下，金融机构和特定非金融机构可以通过反洗钱信息共享平台，实现客户身份信息、交易记录、可疑交易线索等反洗钱相关信息的共享与交流。通过信息共享，金融机构和特定非金融机构可以更全面、深入地了解客户的风险状况和交易行为模式，及时发现和识别潜在的洗钱风险和可疑交易活动，提高反洗钱工作的协同效应和整体效能。

相关法律法规

《金融机构反洗钱和反恐怖融资监督管理办法》

全文（略）

《金融机构客户尽职调查和客户身份资料及交易记录保存管理办法》

全文（略）

《金融机构大额交易和可疑交易报告管理办法》

全文（略）

《受益所有人信息管理办法》

全文（略）

《金融机构反洗钱规定》

第八条　金融机构及其分支机构应当依法建立健全反洗钱内部控制制度，设立反洗钱专门机构或者指定内设机构负责反洗钱工作，制定反洗钱内部操作规程和控制措施，对工作人员进行反洗钱培训，增强反洗钱工作能力。

金融机构及其分支机构的负责人应当对反洗钱内部控制制度的有效实施负责。

第九条　金融机构应当按照规定建立和实施客户身份识别制度。

（一）对要求建立业务关系或者办理规定金额以上的一次性金融业务的客户身份进行识别，要求客户出示真实有效的身份证件或者其他身份证明文件，进行核对并登记，客户身份信息发生变化时，应当及时予以更新；

（二）按照规定了解客户的交易目的和交易性质，有效识别交易的受益人；

（三）在办理业务中发现异常迹象或者对先前获得的客户身份资料的真实性、有效性、完整性有疑问的，应当重新识别客户身份；

（四）保证与其有代理关系或者类似业务关系的境外金融机构进行有效的客户身份识别，并可从该境外金融机构获得所需的客户身份信息。

前款规定的具体实施办法由中国人民银行会同中国银行业监督管理委员会、中国证券监督管理委员会和中国保险监督管理委员会制定。

第十条　金融机构应当在规定的期限内，妥善保存客户身份资料和能够反映每笔交易的数据信息、业务凭证、账簿等相关资料。

前款规定的具体实施办法由中国人民银行会同中国银行业监督管理委员会、中国证券监督管理委员会、中国保险监督管理委员会制定。

第十一条　金融机构应当按照规定向中国反洗钱监测分析中心报告人民币、外币大额交易和可疑交易。

前款规定的具体实施办法由中国人民银行另行制定。

条文理论延伸

1. 比较法规定

越南《预防与反洗钱法》第 64 条。①

2. 学术研究

商浩文：《反腐败境外追赃法律机制的实践困境与规范因应》，载《政法论丛》2023 年第 4 期。

黎宏：《"自洗钱"行为认定的难点问题分析》，载《法学评论》2023 年第 41 卷第 3 期。

第七条 反洗钱信息的保密、使用范围和保护要求

> 对依法履行反洗钱职责或者义务获得的客户身份资料和交易信息、反洗钱调查信息等反洗钱信息，应当予以保密；非依法律规定，不得向任何单位和个人提供。
>
> 反洗钱行政主管部门和其他依法负有反洗钱监督管理职责的部门履行反洗钱职责获得的客户身份资料和交易信息，只能用于反洗钱监督管理和行政调查工作。
>
> 司法机关依照本法获得的客户身份资料和交易信息，只能用于反洗钱相关刑事诉讼。

---

① 越南《预防与反洗钱法》第 64 条：修改、补充预防与反洗钱相关法律的若干条款
修改、补充第 46/2010/QH12 号《越南国家银行法》第 49 条第 1 款规定如下：银行监察、监督机构是国家银行组织结构中的单位，执行银行监察、监督的任务。（二）修改、补充第 28/2013/QH13 号《预防与反恐怖法》若干条款如下：1. 修改、补充第 34 条如下：第 34 条 实施预防与反恐怖融资的各项措施和适用临时措施；评估国家预防与反恐怖融资风险（1）金融机构、从事特定非金融行业的机构和个人，适用本法第 9 条至第 40 条的规定进行客户识别并收集、更新、核实客户身份信息；制定内部规定并上报、提供、存储关于预防与反恐怖融资的信息、档案、材料和报告。（2）一旦怀疑客户或客户的交易与恐怖融资有关或客户被列入黑名单，金融机构、从事特定非金融行业的机构和个人应向公安部反恐部门和越南国家银行报告并根据预防与反洗钱法律的规定采取临时措施。（3）公安部每 5 年主持并会同有关部门对越南恐怖融资国家风险进行评估，并将评估结果和评估后实施计划呈报政府批准。2. 修改、补充第 35 条如下：第 35 条 管控现金、贵金属、宝石和可转让金融工具的跨境运输根据本法第 24 条、原《预防与反洗钱法》第 35 条规定掌握管控现金、贵金属、宝石和可转让金融工具跨境运输的职权的机构和个人，有责任及时发现、制止和处理利用这些活动进行恐怖融资的行为。(冯超、黄安瑜：《越南预防与反洗钱法》，载《南洋资料译丛》2024 年第 4 期)

> 国家有关机关使用反洗钱信息应当依法保护国家秘密、商业秘密和个人隐私、个人信息。

❋ 条文内容解读

1. 立法意旨

本条是关于《反洗钱法》反洗钱信息的保密、使用范围和保护要求的规定。

2. 演变历程

本条可追溯至 2006 年《反洗钱法》第 5 条:"对依法履行反洗钱职责或者义务获得的客户身份资料和交易信息,应当予以保密;非依法律规定,不得向任何单位和个人提供。反洗钱行政主管部门和其他依法负有反洗钱监督管理职责的部门、机构履行反洗钱职责获得的客户身份资料和交易信息,只能用于反洗钱行政调查。司法机关依照本法获得的客户身份资料和交易信息,只能用于反洗钱刑事诉讼。"

本次修订在保留 2006 年《反洗钱法》第 5 条的原有规定的基础上:一是对应当予以保密的信息增加了"反洗钱调查信息等反洗钱信息";二是删去"机构",将"行政调查"改为"监督管理和行政调查工作";三是将"反洗钱刑事诉讼"改为"反洗钱相关刑事诉讼";四是在条文末增加"国家有关机关使用反洗钱信息应当依法保护国家秘密、商业秘密和个人隐私、个人信息"。

3. 内容解读

(1) 第 7 条第 1 款明确规定了保密的信息范围以及必要性。在履行反洗钱职责或义务过程中所获取的客户身份资料、交易信息和反洗钱调查信息等,都属于保密的范畴。客户身份资料涉及客户的基本身份信息、账户信息等,交易信息则涵盖了客户的资金往来、交易对手、交易方式等内容,反洗钱调查信息包含了在调查过程中获取的各种与可疑交易相关的线索、证据等,这些信息是反洗钱工作的重要基础,但同时也涉及客户的隐私和商业秘密等敏感信息。一旦泄露,可能会给客户带来诸多风险,如个人隐私被侵犯、商业秘密被窃取导致经济损失、遭受诈骗或其他不法侵害等。另外,第 1 款为信息的提供设定了严格的法律界限。只有在有明确法律授权的情况下,才能将反洗钱信息提供给其他单位或个人。

（2）第 7 条第 2 款的规定明确了反洗钱行政主管部门和其他依法负有反洗钱监督管理职责的部门是该条款的主体，这些部门在反洗钱工作中承担着监督管理和行政调查的重要职责，其获取客户身份资料和交易信息是为了履行这些职责。

"只能用于反洗钱监督管理和行政调查工作"明确上述这些部门可以利用这些信息对金融机构和特定非金融机构的反洗钱工作进行全面监督。例如，检查金融机构是否按照规定建立了客户身份识别制度、是否对客户身份资料和交易信息进行了准确记录和保存、是否及时报告大额交易和可疑交易等。通过对大量客户信息的分析和比对，还可以评估整个金融行业或特定领域的反洗钱风险状况，制定相应的监管政策和措施，推动反洗钱工作的有效开展。当发现有可疑的洗钱活动或行为时，这些部门也能够依据所掌握的客户身份资料和交易信息迅速展开调查，这些信息为行政调查提供了关键的线索和证据支持，有助于及时查处洗钱行为，维护金融秩序。

（3）第 7 条第 3 款强调司法机关获取的客户身份资料和交易信息只能用于反洗钱相关刑事诉讼，这是对司法机关使用反洗钱信息的严格限定，确保信息使用的合法性和公正性，防止司法权力的滥用。

（4）国家秘密涉及国家的安全和利益，一旦泄露可能会对国家的政治、经济、军事、外交等方面造成严重的损害。在反洗钱工作中，国家有关机关可能会接触到一些与国家金融安全、重大经济政策、国家战略等相关的秘密信息，这些信息的保护是维护国家整体利益的关键。国家有关机关必须依法履行保护国家秘密的义务，严格遵守国家保密法律法规的规定，采取相应的保密措施，确保反洗钱信息中的国家秘密不被泄露。

在反洗钱工作中，也可能会涉及金融机构、企业等的商业秘密信息，如客户的特殊交易模式、企业的资金运作策略、金融产品的设计等。保护商业秘密有助于维护企业的合法权益，促进市场的公平竞争，防止因信息泄露而导致企业在市场竞争中处于不利地位。

另外，个人隐私和个人信息涉及公民的基本权利和切身利益，在数字化时代，个人信息的保护尤为重要。国家有关机关在使用反洗钱信息时，必须遵循《中华人民共和国个人信息保护法》等相关法律法规的规定，对个人信息进行合法、正当、必要的处理，采取加密、去标识化等技术措施和管理措施，保护个人信息的安全，防止个人信息的泄露、篡改、丢失等。

❋ 条文实务应用

在实施新《反洗钱法》第 7 条的过程中，可能会面临信息共享边界模糊、技术保障不足、人员意识与能力欠缺等挑战。

面对这些挑战，首先，可以由反洗钱行政主管部门牵头，联合其他相关部门建立信息共享协调机构，负责统筹协调信息共享工作。信息共享协调机构应定期召开会议，共同商讨信息共享中出现的问题，制定统一的信息共享标准和规范，明确各部门在信息共享中的职责和权限。其次，反洗钱行政主管部门和各相关机构应加大对信息技术的投入，研发和应用先进的信息安全技术和设备，利用加密技术对客户身份资料和交易信息等进行加密存储和传输，防止信息在存储和传输过程中被窃取或篡改。同时还要强化培训教育，针对不同部门、不同岗位的人员开展有针对性的反洗钱信息保护培训。培训内容不仅包括新《反洗钱法》第 7 条及相关法律法规的解读，还应涵盖信息安全知识、职业道德等方面。可以建立人员考核机制，将反洗钱信息保护工作的绩效纳入考核体系，对表现优秀的人员给予奖励，对违反信息保护规定的人员进行严肃处理。

❋ 相关法律法规

《金融机构反洗钱规定》

第七条　中国人民银行及其工作人员应当对依法履行反洗钱职责获得的信息予以保密，不得违反规定对外提供。

中国反洗钱监测分析中心及其工作人员应当对依法履行反洗钱职责获得的客户身份资料、大额交易和可疑交易信息予以保密；非依法律规定，不得向任何单位和个人提供。

第十五条　金融机构及其工作人员对依法履行反洗钱义务获得的客户身份资料和交易信息应当予以保密；非依法律规定，不得向任何单位和个人提供。

金融机构及其工作人员应当对报告可疑交易、配合中国人民银行调查可疑交易活动等有关反洗钱工作信息予以保密，不得违反规定向客户和其他人员提供。

第二十四条　中国人民银行及其分支机构从事反洗钱工作的人员有下列

行为之一的，依法给予行政处分：

（一）违反规定进行检查、调查或者采取临时冻结措施的；

（二）泄露因反洗钱知悉的国家秘密、商业秘密或者个人隐私的；

（三）违反规定对有关机构和人员实施行政处罚的；

（四）其他不依法履行职责的行为。

《金融机构客户身份识别和客户身份资料及交易记录保存管理办法》

第三条　金融机构应当勤勉尽责，建立健全和执行客户身份识别制度，遵循"了解你的客户"的原则，针对具有不同洗钱或者恐怖融资风险特征的客户、业务关系或者交易，采取相应的措施，了解客户及其交易目的和交易性质，了解实际控制客户的自然人和交易的实际受益人。

金融机构应当按照安全、准确、完整、保密的原则，妥善保存客户身份资料和交易记录，确保能足以重现每项交易，以提供识别客户身份、监测分析交易情况、调查可疑交易活动和查处洗钱案件所需的信息。

《证券公司反洗钱工作指引》

第二十五条　证券公司应根据反洗钱法律法规的要求，建立反洗钱工作保密制度，明确本公司反洗钱工作保密事项的内容以及查阅、复制反洗钱保密档案的审批流程。非依法律法规规定，证券公司及其工作人员不得向任何单位和个人提供反洗钱保密事项信息。

《证券期货业反洗钱工作实施办法》

第十五条　证券期货经营机构应当建立反洗钱工作保密制度，并报当地证监会派出机构备案。

反洗钱工作保密事项包括以下内容：

（一）客户身份资料及客户风险等级划分资料；

（二）交易记录；

（三）大额交易报告；

（四）可疑交易报告；

（五）履行反洗钱义务所知悉的国家执法部门调查涉嫌洗钱活动的信息；

（六）其他涉及反洗钱工作的保密事项。

查阅、复制涉密档案应当实施书面登记制度。

《金融机构反洗钱和反恐怖融资监督管理办法》

第五条　对依法履行反洗钱和反恐怖融资职责或者义务获得的客户身份资料和交易信息，应当予以保密，非依法律规定不得对外提供。

《金融机构大额交易和可疑交易报告管理办法》

第二十三条　金融机构及其工作人员应当对依法履行大额交易和可疑交易报告义务获得的客户身份资料和交易信息，对依法监测、分析、报告可疑交易的有关情况予以保密，不得违反规定向任何单位和个人提供。

条文理论延伸

1. 比较法规定

越南《预防与反洗钱法》第63条。[①]

2. 学术研究

许可：《反洗钱义务履行中的个人信息处理》，载《中国社会科学院大学学报》2022年第42卷第5期。

杨猛：《网络金融平台反洗钱KYC的刑事风险与规制》，载《法学》2019年第11期。

第八条　对履行反洗钱义务的机构及其工作人员开展相关工作的法律保障

> 履行反洗钱义务的机构及其工作人员依法开展提交大额交易和可疑交易报告等工作，受法律保护。

条文内容解读

1. 立法意旨

本条是《反洗钱法》对履行反洗钱义务的机构及其工作人员开展相关

[①] 越南《预防与反洗钱法》第63条：信息保密责任（一）本法规定的国家机关有责任依法实行信息保密制度。（二）国家职能机关在同外国职能机关交换并向其提供和传递本法第六条规定的信息过程中，必须确保信息安全保密，并严格按交换、提供和传递的正当目的和要求进行使用。（参见冯超、黄安瑜：《越南预防与反洗钱法》，载《南洋资料译丛》2024年第4期）

工作的法律保障的规定。

2. 演变历程

本条可追溯至 2006 年《反洗钱法》第 6 条:"履行反洗钱义务的机构及其工作人员依法提交大额交易和可疑交易报告,受法律保护。"

本次修订在保留原有规定的基础上,增加了"开展""等工作"的描述,使行文更加严谨。

3. 内容解读

新《反洗钱法》第 8 条是对履行反洗钱义务的机构及其工作人员开展相关工作的法律保障规定。该条明确了受保护主体是履行反洗钱义务的机构及其工作人员。履行反洗钱义务机构的工作人员是指在履行反洗钱义务的机构中具体负责或参与反洗钱工作的人员,包括但不限于反洗钱岗位的专职人员、业务部门中涉及客户尽职调查和交易监测等工作的人员等。他们在日常工作中需要按照反洗钱的相关规定和要求,开展各项反洗钱工作,其依法履行职责的行为同样受到法律保护。

该条也明确了保障范围是提交大额交易和可疑交易报告等工作。保护范围不仅限于提交大额交易和可疑交易报告,还包括与反洗钱相关的其他工作。例如,客户尽职调查、客户身份资料和交易记录保存、反洗钱特别预防措施等一系列反洗钱义务的履行工作,只要是机构及其工作人员依法开展的与反洗钱相关的工作,都在法律保护的范围之内。

条文实务应用

1. 实务指南

反洗钱义务机构可定期组织针对反洗钱工作人员的专业培训,不仅要深入解读《反洗钱法》第 8 条及相关法律法规,还要通过实际案例分析,让工作人员清楚了解自身的权利和责任,提高他们对法律保护的正确认知和运用能力。机构应建立完善的反洗钱工作证据管理制度,规范证据的收集、整理、保存和使用流程,确保在需要时能够及时、准确地提供相关证据。同时要加强对证据的安全保管,防止证据被篡改或丢失。

2. 典型案例

某商贸公司与某银行某支行等合同纠纷案①

案情简介：

2014年10月29日，甲方某商贸公司与乙方某银行某支行签订《某银行网上企业银行服务协议》，其中第6.1条约定：如果甲方未按时支付有关费用、存在恶意操作、欺诈、洗钱、违反金融法规或诋毁、损害乙方声誉等行为，以及存在信息不安全等其他不适合继续办理网上企业银行业务的情形，乙方有权单方终止对甲方提供网上企业银行服务，解除本合同。某银行某支行为某商贸公司开立账号为×××的账户。2021年2月3日，某银行某支行对上述账户采取暂停非柜面交易措施并告知某商贸公司。某商贸公司称其于2月6日当天给某银行某支行打电话没人接听，2月7日到某银行某1支行办理汇款被告知只能到开户行某银行某支行办理，其到某银行某支行后又因某银行某支行要求其提供合同等资料及该行工作人员的失误未能付款，导致其为履行合同多支付了63286.99元。2021年2月10日，某商贸公司向某银行某支行提交了《撤销银行结算账户申请书》，申请对前述账户予以销户，某银行某支行同意销户，上述账户于同日销户。

裁判要旨：

法院认为，某商贸公司与某银行某支行签订的《某银行网上企业银行服务协议》系双方的真实意思表示，亦未违反相关法律法规的强制性规定，应属有效，对双方均具有约束力，双方据此形成的合同关系受法律保护。某商贸公司在某银行某支行开立的涉诉账户存在与案外个人大额可疑交易（案外人唐某累计转入金额1.4亿余元）、账户交易金额（8.2亿余元）与纳税金额（不足100万元）显著不匹配等可疑情形，作为金融机构的某银行某支行依据其与某商贸公司签订的服务协议、《反洗钱法》的上述规定及央行相关规定，经上报后对某商贸公司账户采取暂停非柜面交易等查控措施的行为，符合双方合同约定和法律规定，并无不妥。

---

① 北京市海淀区人民法院（2021）京0108民初36461号民事判决书，载中国裁判文书网，2025年6月5日访问。

案件评析：

本案中，法院引用案件裁判当时有效的 2006 年《反洗钱法》第 6 条（对应新《反洗钱法》第 8 条）的规定进行说理，用以说明履行反洗钱义务的机构及其工作人员依法提交大额交易和可疑交易报告，受法律保护。

相关法律法规

《金融机构反洗钱规定》

第十六条　金融机构及其工作人员依法提交大额交易和可疑交易报告，受法律保护。

条文理论延伸

1. 比较法规定

《打击洗钱、恐怖融资与扩散融资的国际标准：FATF 建议》第 21 项建议。[①]

2. 学术研究

王新：《总体国家安全观下我国反洗钱的刑事法律规制》，载《法学家》2021 年第 3 期。

张永志：《构筑反洗钱法律防线——〈中华人民共和国反洗钱法〉解读》，载《中国人大》2006 年第 22 期。

[①] INTERNATIONAL STANDARDS ON COMBATING MONEY LAUNDERING AND THE FINANCING OF TERRORISM & PROLIFERATION The FATF Recommendations 21. Tipping-off and confidentiality

Financial institutions, their directors, officers and employees should be:

(a) protected by law from criminal and civil liability for breach of any restriction on disclosure of information imposed by contract or by any legislative, regulatory or administrative provision, if they report their suspicions in good faith to the FIU, even if they did not know precisely what the underlying criminal activity was, and regardless of whether illegal activity actually occurred; and

(b) prohibited by law from disclosing ("tipping-off") the fact that a suspicious transaction report (STR) or related information is being filed with the FIU. These provisions are not intended to inhibit information sharing under Recommendation 18. (21. 泄密与保密

金融机构及其负责人、管理人员和雇员应当：

(a) 出于正当目的依法向金融情报中心报告可疑交易时受到法律保护，即便无法确定是何种犯罪以及犯罪活动是否实际发生，也不会因未遵守合同、法律、法规或行政性规定关于信息披露的限制，而承担民事或刑事责任。

(b) 依法禁止泄露向金融情报中心报告可疑交易或相关信息的事实。这并非旨在禁止建议 18 规定的信息共享。)

第九条　反洗钱宣传教育

> 反洗钱行政主管部门会同国家有关机关通过多种形式开展反洗钱宣传教育活动，向社会公众宣传洗钱活动的违法性、危害性及其表现形式等，增强社会公众对洗钱活动的防范意识和识别能力。

条文内容解读

1. 立法意旨

本条是关于反洗钱宣传教育的规定。

2. 演变历程

本条为新规定。2006年《反洗钱法》并未规定反洗钱宣传教育。

3. 内容解读

要做好反洗钱工作，仅靠事后惩戒是不够的。一方面，洗钱者进行洗钱行为，并非一次使然，而是往往进行了多次洗钱；另一方面，反洗钱行为本身具有较高的技术难度，洗钱者通过各种手段，如虚假交易、伪造凭证等，将非法所得伪装成合法收入，以逃避法律的制裁。这种伪装过程往往精心设计，且洗钱流程往往隐蔽而周密，难以被轻易察觉。要识别反洗钱行为、降低反洗钱犯罪黑数，绝非易事。因此，除事后惩戒外，还要在事前采取措施，以对反洗钱行为加以预防。要预防反洗钱行为，一个很好的办法就是开展宣传教育活动。

开展反洗钱宣传教育工作，是做好反洗钱事前防范工作的重要前提，也是提高全民尊法守法意识、创建法治社会的必然要求。提高公民尊法守法的意识，使公民认清反洗钱这一违法犯罪行为的危害和表现形式，进而在思想上拒绝反洗钱行为，在行动上发现并举报反洗钱行为，最终在全社会形成"发现洗钱行为——举报洗钱行为"的共识。

因此，反洗钱的宣传教育的目的，应当包括：提高公众意识、普及法律知识、增强社会责任感、提升金融机构合规能力、保护金融系统稳定以及维护国家安全和社会秩序。详见下述。

第一，提高公众的反洗钱意识。通过宣传教育，使公众了解洗钱的概念特点、危害以及反洗钱的必要性、重要性，增强社会各界，包括各方人士和各类团体对洗钱活动的警觉性和防范意识。

第二，普及法律知识。反洗钱是全民守法的必然要求，也是法治社会不可或缺的要素。宣传国家反洗钱法律法规，让公众了解洗钱犯罪的法律后果，以及金融机构、个人在反洗钱工作中的法律责任和义务，增强法律意识。

第三，增强社会责任感。洗钱行为并非每个人都有条件实施的行为，但要抵制洗钱，不能仅靠相关机构和组织。公众的社会责任感也能发挥重要作用。鼓励公众积极参与反洗钱工作，形成全社会共同抵制洗钱活动的氛围，增强社会责任感。

第四，提升金融机构合规能力、保护金融系统稳定。通过宣传教育，使金融机构及其员工更加熟悉反洗钱政策和操作程序，提高合规意识和能力，有效履行反洗钱职责。反洗钱工作是维护金融系统安全稳定的重要一环，通过宣传教育，有助于防范洗钱活动对金融系统的冲击和破坏。

第五，维护国家安全和社会秩序。对此可从两个方面理解：一是构建一个更加安全、稳定、健康的金融环境有利于维护国家安全和社会秩序。金融系统的稳定直接关乎国计民生，而洗钱活动会危害金融系统稳定性，进而影响宏观经济、社会稳定等各方面；二是洗钱活动往往与恐怖主义、走私、贩毒等犯罪活动紧密相连，通过宣传教育，有助于切断这些犯罪活动的资金链，维护国家安全和社会秩序。

本条仅就"要不要"开展反洗钱宣传教育作出规定。至于如何开展反洗钱宣传教育，本条并未详细说明。不过，若从条文本身出发，并结合该条的演变历程，亦能回答反洗钱宣传教育"怎么做"的问题。从该条的规定和演变历程来看，反洗钱宣传教育活动的开展应当具有以下特点。

一是宣传主体的多样性。反洗钱的宣传教育是一项系统性工程，需要政府、金融机构、社会组织以及公众的共同参与和努力。政府应当发挥机关单位的宣传优势，在宣传广度上下功夫；金融机构应当在专业知识的基础上开展宣传，在宣传精度上下功夫；社会组织应当重视反洗钱的积极意义，在宣传力度上下功夫；公众应当既接受宣传教育，在学习反洗钱宣传教育的同时，积极传播反洗钱的相关理念、方法等，最终使反洗钱的宣传教育深入公众。

二是形式上的多样性。该条规定，反洗钱的宣传教育应当"通过多种形式开展"。多种多样的形式有利于增进反洗钱相关宣传教育材料的可接受性，便利广大公民的学习与理解，进而增进全民反洗钱意识，最终达到全民宣传教育的最终目的。

三是受众的广泛性。洗钱相比于其他违法犯罪行为，一个典型的特点就是集中度高、反复性强、独立性弱。所谓集中度高，是指洗钱行为并非人人可为，往往只有某些群体才会洗钱；反复性强，是指很多洗钱者在第一次洗钱之后不会"金盆洗手"，而是会在洗钱行为后重复之；独立性弱，是指洗钱行为或洗钱罪往往不是单独出现，而是伴随其他行为或其他犯罪出现，如毒品犯罪、黑社会性质的组织犯罪、恐怖活动犯罪、走私犯罪、贪污贿赂犯罪等。

但这并不意味着反洗钱宣传教育的受众只局限于洗钱行为的潜在群体。相反，反洗钱的宣传教育要贯彻全体公民。一方面，该条明确指出，反洗钱宣传教育的对象是"社会公众"，这意味着对受众的理解要从大处着眼，至少不能仅局限于洗钱行为的潜在群体；另一方面，即使某些公众不属于洗钱行为的潜在群体，对其宣传教育，也能促进其认识洗钱行为，并带动其揭露、举报洗钱行为的积极性，促进全国范围内反洗钱工作的有效开展。

❋ 条文理论延伸

1. 比较法规定

我国在新《反洗钱法》中规定反洗钱的宣传教育的做法，颇具立法特色。比较法上，在反洗钱相关法律条文中直接规定反洗钱宣传教育的做法不多。尽管许多国家在反洗钱立法上十分严格，在实践中也就反洗钱宣传教育采取了多种措施，以提高公众对洗钱活动的认知和警惕性。但是宣传教育并未明确写入法律条文之中。

2. 学术研究

姚鹏：《互联网金融对反洗钱工作的影响及对策研究》，载《时代金融》2019年第19期。

易喜琼：《完善我国反洗钱机制的战略对策分析》，载《现代商业》2010年第10期。

第十条 单位与个人的反洗钱责任

任何单位和个人不得从事洗钱活动或者为洗钱活动提供便利，并应当配合金融机构和特定非金融机构依法开展的客户尽职调查。

❀ 条文内容解读

1. 立法意旨

本条是关于单位与个人的反洗钱责任的规定。

2. 内容解读

本条为新规定。何谓单位与个人的反洗钱责任？结合条文内容可知，单位与个人的反洗钱责任包括两个方面：一是任何单位和个人不得从事洗钱活动或者为洗钱活动提供便利；二是单位和个人应当配合金融机构和特定非金融机构依法开展的客户尽职调查。这一规定是基于洗钱活动的严重危害，以及客户尽职调查在反洗钱工作中的重要性和必要性而制定的。通过加强反洗钱工作，我们可以有效遏制洗钱活动的发生，保护国家金融安全和社会稳定，维护社会的公平和正义。

何谓"不得提供便利"？具体包括以下三个方面：一是不参与洗钱活动。个人和单位应当增强反洗钱意识，了解洗钱活动的危害性和违法性。个人和单位应当自觉遵守法律法规，不得从事任何形式的洗钱活动；二是不为洗钱活动推波助澜。藏匿、包庇洗钱者，以及其他任何形式的为洗钱活动提供便利的行为，个人和单位都不应该进行；三是个人和单位应当举报可疑洗钱活动。对洗钱行为知情不报无异于提供便利，因此个人和单位在发现可疑洗钱活动时，应当及时向相关部门举报。这有助于相关部门及时发现和制止洗钱活动，保护国家金融安全和社会稳定。实际上，该条与新《反洗钱法》第9条有着紧密的联系：第10条规定的个人和单位对洗钱活动不提供便利，有赖于个人和单位的反洗钱意识，而这又很大程度上与第9条的宣传教育有关。

何谓"配合尽职调查"？具体来说，个人和单位在办理金融业务或者与金融机构和特定非金融机构建立业务关系时，应当积极配合其开展客户尽职调查工作。个人和单位应当提供真实、准确、完整的客户信息，以便金融机构和特定非金融机构进行核实和评估。尽职调查涉及两方主体：一是怀疑客户交易涉嫌洗钱或恐怖融资的金融机构或特定非金融机构；二是办理业务期间受到怀疑的客户。而尽职调查也是金融机构或特定非金融机构的义务。《反洗钱法》第28条规定，金融机构不得为身份不明的客户提供服务或者与其进行交易，不得为客户开立匿名账户或者假名账户，不得为冒用他人身份的客户开立账户。2006年《反洗钱法》并未提及尽职调查问题，而新《反洗钱法》用专门一条规定了单位和个人配合尽职调查，一方面如上文所述，有利于遏制洗钱活动；另一方面也在内容上建立体系化的反洗钱法律规范。

为什么要规定单位与个人的反洗钱责任？这与洗钱活动的特点紧密相关。

第一，洗钱活动具有严重的危害性。洗钱活动将犯罪所得及其产生的收益，通过各种手段掩饰、隐瞒其来源和性质，使其在形式上合法化。洗钱不仅违反了国家法律法规，更对社会经济秩序、金融安全、司法公正以及政治稳定等多个方面造成了严重的危害。洗钱活动往往涉及大量非法收入的转移和隐匿，这些收入未经合法申报和纳税，导致国家税收大量流失。洗钱活动为各种犯罪行为提供了资金支持，使得犯罪分子能够继续从事违法活动。洗钱活动往往利用金融机构进行资金的转移和隐匿。这不仅破坏了金融机构的正常运营秩序，也增加了金融机构的经营风险。洗钱活动通过掩饰、隐瞒犯罪所得及其收益的来源和性质，消灭了犯罪线索和证据，使得司法机关难以追究犯罪分子的刑事责任。这不仅削弱了司法的权威性和公正性，也影响了社会的法治建设。洗钱活动的危害面广、危害性大，国家应当坚决查处、严厉打击。

第二，洗钱活动具有隐蔽性。洗钱活动的参与者通常不会暴露其行为目的，洗钱活动的过程也包装在合法合规的表面流程之中。洗钱活动技术性高，国家打击洗钱，往往会倒逼洗钱者提高洗钱活动的技术水平。这使得洗钱活动难以发现、难以打击。因此，如何发现洗钱，是亟待解决的难题。解决方法，除在反洗钱技术手段上下功夫外，还可以在反洗钱的主体上下功夫，即增加反洗钱主体，将金融机构、单位和个人并入反洗钱的主体之中，从而增加发现反洗钱活动，进而打击反洗钱活动的机会和可能。

第三，洗钱活动的遏制需要多方参与。洗钱活动的遏制需要多方共同参与。政府、金融机构、监管机构、国际合作机构以及社会公众等各方都需要发挥自己的作用，形成有效的反洗钱体系。只有这样，才能有效地打击洗钱犯罪活动，维护金融秩序和社会稳定。该条提及两方主体：一是单位或个人；二是金融机构和特定非金融机构。就前者而言，该条并未直接规定单位和个人发现洗钱活动应当立刻举报，仅规定其不应当"提供便利"。为发现洗钱活动，金融机构需要建立健全金融交易监测系统，实时识别和分析可疑交易，及时报告可疑活动。这些都需要金融机构内部多个部门的协作和配合。

相关法律法规

《涉及恐怖活动资产冻结管理办法》

第四条　金融机构、特定非金融机构应当制定冻结涉及恐怖活动资产的内部操作规程和控制措施，对分支机构和附属机构执行本办法的情况进行监督管理；指定专门机构或者人员关注并及时掌握恐怖活动组织及恐怖活动人员名单的变动情况；完善客户身份信息和交易信息管理，加强交易监测。

《金融机构客户身份识别和客户身份资料及交易记录保存管理办法》

第三条　金融机构应当勤勉尽责，建立健全和执行客户身份识别制度，遵循"了解你的客户"的原则，针对具有不同洗钱或者恐怖融资风险特征的客户、业务关系或者交易，采取相应的措施，了解客户及其交易目的和交易性质，了解实际控制客户的自然人和交易的实际受益人。

金融机构应当按照安全、准确、完整、保密的原则，妥善保存客户身份资料和交易记录，确保能足以重现每项交易，以提供识别客户身份、监测分析交易情况、调查可疑交易活动和查处洗钱案件所需的信息。

第七条　政策性银行、商业银行、农村合作银行、城市信用合作社、农村信用合作社等金融机构和从事汇兑业务的机构，在以开立账户等方式与客户建立业务关系，为不在本机构开立账户的客户提供现金汇款、现钞兑换、票据兑付等一次性金融服务且交易金额单笔人民币1万元以上或者外币等值

1000 美元以上的，应当识别客户身份，了解实际控制客户的自然人和交易的实际受益人，核对客户的有效身份证件或者其他身份证明文件，登记客户身份基本信息，并留存有效身份证件或者其他身份证明文件的复印件或者影印件。

如客户为外国政要，金融机构为其开立账户应当经高级管理层的批准。

条文理论延伸

1. 比较法规定

我国在新《反洗钱法》中规定单位与个人的反洗钱责任的做法，颇具立法特色。比较法上，在反洗钱相关法律条文中直接规定单位与个人的反洗钱责任的做法不多。许多国家在反洗钱立法上十分严格，也强调多方主体参与反洗钱的必要性，"任何个人和单位都不得从事洗钱活动或为洗钱提供便利"是各国共识。

2. 学术研究

魏云岩：《客户尽职调查组织架构的分析与思考》，载《金融会计》2023年第8期。

刘寅、陈思思：《银行业金融机构客户尽职调查工作有效性的思考》，载《金融会计》2023年第12期。

第十一条　反洗钱举报与表彰奖励机制

> 任何单位和个人发现洗钱活动，有权向反洗钱行政主管部门、公安机关或者其他有关国家机关举报。接受举报的机关应当对举报人和举报内容保密。
>
> 对在反洗钱工作中做出突出贡献的单位和个人，按照国家有关规定给予表彰和奖励。

条文内容解读

1. 立法意旨

本条是关于反洗钱举报与表彰奖励机制的规定。

2. 演变历程

本条可追溯至2006年《反洗钱法》第7条："任何单位和个人发现洗钱活动，有权向反洗钱行政主管部门或者公安机关举报。接受举报的机关应当对举报人和举报内容保密。"该条规定了反洗钱举报的有关内容。本次修订有三处调整：一是将"其他国家机关"改为"其他有关国家机关"，用词更加严谨；二是将"在预防洗钱活动方面"改为"对在反洗钱工作中"；三是将"由反洗钱行政主管部门按照国家有关规定给予表彰和奖励"改为"按照国家有关规定给予表彰和奖励"。

3. 内容解读

将反洗钱举报与表彰奖励机制规定在同一条文内，有其内在逻辑。一方面，表彰奖励可以激发单位和个人发现洗钱活动、举报洗钱活动的积极性；另一方面，对反洗钱举报的突出贡献者进行表彰奖励也自属正当。

实际上，与第1款内在逻辑一致的不止该条第2款。第9条、第10条亦有紧密联系。第9条规定了反洗钱的宣传教育。而该条可为第9条的宣传教育做上注脚。反洗钱的宣传教育应当包含如何识别反洗钱，以及反洗钱的相关种类方法等，否则，仅宣传反洗钱的危害，即使单位和个人发现了反洗钱活动，也难以识别，不会积极举报。除与第9条的紧密联系外，该条与第10条一脉相承。第10条规定了单位和个人不得从事洗钱活动或者为洗钱活动提供便利。

第2款规定，在反洗钱工作中做出突出贡献的单位和个人，应当按照国家有关规定受到表彰和奖励。此处的表彰和奖励应作如下理解：第一，表彰和奖励的获得者应当限于"做出突出贡献的"单位和个人。第二，如果奖励方式为现金奖励，通常会根据举报的案情大小和查证属实的情况来确定奖励金额。一般来说，举报的案情越大，奖励金额也会相应增加。当然，举报奖励也可被分为不同级别，如一级举报、二级举报等，各级别的奖励金额也有所不同。第三，除现金奖励外，其他形式的奖励或表彰也为该条所允许，如向相关单位或个人颁发荣誉证书、感谢信等，以表彰举报人对打击洗钱犯罪行为的贡献。

新《反洗钱法》专门规定了举报洗钱活动的表彰奖励，出于以下几个方面的考虑：第一，维护金融安全与社会稳定的需要。洗钱活动通常与贪污贿赂犯罪、走私犯罪、黑社会性质的组织犯罪、毒品犯罪、恐怖活动犯罪等严重犯罪行为相关联。这些犯罪活动不仅破坏了金融秩序，还对社会稳定构成了严重威胁。通过表彰举报反洗钱的单位和个人传递出一个明确的信号：坚决打击洗钱犯罪，维护金融安全和社会稳定。这有利于在全社会形成共同抵制洗钱活动的良好氛围。第二，法律义务与公民责任的必然要求。首先，从洗钱活动的危害性来说，洗钱行为是违法的，而且洗钱犯罪往往与其他严重犯罪活动相关联。因此，举报洗钱行为不仅有助于维护金融秩序和社会安全，也是每个公民应尽的责任和义务。其次，从公民的主动性来说，举报洗钱活动也是公民履行法律义务、协助国家打击犯罪的一种体现。最后，从公民与国家的关系来说，通过表彰举报反洗钱的公民，国家和社会对公民的这一行为给予了正面评价和认可，这有助于强化公民的法律意识和责任感，鼓励更多的人积极履行法律义务，参与到反洗钱工作中来。第三，对其他单位和个人的激励与示范。表彰举报反洗钱的单位或个人，可以激发社会大众参与反洗钱工作的积极性。通过给予举报人一定的表彰，形成正面的示范效应，鼓励更多的人积极举报洗钱行为。这种激励措施有助于扩大反洗钱工作的群众基础，提高反洗钱工作的效率和效果。第四，促进反洗钱机制的完善。单位或个人举办洗钱活动，意味着国家在发现和打击洗钱活动方面仍然有进步空间。这有助于推动相关部门不断完善反洗钱法律法规、加强监管力度、提高执法效率，从而构建更加完善的反洗钱体系。同时，这也能为其他国家和地区提供了有益的借鉴和参考，进而促进国际反洗钱机制的完善。

单位或个人若发现洗钱活动，应当向哪些部门举报？这是新《反洗钱法》修改过程中受到多次修改的内容。新《反洗钱法》规定，举报应当向行政主管部门、公安机关或者其他有关国家机关作出。

❉ 相关法律法规

《金融机构客户身份识别和客户身份资料及交易记录保存管理办法》

第五条　金融机构应当对其分支机构执行客户身份识别制度、客户身份资料和交易记录保存制度的情况进行监督管理。

金融机构总部、集团总部应对客户身份识别、客户身份资料和交易记录保存工作作出统一要求。

金融机构应要求其境外分支机构和附属机构在驻在国家（地区）法律规定允许的范围内，执行本办法的有关要求，驻在国家（地区）有更严格要求的，遵守其规定。如果本办法的要求比驻在国家（地区）的相关规定更为严格，但驻在国家（地区）法律禁止或者限制境外分支机构和附属机构实施本办法，金融机构应向中国人民银行报告。

第七条 政策性银行、商业银行、农村合作银行、城市信用合作社、农村信用合作社等金融机构和从事汇兑业务的机构，在以开立账户等方式与客户建立业务关系，为不在本机构开立账户的客户提供现金汇款、现钞兑换、票据兑付等一次性金融服务且交易金额单笔人民币1万元以上或者外币等值1000美元以上的，应当识别客户身份，了解实际控制客户的自然人和交易的实际受益人，核对客户的有效身份证件或者其他身份证明文件，登记客户身份基本信息，并留存有效身份证件或者其他身份证明文件的复印件或者影印件。

如客户为外国政要，金融机构为其开立账户应当经高级管理层的批准。

第八条 商业银行、农村合作银行、城市信用合作社、农村信用合作社等金融机构为自然人客户办理人民币单笔5万元以上或者外币等值1万美元以上现金存取业务的，应当核对客户的有效身份证件或者其他身份证明文件。

条文理论延伸

刘梦婷：《互联网金融背景下反洗钱监管浅析》，载《现代金融》2018年第9期。

毛术文：《我国反洗钱法律制度存在的主要问题及完善建议》，载《金融理论与实践》2011年第4期。

第十二条 打击境外反洗钱和恐怖主义融资

在中华人民共和国境外（以下简称境外）的洗钱和恐怖主义融资活动，危害中华人民共和国主权和安全，侵犯中华人民共和国公民、法人和其他组织合法权益，或者扰乱境内金融秩序的，依照本法以及相关法律规定处理并追究法律责任。

条文内容解读

1. 立法意旨

本条是关于打击境外反洗钱和恐怖主义融资的规定。

2. 内容解读

打击境外反洗钱和恐怖主义融资，也称为反洗钱和恐怖主义融资的境外管辖权。2006年《反洗钱法》规定了反洗钱的含义，但并未就境外打击反洗钱活动作出任何规定。新《反洗钱法》在完善反洗钱含义的同时，规定恐怖主义融资亦适用本法，相应的，第12条同时就打击二者作出规定，使立法更有体系化。

除打击境外反洗钱活动外，该条规定，恐怖主义融资亦在打击之列。反洗钱的含义，新《反洗钱法》第2条已明确规定：反洗钱，指为了预防通过各种方式掩饰、隐瞒毒品犯罪、黑社会性质的组织犯罪、恐怖活动犯罪、走私犯罪、贪污贿赂犯罪、破坏金融管理秩序犯罪、金融诈骗犯罪和其他犯罪所得及其收益的来源、性质的洗钱活动，而依法采取相关措施的行为。而恐怖主义融资，可以理解为恐怖组织或恐怖分子占用、募集、使用资金或其他财产的行为，以及他人用资金或者其他资产协助恐怖组织或恐怖分子的行为。举例来说，恐怖分子通过从事贩卖毒品、敲诈勒索、绑架和武装抢劫等犯罪来募集资金，然后用这些资金来开展恐怖活动。

打击境外反洗钱和恐怖主义融资，有其必要性和重要性。在全球化进程不断加强的当下，在我国不断推进人类命运共同体理念落实的背景下，打击反洗钱和恐怖主义融资，就不能仅局限于国内。打击境外反洗钱和恐怖主义融资的意义有以下几个方面：第一，维护国际金融秩序。洗钱和恐怖主义融资活动往往涉及大量的非法资金流动，这些活动会扰乱国际金融市场的正常秩序，破坏金融稳定。严厉打击这些活动，是维护国际金融市场的公平、公正和透明的必要条件。第二，保障国家安全。洗钱和恐怖主义融资活动往往与恐怖主义、跨国犯罪等危害国家安全的行为密切相关。通过打击这些活动，可以有效切断恐怖组织和犯罪分子的资金来源，削弱其从事犯罪活动的能力，从而保障国家安全。第三，维护公共安全。洗钱和恐怖主义融资活动不仅会危害国际金融秩序和国家安全，还会对公共安全造成威胁。对这些活动的有效打击可以减少恐怖袭击和犯罪事件的发生，从而保护人民群众的生命财产安全。

当然，本条系宣示性法律规范，具体落实有待进一步细化和深入。打击境外反洗钱和恐怖主义融资，可采取如下措施：一是加强国际合作。洗钱和恐怖主义融资活动往往具有跨国性，需要各国之间加强合作，共同打击。可以通过签订双边或多边协议、建立信息共享机制、开展联合行动等方式加强国际合作。

二是完善法律法规：各国应制定和完善反洗钱和反恐怖主义融资的法律法规，明确打击这些活动的法律依据和处罚措施。同时，还应加强对金融机构和特定非金融机构的监管，确保其履行反洗钱和反恐怖主义融资的义务。

三是提高监管能力：各国应加强对金融机构和特定非金融机构的监管，提高其识别和防范洗钱和恐怖主义融资活动的能力。可以通过培训、技术升级等方式提高监管人员的专业素质和技能水平。

四是加强信息收集和分析：各国应加强对洗钱和恐怖主义融资活动的信息收集和分析工作，及时掌握这些活动的动态和趋势。通过信息共享和分析，可以更有效地打击这些活动。

五是加大宣传力度：各国应加大对反洗钱和反恐怖主义融资的宣传力度，提高公众对这些活动的认识和警惕性。可以通过媒体宣传、公益活动等方式加强宣传教育工作。

相关法律法规

《金融机构客户身份识别和客户身份资料及交易记录保存管理办法》

第五条　金融机构应当对其分支机构执行客户身份识别制度、客户身份资料和交易记录保存制度的情况进行监督管理。

金融机构总部、集团总部应对客户身份识别、客户身份资料和交易记录保存工作作出统一要求。

金融机构应要求其境外分支机构和附属机构在驻在国家（地区）法律规定允许的范围内，执行本办法的有关要求，驻在国家（地区）有更严格要求的，遵守其规定。如果本办法的要求比驻在国家（地区）的相关规定更为严格，但驻在国家（地区）法律禁止或者限制境外分支机构和附属机构实施本办法，金融机构应向中国人民银行报告。

《银行业金融机构反洗钱和反恐怖融资管理办法》

第四条　银行业金融机构境外分支机构和附属机构，应当遵循驻在国家（地区）反洗钱和反恐怖融资方面的法律规定，协助配合驻在国家（地区）监管机构的工作，同时在驻在国家（地区）法律规定允许的范围内，执行本办法的有关要求。

驻在国家（地区）不允许执行本办法的有关要求的，银行业金融机构应当采取适当的额外措施应对洗钱和恐怖融资风险，并向国务院银行业监督管理机构报告。

第二十六条　银行业金融机构应当做好境外洗钱和恐怖融资风险管控和合规经营工作。境外分支机构和附属机构要加强与境外监管当局的沟通，严格遵守境外反洗钱和反恐怖融资法律法规及相关监管要求。

银行业金融机构境外分支机构和附属机构受到当地监管部门或者司法部门现场检查、行政处罚、刑事调查或者发生其他重大风险事项时，应当及时向银行业监督管理机构报告。

第二十七条　银行业金融机构应当对跨境业务开展尽职调查和交易监测工作，做好跨境业务洗钱风险、制裁风险和恐怖融资风险防控，严格落实代理行尽职调查与风险分类评级义务。

《涉及恐怖活动资产冻结管理办法》

第十六条　金融机构、特定非金融机构的境外分支机构和附属机构按照驻在国家（地区）法律规定和监管要求，对涉及恐怖活动的资产采取冻结措施的，应当将相关情况及时报告金融机构、特定非金融机构总部。

金融机构、特定非金融机构总部收到报告后，应当及时将相关情况报告总部所在地公安机关和国家安全机关,同时抄报总部所在地中国人民银行分支机构。地方公安机关和地方国家安全机关应当分别按照程序层报公安部和国家安全部。

❄ 条文理论延伸

郭华春:《美国经济制裁执法管辖"非美国人"之批判分析》,载《上海财经大学学报》2021年第1期。

顾学明等:《美国反洗钱长臂管辖的发展及中国应对》,载《国际贸易》2021年第11期。

第二章　反洗钱监督管理

第十三条　国务院反洗钱行政主管部门的反洗钱监管职责

> 国务院反洗钱行政主管部门组织、协调全国的反洗钱工作，负责反洗钱的资金监测，制定或者会同国务院有关金融管理部门制定金融机构反洗钱管理规定，监督检查金融机构履行反洗钱义务的情况，在职责范围内调查可疑交易活动，履行法律和国务院规定的有关反洗钱的其他职责。
>
> 国务院反洗钱行政主管部门的派出机构在国务院反洗钱行政主管部门的授权范围内，对金融机构履行反洗钱义务的情况进行监督检查。

◆ 条文内容解读

1. 立法意旨

本条是关于国务院反洗钱行政主管部门的反洗钱监管职责的规定。

2. 演变历程

本条可追溯至 2006 年《反洗钱法》第 8 条："国务院反洗钱行政主管部门组织、协调全国的反洗钱工作，负责反洗钱的资金监测，制定或者会同国务院有关金融监督管理机构制定金融机构反洗钱规章，监督、检查金融机构履行反洗钱义务的情况，在职责范围内调查可疑交易活动，履行法律和国务院规定的有关反洗钱的其他职责。国务院反洗钱行政主管部门的派出机构在国务院反洗钱行政主管部门的授权范围内，对金融机构履行反洗钱义务的情况进行监督、检查。"

本次修法对该条文未作明显修改，新《反洗钱法》将该条款第一句中的

"制定或者会同国务院有关金融监督管理机构制定金融机构反洗钱规章"修改为了"制定或者会同国务院有关金融管理部门制定金融机构反洗钱管理规定"。

3. 内容解读

本条对应旧法第 8 条，是对国务院反洗钱行政主管部门，即中国人民银行在反洗钱工作中的监督管理职责的规定。

（1）"国务院反洗钱行政主管部门组织、协调全国的反洗钱工作"

本句确立了国务院反洗钱行政主管部门——中国人民银行负责组织和协调全国反洗钱工作的职责，明确了中国人民银行作为全国反洗钱工作的核心领导机构。具体而言，央行需要协调不同地区、不同部门的反洗钱工作，确保各项反洗钱措施的统一性与有效性，避免不同地区或部门在执行过程中出现差异化标准或执行力度不一致的情况。这也表明，反洗钱工作必须具有跨部门、跨区域的协调性，以保障全国范围内的金融监管体系能够协同运作。

（2）"负责反洗钱的资金监测"

资金监测是反洗钱工作的核心内容之一，本句明确了国务院反洗钱行政主管部门对金融系统中的资金流动进行严格监控的职责。具体而言，主管部门需通过金融监测系统、跨机构的信息共享机制以及大数据分析等手段，实时跟踪和分析金融交易，重点监控异常交易或涉及高风险地区、客户的资金流动。通过这些监测手段，主管部门实现实施监控和识别可疑的洗钱活动，尤其是复杂的跨境资金流动、频繁的结构化交易、大额资金转移等具有较大潜在风险的情况，以便于主管部门及时发现潜在的洗钱行为并采取相应措施。

（3）"制定或者会同国务院有关金融管理部门制定金融机构反洗钱管理规定"

本句明确了国务院反洗钱行政主管部门制定反洗钱管理规定，或者与其他相关金融管理部门（如国家金融监督管理总局、证监会等）联合制定具体的金融机构反洗钱管理规定的职责。这些规定将明确金融机构在反洗钱工作中的具体操作要求，如履行客户身份识别、可疑交易报告、交易监测、合规审查等反洗钱义务。通过规范金融机构的反洗钱操作，确保其在日常业务中遵循统一的反洗钱标准；制定统一的操作标准和管理规定，可以提高各金融机构对反洗钱合规性的意识和执行力度，减少洗钱行为的发生；随着金融行业的变化和国际反洗钱形势的演进，规范亦会不断修订和完善，确保与时俱进。

(4)"监督检查金融机构履行反洗钱义务的情况"

本句明确了国务院反洗钱行政主管部门需要定期对金融机构的反洗钱措施和执行情况进行监督检查。具体而言，金融机构需要建立完善的反洗钱内部控制体系，包括对客户进行尽职调查、建立可疑交易报告机制、监测账户和交易活动等，主管部门对其监督检查确保这些措施被有效执行。监督检查不仅限于定期检查，还包括抽查、专项检查和现场检查等多种形式。通过监督检查，主管部门能够及时发现金融机构在反洗钱方面的不足和漏洞，督促其改进，并对不合规的金融机构采取相应的行政处罚措施。

(5)"在职责范围内调查可疑交易活动"

本句明确了国务院反洗钱行政主管部门在金融机构或监管系统发现可疑交易时对其进行深入调查的职责，包括对交易背景、资金来源、客户身份、交易目的等多方面的审查。这一调查职能使得反洗钱工作不仅停留在监管检查层面，还能够深入追踪具体的可疑交易，分析可能存在的洗钱行为。在实际操作中，这项调查职能可能需要与公安、检察院、法院等其他执法机关的合作，尤其是在涉及跨境洗钱或复杂洗钱网络时，主管部门通过调查可疑交易，可以及时切断洗钱链条，并根据需要采取进一步的行动。

(6)"履行法律和国务院规定的有关反洗钱的其他职责"

本句规定了国务院反洗钱行政主管部门必须履行法律法规规定的有关反洗钱的其他职责，这些职责不仅包括前文提到的资金监测、制度制定、监督检查等，还包括参与国际反洗钱合作、更新反洗钱政策、提供反洗钱培训等多方面的工作。例如，主管部门需要参与制定国际反洗钱标准、与其他国家和地区的反洗钱机构进行信息共享和合作。此外，随着金融科技的发展和洗钱手段的变化，主管部门还需要不断完善和创新反洗钱措施，制定新的技术标准和法规以应对新兴洗钱手段（如虚拟货币、跨境支付等），确保反洗钱工作能够随着法律、金融环境、国际合作需求的变化不断调整和优化。

(7)"国务院反洗钱行政主管部门的派出机构在国务院反洗钱行政主管部门的授权范围内，对金融机构履行反洗钱义务的情况进行监督检查"

本句规定了国务院反洗钱行政主管部门派出机构对金融机构的监督检查

职责。派出机构的监督检查任务聚焦于金融机构是否依法履行了反洗钱责任、是否建立了有效的内控机制、是否识别和报告了可疑交易等，以实现反洗钱工作的地方性监督，防止反洗钱工作仅停留在中央层面，保障反洗钱政策的地方性执行。此外，本句还强调了派出机构的监督权限必须受到中央主管部门的授权，确保其权力不被滥用，同时也保证了监督行动的合规性和规范性。

相关法律法规

《金融机构反洗钱规定》

第三条　中国人民银行是国务院反洗钱行政主管部门，依法对金融机构的反洗钱工作进行监督管理。中国银行业监督管理委员会、中国证券监督管理委员会、中国保险监督管理委员会在各自的职责范围内履行反洗钱监督管理职责。

中国人民银行在履行反洗钱职责过程中，应当与国务院有关部门、机构和司法机关相互配合。

第五条　中国人民银行依法履行下列反洗钱监督管理职责：

（一）制定或者会同中国银行业监督管理委员会、中国证券监督管理委员会和中国保险监督管理委员会制定金融机构反洗钱规章；

（二）负责人民币和外币反洗钱的资金监测；

（三）监督、检查金融机构履行反洗钱义务的情况；

（四）在职责范围内调查可疑交易活动；

（五）向侦查机关报告涉嫌洗钱犯罪的交易活动；

（六）按照有关法律、行政法规的规定，与境外反洗钱机构交换与反洗钱有关的信息和资料；

（七）国务院规定的其他有关职责。

《金融机构反洗钱和反恐怖融资监督管理办法》

第三条　中国人民银行及其分支机构依法对金融机构反洗钱和反恐怖融资工作进行监督管理。

条文实务应用

1. 实务指南

新《反洗钱法》第 13 条为反洗钱监管提供了明确的框架，规定了国务院反洗钱行政主管部门的职责，包括组织、协调全国反洗钱工作、资金监测、制定反洗钱管理规定等。然而在实务中，监管部门在履行职责时可能会面临一系列风险，具体表现在监管协调不足、执行不一致及资金监测复杂等方面。

首先，反洗钱监管的协调问题可能会影响反洗钱执行效果。由于反洗钱工作涉及多个监管部门，包括中国人民银行、国家金融监督管理总局等，不同部门之间的协作和信息共享不畅可能导致监管盲点。例如，监管部门之间可能无法及时传递和处理跨行业的资金流动。为此，建议监管部门建立跨部门的协调机制，定期召开会议，明确分工，加强信息共享。此外，建设统一的反洗钱信息平台，也是解决这一问题的重要途径，以确保数据在不同监管机构之间的流通与共享。

其次，反洗钱监管执行不一致的风险亦会影响监管工作的效果。由于反洗钱工作的复杂性，不同地方的监管执行标准可能不一致，部分地区的监管力度较弱，导致金融机构的反洗钱合规工作存在差异。为了确保全国范围内反洗钱工作的统一性，监管部门需要制定明确的执行标准，并通过定期检查和督导，确保各地执行的政策和要求的一致性。

最后，对资金流动的监测，尤其是对跨境交易中的资金流动的监测，是反洗钱监管工作的一大难点，传统的资金监测手段在面对复杂和大额资金流动时，往往难以高效识别潜在的洗钱行为。对此，金融机构和监管部门应加强对跨境交易的监管合作，与国际反洗钱组织和其他国家监管机构共享信息，防止洗钱活动通过跨境交易逃避监管。同时，金融机构应升级资金流动监测系统，提高监控的精确度和实时性，以提高资金流动监测的效率与准确性。

2. 典型案例

某证券公司被行政处罚案[①]

案情简介：

中国人民银行发布行政处罚决定，某证券公司被处以159万元罚款。

[①] 银罚决字【2024】1-3号，载中国人民银行网站，http：//www.pbc.gov.cn/zhengwugongkai/4081330/4081344/4081407/4081705/5234294/index.html，2025年6月6日访问。

违法行为类型：未按照规定履行客户身份识别义务、未按照规定报送大额交易报告或者可疑交易报告。

行政处罚内容：2024年2月2日，某证券公司未按照规定履行反洗钱义务，根据《反洗钱法》第32条第1款第1项、第3项，对某证券公司处以159万元罚款，并对该公司2名相关责任人员分别处以1万元、2.5万元罚款。

案件评析：

本案对金融机构及其他相关单位具有一定的警示作用，尤其是在反洗钱合规方面，金融机构应当加强反洗钱制度的建设和内部控制，确保客户身份识别、交易记录保存和可疑交易报告等核心反洗钱义务的落实。中国人民银行对该案件的处罚，展示了金融监管部门在加强反洗钱监管方面的决心和行动。这种严格的监管态势对于其他金融机构起到了警示和震慑作用，促使它们更加注重反洗钱合规。综上所述，此案体现了对金融机构反洗钱义务履行的严格要求，以及对违反规定的金融机构和相关责任人的处罚力度，彰显了反洗钱监管的严格性和执行力。

条文理论延伸

冯琦：《提升基层反洗钱履职效能》，载《中国金融》2024年第21期。

刘闽浙：《浅谈新时期的反洗钱调查工作》，载《银行家》2019年第2期。

第十四条 国务院有关金融管理部门的反洗钱监管职责

> 国务院有关金融管理部门参与制定所监督管理的金融机构反洗钱管理规定，履行法律和国务院规定的有关反洗钱的其他职责。
>
> 有关金融管理部门应当在金融机构市场准入中落实反洗钱审查要求，在监督管理工作中发现金融机构违反反洗钱规定的，应当将线索移送反洗钱行政主管部门，并配合其进行处理。

条文内容解读

1. 立法意旨

本条是关于国务院有关金融管理部门的反洗钱监管职责的规定。

2. 演变历程

本条可追溯至2006年《反洗钱法》第9条："国务院有关金融监督管理机构参与制定所监督管理的金融机构反洗钱规章，对所监督管理的金融机构提出按照规定建立健全反洗钱内部控制制度的要求，履行法律和国务院规定的有关反洗钱的其他职责。"

新《反洗钱法》作出了如下修改：一是将监管主体从"国务院有关金融监督管理机构"修改为"国务院有关金融管理部门"，我国金融监管机构改革后，国务院有关金融管理部门具体是指我国金融监督管理总局和证监会；二是删除了"对所监督管理的金融机构提出按照规定建立健全反洗钱内部控制制度的要求"的内容；三是增补了有关金融管理部门在市场准入时落实反洗钱审查的要求和发现违规行为时的线索移送机制，体现了我国对反洗钱监管工作的细化分工和协调机制的更高要求。

3. 内容解读

本条对应旧法第9条，是对国务院有关金融管理部门，即国家金融监督管理总局和证监会在反洗钱工作中的监督管理职责的规定。

（1）"国务院有关金融管理部门参与制定所监督管理的金融机构反洗钱管理规定"

有关金融管理部门不仅负责监管金融机构的日常合规情况，还需要参与制定所监管的金融机构的反洗钱管理规定，这一职责分工确保了反洗钱管理规定与金融市场的实际运作相匹配，从而避免法律规定无法适应具体实践的风险。金融管理部门能够根据不同金融机构的性质和风险特点，制定具体的反洗钱要求，从而实现差异化管理。此外，金融管理部门在制定这些管理规定时，还需要确保符合国家整体反洗钱政策和国际反洗钱标准。

（2）"履行法律和国务院规定的有关反洗钱的其他职责"

有关金融管理部门负有监督金融机构是否有效执行反洗钱措施、确保金融机构建立完善的反洗钱内部控制制度、对金融机构的风险管理进行必要的审查等职责。有关金融管理部门要根据相关法律规定，对金融机构落实反洗钱工作进行监督和检查，以确保金融机构运营的合规性。此外，金融管理部门还需要协助相关部门处理洗钱案件，协调和推动反洗钱工作的执行。

（3）"有关金融管理部门应当在金融机构市场准入中落实反洗钱审查要求"

在新《反洗钱法》第13条明确由国务院反洗钱行政主管部门履行对金融机构的反洗钱监督管理职责的基础上，第13条第2款规定了国务院有关金融管理部门在金融机构市场准入环节落实反洗钱审查要求的具体监管职责，体现出新法对金融机构反洗钱监管职责进行了明确分工，以构建各司其职、协同配合的反洗钱监管体系，具体而言，任何拟设立的金融机构在进入市场前都必须经其金融管理部门进行反洗钱合规性的审查，确保新设立的金融机构具备完善的反洗钱内部控制和监控体系。通过这种审查机制，可以从源头上防止不符合反洗钱标准的金融机构进入市场，减少洗钱风险的传播，为金融市场的安全稳定打下了基础。

（4）"在监督管理工作中发现金融机构违反反洗钱规定的，应当将线索移送反洗钱行政主管部门，并配合其进行处理"

该部分明确了有关金融管理部门对相关违规行为的线索移送与协作处理的职责。具体而言，在日常监管过程中，金融管理部门若发现金融机构违反反洗钱规定，必须将相关线索移送反洗钱行政主管部门，并积极配合其进行后续的处理。这一要求体现了跨部门协作的重要性，确保了反洗钱工作的连贯性和高效性。通过线索移送机制，金融监管部门将发现的违规行为及时传递给更具专业能力的反洗钱主管部门进行进一步调查和处理，避免了金融监管部门因处理不当而可能产生的偏差。此举加强了各部门之间的信息共享和协调合作，提高了反洗钱工作的透明度和响应速度。

条文实务应用

1. 实务指南

新《反洗钱法》第14条明确了国务院有关金融管理部门在监督金融机构反洗钱工作中的职责，强调了其在金融机构市场准入中落实反洗钱审查要求和监督检查金融机构履行反洗钱义务。这一条文对反洗钱实务具有重要的指导意义，但在实际应用过程中可能会遇到诸多风险和挑战。

首先，可能存在金融机构在市场准入阶段未能充分履行反洗钱审查义务的风险。在实际操作中，一些金融机构可能在业务拓展和客户接入时，未严格按照反洗钱相关法律法规要求审查客户身份和交易背景，特别是在高风险行业或跨境交易中，可能忽视了对洗钱风险的充分识别和防范。这一风险可能导致潜在的洗钱活动通过金融机构的业务流程进入金融系统，进而影响金融市场的稳定性。对此，金融管理部门应该在市场准入阶段加强对金融机构的监督管理，要求其加强反洗钱审查，建立严格的客户身份识别制度，并对客户的资金来源、交易目的等进行详细核查。同时，金融管理部门应定期对金融机构进行监督检查，确保所有的金融机构都能严格履行反洗钱义务。

其次，金融管理部门在对金融机构反洗钱工作进行监督时，建议进一步加强执行力度。尽管本条规定了金融管理部门应当监督金融机构履行反洗钱义务，但在实际操作中，监管部门的执行力度和检查频率可能存在不足，从而导致一些金融机构未能完全履行反洗钱义务。此外，跨行业、跨部门的监管协作可能存在信息共享不充分或协调机制不健全等问题，导致潜在洗钱行为存在被忽视或漏报的风险。对此，监管部门应加强对信息共享和协调机制的建设，建立统一的反洗钱监管平台，以便实时监控和处理金融机构的反洗钱合规情况。同时，金融管理部门应加大对金融机构的日常监管力度，定期开展合规检查，对未履行反洗钱义务的金融机构进行惩戒，并对严重失职的相关责任人依法追责。在加强监管力度的同时，监管部门还应提供反洗钱操作指导，确保金融机构在反洗钱工作中能够遵循统一标准。

最后，在反洗钱实务可能存在信息不对称和技术手段不足的风险，尤其在面对复杂的跨境交易、匿名交易或高风险客户时，传统的人工审核方式可能无法及时发现洗钱活动，技术手段的缺乏也可能导致金融机构在执行反洗钱义务时的效率和精准度降低。对此，金融机构应加强信息技术的投入，采用先进的数据分析、人工智能和大数据技术，提升反洗钱监测系统的实时性和准确性。此外，金融管理部门也应推动金融行业的技术升级，指导金融机构建设和完善反洗钱技术平台，增强监管部门和金融机构在反洗钱工作中的信息化和智能化水平。

2. 典型案例

某证券公司被行政处罚案[①]

案情简介：

中国人民银行某中心支行发布行政处罚决定，某证券公司被处以195万元罚款。

违法行为类型：未按规定履行客户身份识别义务、未按规定报送大额交易报告或者可疑交易报告。

行政处罚内容：2025年2月10日，某证券公司未按照规定履行反洗钱义务。根据《反洗钱法》第53条第1项、第3项、第4项规定，对某证券公司处以195万元罚款，并对该公司2名相关责任人员分别处以4万元、4.1万元罚款。

案件评析：

该案件涉及的违法行为性质严重，客户身份识别和大额、可疑交易报告是反洗钱工作的基础环节，金融机构未履行这一义务，无法有效识别洗钱风险客户，也无法及时监管具有洗钱风险的交易，增加了洗钱和恐怖融资的隐患。这样的失职行为不仅危害了金融机构的合规性，也对整个金融市场的安全性构成了威胁。因此，监管部门对该公司的处罚体现了反洗钱监管工作的严格执行，罚款金额相对较高，具有强烈的警示和震慑作用。

本案的处罚决定既是对某证券公司的警告，也是对金融行业其他机构的提醒，强调了金融机构履行反洗钱义务的重要性。对责任人员的罚款也体现了个人责任追究的原则，说明反洗钱工作不仅是机构层面的责任，还应落实到每个具体操作人员的职责上。该案件不仅提高了金融机构对反洗钱法规的重视，还促进了金融行业合规意识的普及。金融机构应从该案件中吸取教训，强化反洗钱内部控制，确保每项反洗钱措施的落实到位。为防止类似事件的发生，金融机构应加强员工的定期培训，确保他们能够熟练掌握反洗钱法规，增强合规意识。此外，金融机构应完善风险评估机制，对高风险客户进行重点识别，切实防范洗钱活动的发生。

[①] 《中国人民银行浙江省分行行政处罚决定信息公示表（浙银罚决字〔2025〕8-10号）》，载中国人民银行浙江省分行网站，http://hangzhou.pbc.gov.cn/hangzhou/125268/125286/125293/5508277/5591547/index.htm，2025年6月4日访问。

总体而言，本案为金融机构反洗钱工作提供了有力的警示，强调了合规管理的必要性，并对监管部门如何通过严格执行法律规章打击洗钱行为起到了示范作用。通过对本案的处理，反洗钱监管机构不仅维护了市场秩序，也推动了金融机构在日常业务中更加注重反洗钱合规工作，提升了整个金融行业的反洗钱水平。

相关法律法规

《证券期货业反洗钱工作实施办法》

第一条　为进一步配合国务院反洗钱行政主管部门加强证券期货业反洗钱工作，有效防范证券期货业洗钱和恐怖融资风险，规范行业反洗钱监管行为，推动证券期货经营机构认真落实反洗钱工作，维护证券期货市场秩序，根据《中华人民共和国反洗钱法》（以下简称《反洗钱法》）、《中华人民共和国证券法》、《中华人民共和国证券投资基金法》、《中华人民共和国期货和衍生品法》及《期货交易管理条例》等法律法规，制定本办法。

第三条　中国证券监督管理委员会（以下简称证监会）依法配合国务院反洗钱行政主管部门履行证券期货业反洗钱监管职责，制定证券期货业反洗钱工作的规章制度，组织、协调、指导证券公司、期货公司和基金管理公司（以下简称证券期货经营机构）的反洗钱工作。

证监会派出机构按照本办法的规定，履行辖区内证券期货业反洗钱监管职责。

第六条　证监会负责组织、协调、指导证券期货业的反洗钱工作，履行以下反洗钱工作职责：

（一）配合国务院反洗钱行政主管部门研究制定证券期货业反洗钱工作的政策、规划，研究解决证券期货业反洗钱工作重大和疑难问题，及时向国务院反洗钱行政主管部门通报反洗钱工作信息；

（二）参与制定证券期货经营机构反洗钱有关规章，对证券期货经营机构提出建立健全反洗钱内控制度的要求，在证券期货经营机构市场准入和人员任职方面贯彻反洗钱要求；

（三）配合国务院反洗钱行政主管部门对证券期货经营机构实施反洗钱监管；

（四）会同国务院反洗钱行政主管部门指导中国证券业协会、中国期货业协会制定反洗钱工作指引，开展反洗钱宣传和培训；

（五）研究证券期货业反洗钱的重大问题并提出政策建议；

（六）及时向侦查机关报告涉嫌洗钱犯罪的交易活动，协助司法部门调查处理涉嫌洗钱犯罪案件；

（七）对派出机构落实反洗钱监管工作情况进行考评，对中国证券业协会、中国期货业协会落实反洗钱工作进行指导；

（八）法律、行政法规规定的其他职责。

条文理论延伸

1. 比较法规定

英国的反洗钱监管体系主要依托于一系列法律框架和监管规定，核心包括《（反）洗钱法》（Money Laundering Regulations 2017）[①]、《恐怖主义法案》（Terrorism Act 2000）、《金融服务和市场法案》（Financial Services and Markets Act 2000）等相关法律。

英国履行反洗钱监管职责的核心机构是金融行为监管局（Financial Conduct Authority，FCA），其专职负责金融机构行为规范与金融犯罪监管，确保金融机构和高风险行业遵守反洗钱义务，并通过合规检查、可疑交易报告分析、国际合作等手段实施监管。此外，FCA还积极应对金融科技和加密货币等新兴领域的挑战，确保这些行业的反洗钱合规性。通过这一系统的监管，FCA保障了英国金融市场的透明性和安全性，也为全球反洗钱监管提供了重要的经验和借鉴。

2. 学术研究

韩飚：《"风险为本"理念下的反洗钱监管》，载《中国金融》2021年第5期。

姜海军：《金融机构反洗钱工作改进建议》，载《银行家》2022年第11期。

[①] Money Laundering, Terrorist Financing and Transfer of Funds (Information on the Payer) Regulations 2017, Regulation 7 – Duties of supervisory authorities, HM Treasury, 26 June 2017: 4. The FCA must— (a) coordinate the activities of supervisory authorities to ensure consistency in the application of these Regulations; and (b) provide guidance to supervisory authorities on the interpretation and application of these Regulations. (金融行为监管局（FCA）必须——（a）协调各监管机构的活动，以确保条例的一致适用；以及（b）向监管机构提供关于本条例解释和适用的指导。)

| 第十五条 | 国务院有关特定非金融机构主管部门的反洗钱监管职责 |

> 国务院有关特定非金融机构主管部门制定或者国务院反洗钱行政主管部门会同其制定特定非金融机构反洗钱管理规定。
>
> 有关特定非金融机构主管部门监督检查特定非金融机构履行反洗钱义务的情况，处理反洗钱行政主管部门提出的反洗钱监督管理建议，履行法律和国务院规定的有关反洗钱的其他职责。有关特定非金融机构主管部门根据需要，可以请求反洗钱行政主管部门协助其监督检查。

条文内容解读

1. 立法意旨

本条是关于国务院有关特定非金融机构主管部门的反洗钱监管职责的规定。

新《反洗钱法》第64条列举的有关特定非金融机构（如相关房地产公司、会计师事务所、律师事务所等）虽然不直接涉及传统的金融业务，但由于其参与资金流转和资产交易的过程，容易被洗钱犯罪分子利用，成为洗钱活动的温床。为了填补监管的空白，新《反洗钱法》规定了相关主管部门的职责，要求其制定专门的反洗钱管理规定并履行监督检查职能，确保上述履行反洗钱义务的特定非金融机构亦严格遵守有关反洗钱的法律法规。

本条还强调了反洗钱工作中跨部门协作的必要性，特定非金融机构主管部门负有处理行政主管部门提出的监管建议的职责，同时，还可以在需要时请求行政主管部门协助其监督检查，从而保障反洗钱工作能够全覆盖、无盲区。此立法意旨在于强化监管、堵塞漏洞，提高反洗钱工作全面性与协同效应，有效遏制洗钱活动在非金融领域的蔓延。

2. 演变历程

本条可追溯至2006年《反洗钱法》第35条："应当履行反洗钱义务的特定非金融机构的范围、其履行反洗钱义务和对其监督管理的具体办法，由国务院反洗钱行政主管部门会同国务院有关部门制定。"可见，旧法未对特定非金融机构的监管主体及其监管职责作出明确规定。新《反洗钱法》在国务院反洗钱行政主管部门的反洗钱监管职责、国务院有关金融管理部门的反洗钱监管职责的条文后，增补了国务院有关特定非金融机构主管部门的反洗钱监管职责的规定，以完善反洗钱监管体系，明确监管职责与部门之间的分工协作。

3. 内容解读

本条是对国务院有关特定非金融机构主管部门在反洗钱工作中的监督管理职责的规定。

（1）"国务院有关特定非金融机构主管部门制定或者国务院反洗钱行政主管部门会同其制定特定非金融机构反洗钱管理规定。"

本句明确了国务院有关特定非金融机构主管部门自主制定或者会同国务院反洗钱行政主管部门制定特定非金融机构反洗钱管理规定的职责。前述管理规定不仅要确保与传统金融领域的反洗钱规定相一致，还应结合特定非金融机构的行业特点，制定切合实际的措施。例如，房地产行业可能涉及大额现金交易，珠宝行业则可能存在不透明的资金流动，律师和会计师事务所可能涉及为客户提供金融咨询和资金规划服务等。此外，国务院反洗钱行政主管部门与特定非金融机构主管部门的协作机制，也将进一步确保相关规定的贯彻实施，为特定非金融机构提供明确的操作指南，使其能够在日常业务中识别和报告可疑交易，防范洗钱行为的发生，避免在无意中助长非法资金的流通。

（2）"有关特定非金融机构主管部门监督检查特定非金融机构履行反洗钱义务的情况，处理反洗钱行政主管部门提出的反洗钱监督管理建议，履行法律和国务院规定的有关反洗钱的其他职责。"

本句明确了主管部门对其监管的负有反洗钱义务的特定非金融机构的监督检查职责。首先，主管部门必须确保特定非金融机构遵守反洗钱法律和政策，切实履行建立客户尽职调查制度、监控可疑交易并进行报告等反洗钱义务。如果非金融机构未履行相关义务，主管部门必须采取必要的纠正措施，确保其改正违法行为。其次，主管部门还需处理反洗钱行政主管部门提出的监督管理建议，这些建议通常基于对特定非金融机构反洗钱合规性的检查和评估，主管部门应根据建议采取改进措施，以提升反洗钱工作质量。最后，主管部门还需履行与新《反洗钱法》及国务院其他相关规定一致的职责，不仅包括对特定非金融机构的日常监管和检查，还包括及时向反洗钱行政主管部门报告监督过程中发现的潜在问题，确保整个反洗钱体系高效运行，有效防止特定非金融机构成为洗钱活动的"工具"。

（3）"有关特定非金融机构主管部门根据需要，可以请求反洗钱行政主管部门协助其监督检查。"

本句明确了反洗钱监管中的跨部门协作机制，规定特定非金融机构主管部门在监督检查过程中若遇到需要获取进一步支持的情况，可以请求反洗钱行政主管部门协助。这一规定的目的是增强反洗钱监管的效率与协同性，在实践中，特定非金融机构主管部门可能因行业特点或专业能力的缺乏而难以处理某些复杂的洗钱案件，尤其是在涉及金融技术或国际洗钱案件等领域其局限性更为明显。而反洗钱行政主管部门通常具备丰富的反洗钱监管经验，并拥有强大的数据支持和技术手段，能够提供必要的分析工具和协助，以帮助主管部门及时发现和处理潜在的洗钱活动。此类协作机制能够使反洗钱工作形成合力，避免各部门之间的重复性工作或信息孤岛，提高整体反洗钱工作的效率。

条文实务应用

新《反洗钱法》第15条主要规定了特定非金融机构主管部门的反洗钱监管职责，要求特定非金融机构主管部门与国务院反洗钱行政主管部门共同制定特定非金融机构的反洗钱管理规定，并对其履行反洗钱义务进行监督检查。这一条文的实施对非金融行业（如房地产、律师事务所、会计师事务所等）反洗钱监管实务具有重要意义，然而由于非金融行业的特殊性，在实际操作中可能会遇到诸多风险。

首先，个别非金融机构的反洗钱合规意识较弱，这使得监管工作面临重重阻碍。非金融机构由于不具体从事资金的运转，往往无法充分意识到反洗钱义务的重要性，忽视其在反洗钱工作中的责任和义务。例如，房地产公司、律师事务所等机构在客户身份的核实及大额现金交易的监控方面存在疏漏，可能会导致洗钱行为通过其业务流转进入金融体系。对此，行业的主管部门应采取措施提升特定非金融机构的合规意识，加强反洗钱法律法规的宣传和培训，组织有针对性的反洗钱法律培训，协助其建立健全反洗钱内部控制制度，以确保所有业务和交易都能符合反洗钱的要求。

其次，个别非金融机构缺乏先进有效的反洗钱监测，难以高效地监控和识别洗钱风险，如传统的人工审核难以有效识别涉及复杂跨境交易、虚假身份等情况的可疑交易，从而导致反洗钱监管存在盲区。此外，一些非金融机构没有足够的技术支持来保存客户身份资料和交易记录，使得反洗钱工作的开展更加困难。对此，监管部门应指导并支持非金融机构加强反洗钱技术平台的建设，提高其监测、分析、报告的能力，引入先进的数据分析工具和人工智能技术，帮助非金融机构更有效地识别可疑交易，实现自动化的风险评估和监控，以提升行业整体的合规水平。

相关法律法规

《中国人民银行办公厅关于加强特定非金融机构反洗钱监管工作的通知》

全文（略）

条文理论延伸

1. 比较法规定

澳大利亚的反洗钱法律框架主要由《反洗钱和反恐怖融资法》（Anti-Money Laundering and Counter-Terrorism Financing Act 2006，AML/CTF Act）及其附带的《反洗钱和反恐怖融资规则》（AML/CTF Rules）构成。该框架规定了金融机构和特定非金融行业在反洗钱和反恐怖融资方面的责任和义务。

《反洗钱和反恐怖融资法》第6条规定，澳大利亚反洗钱工作的核心监管机构是澳大利亚交易报告和分析中心（AUSTRAC）。[1] AUSTRAC 是澳大利

---

[1] Anti-Money Laundering and Counter-Terrorism Financing Act 2006, Section 6 - Functions of AUSTRAC, Australian Government, 12 December 2006：Section 6 - Functions of AUSTRAC （1）The functions of AUSTRAC are：（a）to collect, analyse and disseminate financial intelligence to assist in the investigation and prosecution of offences related to money laundering, terrorism financing and other serious crimes; and （b）to supervise and enforce compliance with this Act by reporting entities; and （c）to provide advice and assistance to reporting entities and other persons in relation to the operation of this Act; and （d）to cooperate with domestic and international agencies in relation to the prevention and detection of money laundering and terrorism financing; and （e）to conduct research and analysis to identify trends and risks in money laundering and terrorism financing; and （f）to perform any other functions conferred on AUSTRAC by this Act or any other law. （第6条 - AUSTRAC 的职能 （1）AUSTRAC 的职能包括：（a）收集、分析和传播金融情报，以协助调查和起诉与洗钱、恐怖主义融资及其他严重犯罪相关的罪行；（b）监督并确保报告实体遵守本法；（c）向报告实体及其他人员提供有关本法实施的建议和协助；（d）与国内外机构合作，预防和检测洗钱及恐怖主义融资；（e）开展研究和分析，以识别洗钱和恐怖主义融资的趋势和风险；（f）履行本法或其他法律赋予 AUSTRAC 的任何其他职能。

亚政府的反洗钱和反恐怖融资监管机构，其宗旨是加强澳大利亚金融系统的完整性和安全性，防止金融系统被用于洗钱、资助恐怖主义以及其他形式的金融犯罪。除金融机构外，AUSTRAC也监管某些非金融行业，包括房地产代理、珠宝商、博彩行业、律师事务所和会计师事务所等特定行业，并监督检查其履行反洗钱义务的情况。例如，房地产代理商需要进行客户身份验证，报告大额交易，并按照规定进行反洗钱培训；博彩业者被要求监控客户交易、进行客户身份核查、报告可疑活动等；律师事务所必须在提供法律服务时遵守反洗钱义务，尤其当其服务标的涉及大额资金转移的情况。AUSTRAC作为核心监管机构，负责监督这些行业的合规性，确保它们遵守《AML/CTF Act》的各项要求，有效防范洗钱和恐怖融资活动，并推动国际合作应对跨国洗钱问题。

2. 学术研究

罗强、武名扬：《特定非金融行业反洗钱监管》，载《中国金融》2020年第16期。

张国坤：《构建特定非金融机构反洗钱监管机制》，载《中国金融》2019年第18期。

第十六条　反洗钱监测分析机构职责

国务院反洗钱行政主管部门设立反洗钱监测分析机构。反洗钱监测分析机构开展反洗钱资金监测，负责接收、分析大额交易和可疑交易报告，移送分析结果，并按照规定向国务院反洗钱行政主管部门报告工作情况，履行国务院反洗钱行政主管部门规定的其他职责。

反洗钱监测分析机构根据依法履行职责的需要，可以要求履行反洗钱义务的机构提供与大额交易和可疑交易相关的补充信息。

反洗钱监测分析机构应当健全监测分析体系，根据洗钱风险状况有针对性地开展监测分析工作，按照规定向履行反洗钱义务的机构反馈可疑交易报告使用情况，不断提高监测分析水平。

条文内容解读

1. 立法意旨

本条是关于反洗钱监测分析机构职责的规定。

2. 演变历程

本条可追溯至 2006 年《反洗钱法》第 10 条："国务院反洗钱行政主管部门设立反洗钱信息中心，负责大额交易和可疑交易报告的接收、分析，并按照规定向国务院反洗钱行政主管部门报告分析结果，履行国务院反洗钱行政主管部门规定的其他职责。"本次修法，新《反洗钱法》将条文序号调整为第 16 条，并新增第 3 款内容："反洗钱监测分析机构应当健全监测分析体系，根据洗钱风险状况有针对性地开展监测分析工作，按照规定向履行反洗钱义务的机构反馈可疑交易报告使用情况，不断提高监测分析水平。"要求反洗钱监测分析机构根据洗钱风险状况开展监测分析工作，体现出"风险为本"的反洗钱监管理念。

3. 内容解读

本条对应 2006 年《反洗钱法》第 10 条，有内容性修改。

（1）完善反洗钱监测分析机构职能

反洗钱监测分析机构的职责相较于 2006 年《反洗钱法》反洗钱信息中心的职责存在不同，主要体现在以下几个方面：第一，新《反洗钱法》增加了"反洗钱监测分析机构开展反洗钱资金监测"的职责内容，体现了新法对加强反洗钱工作风险防控与监督管理的要求；第二，近年来，反洗钱工作暴露出反洗钱监管衔接机制不顺畅，信息共享程度不高等问题，新《反洗钱法》在原反洗钱信息中心负责接收、分析大额交易和可疑交易报告的职责基础上新增了"移送分析结果"的职责内容，体现了新《反洗钱法》对畅通监管机制运行及畅通信息反馈渠道等方面的考量；第三，新《反洗钱法》将原反洗钱信息中心按照规定向国务院反洗钱行政主管部门报告"分析结果"变更为反洗钱监测分析机构按照规定向国务院反洗钱行政主管部门报告"工作情况"，此项变更更能体现反洗钱监测分析机构的行政属性，扩大了反洗钱监测分析机构报告的范围，同时也将国务院反洗钱行政主管部门从具体、逐次地听取分析结果报告的日常工作事务中脱离出来，更好地全局统筹反洗钱工作,并赋予了反洗钱监测分析机构关于"移送分析结果"职责更多的独立性,提高了反洗钱工作的灵活度和效率性。

(2) 实现反洗钱数据的"双向衔接"

为打通信息数据壁垒,更好地开展反洗钱资金监测、数据分析工作,必须加强反洗钱监测分析机构与报送机构及执法机关、监察机关、司法机关之间的协调配合,实现反洗钱数据的"双向衔接"。本条规定了以反洗钱监测分析机构接收、分析大额交易和可疑交易报告,及反洗钱义务机构提供与大额交易和可疑交易相关的补充信息的方式实现反洗钱数据的"正向衔接";还规定了反洗钱监测分析机构以移送分析结果和要求反洗钱义务机构提供与大额交易和可疑交易相关的补充信息的方式实现反洗钱数据的"反向衔接"。通过反洗钱数据的"双向衔接",突出反洗钱监测分析机构中心枢纽地位,为反洗钱资金的监测及反洗钱数据整合提供了保障。

关于"反洗钱义务机构"的范围,反洗钱义务机构包括金融机构和特定非金融机构两大类。根据新《反洗钱法》第63条"在境内设立的下列机构,履行本法规定的金融机构反洗钱义务:(一)银行业、证券基金期货业、保险业、信托业金融机构;(二)非银行支付机构;(三)国务院反洗钱行政主管部门确定并公布的其他从事金融业务的机构。"及第64条"在境内设立的下列机构,履行本法规定的特定非金融机构反洗钱义务:(一)提供房屋销售、房屋买卖经纪服务的房地产开发企业或者房地产中介机构;(二)接受委托为客户办理买卖不动产,代管资金、证券或者其他资产,代管银行账户、证券账户,为成立、运营企业筹措资金以及代理买卖经营性实体业务的会计师事务所、律师事务所、公证机构;(三)从事规定金额以上贵金属、宝石现货交易的交易商;(四)国务院反洗钱行政主管部门会同国务院有关部门根据洗钱风险状况确定的其他需要履行反洗钱义务的机构"的规定,新《反洗钱法》对反洗钱金融机构和特定非金融机构的范围进行了明确的界定。

(3) 落实"风险为本"反洗钱监管理念

2006年《反洗钱法》未充分体现"风险为本"的反洗钱监管理念,没有从识别、评估并采取措施降低洗钱风险的角度来开展反洗钱工作,造成开展反洗钱工作"重规则、轻风险"的局面。

在落实"风险为本"反洗钱监管理念时，金融机构、特定非金融行业与职业应制定适当的流程，用以识别、评估、监测、管理和降低洗钱和恐怖融资风险。

"风险为本"是与"规则为本"相对应的反洗钱监管理念。国际反洗钱标准已经由"规则为本"过渡到"风险为本"，新《反洗钱法》的修订，也标志着我国正在对标国际标准，由"规则为本"转变为"风险为本"。

本条第3款强调根据洗钱风险状况有针对性地开展监测分析工作，也体现了新《反洗钱法》对"风险为本"反洗钱监管理念的有效落实。

❖ 条文实务应用

1. 实务指南

新《反洗钱法》第16条用于确定反洗钱监测分析机构的职能及定位，指导反洗钱监测分析机构积极、全面地开展工作，并加强反洗钱义务机构与反洗钱监测分析机构的协作、配合。

2. 典型案例

曾某洗钱案[①]

案情简介：

被告人曾某，系某实业公司法定代表人。2014年，某房地产公司为低价取得山某村157.475亩土地使用权进行房地产开发，多次向熊某行贿，曾某以提供银行账户、转账、取现等方式，帮助熊某转移受贿款共计3700万元。其中，2014年1月29日，曾某受熊某指使，利用某实业公司银行账户接收某房地产公司行贿款500万元，然后转账至其侄女曾某1的银行账户，再拆分转账至熊某妻子及黑社会性质组织其他成员的银行账户。2月13日，在熊某的帮助下，某房地产公司独家参与网上竞拍，并以起拍价取得上述土地使用权。4月至12月，熊某利用其实际控制的某1实业公司银行账户，接收某房地产公司以工程款名义分4次转入的行贿款，共计3200万元。后，曾某受熊某指使，多次在某1实业公司法定代表人陈某的陪同下，通过银行

[①] 《最高人民检察院、中国人民银行惩治洗钱犯罪典型案例》，载最高人民检察院网站，https://www.spp.gov.cn/spp/xwfbh/wsfbt/202103/t20210319_513155.shtml#2，2025年5月7日访问。

柜台取现、直接转账或者利用曾某个人银行账户中转等方式，将上述3200万元转移给熊某及其妻子、黑社会性质组织其他成员。上述3700万元全部用于以熊某为首的黑社会性质组织的日常开支和发展壮大。2016年11月16日，熊某因另案被检察机关立案侦查，曾某担心其利用某实业公司帮助熊某接收、转移500万元受贿款的事实暴露，以某实业公司名义与某房地产公司签订虚假土方平整及填砂工程施工合同，将上述500万元受贿款伪装成某房地产公司支付给某实业公司的项目工程款。

诉讼过程：

2018年11月28日，公安机关以涉嫌组织、领导、参加黑社会性质组织罪等六个罪名将熊某等18人移送并起诉。检察机关审查发现在案查封、扣押、冻结的财产与该黑社会性质组织经济规模严重不符，大量犯罪所得去向不明，随即依法向中国人民银行某中心支行调取该黑社会性质组织所涉账户资金去向相关证据材料，并联同公安机关、人民银行反洗钱部门对本案所涉大额取现、频繁划转、使用关联人账户等情况进行追查、分析，查明曾某及其关联账户与熊某等黑社会性质组织成员的账户之间有大额频繁的异常资金转移。2019年3月30日，某市某区人民检察院向某市公安局发出《补充移送起诉通知书》，要求对曾某以涉嫌洗钱罪补充移送起诉。某市公安局立案侦查后，于5月13日移送起诉。

曾某到案后，辩称对熊某黑社会性质组织犯罪不知情，不具有洗钱犯罪的主观故意。某区人民检察院介入侦查，引导公安机关进一步查证曾某协助转移资金的主观心态：一是收集曾某、熊某二人关系的证据，结合曾某对二人交往情况的相关供述，证明曾某、熊某二人同是某镇本地人，交往频繁，是好友关系，曾某知道熊某在当地称霸并实施多种违法犯罪活动。二是收集曾某身份及专业背景的证据，结合曾某对工程建设的相关供述，证明曾某长期从事工程承揽、项目建设等业务，知道某房地产公司在工程未开工的情况下付给熊某3700万元工程款不符合工程建设常规，实际上是在拿地、拆迁等事项上有求于熊某。根据上述证据，某区人民检察院认定曾某主观上应当知道其帮助熊某转移的3700万元系黑社会性质的组织犯罪所得，于2019年6月28日以洗钱罪对曾某提起公诉。某区人民法院于同年11月15日作出判决，认定曾某犯洗钱罪，判处有期徒刑三年六个月，并处罚金 300 万元。曾某未上诉，判决已生效。

案件评析：

发挥行政、司法职能作用，做好行刑衔接与配合。人民银行是反洗钱行政主管部门，要加强对大额交易和可疑交易信息的收集分析监测，发现重大嫌疑主动开展反洗钱调查，并向司法机关提供洗钱犯罪线索和侦查协助。人民检察院办案中发现洗钱犯罪线索，可以主动向人民银行调取所涉账户资金来源、去向的证据，对大额取现、频繁划转、使用关联人账户等异常资金流转情况可以联同公安机关、人民银行反洗钱部门等进行分析研判，及时固定洗钱犯罪主要证据。

相关法律法规

《金融机构大额交易和可疑交易报告管理办法》

第五条　金融机构应当报告下列大额交易：

（一）当日单笔或者累计交易人民币 5 万元以上（含 5 万元）、外币等值 1 万美元以上（含 1 万美元）的现金缴存、现金支取、现金结售汇、现钞兑换、现金汇款、现金票据解付及其他形式的现金收支。

（二）非自然人客户银行账户与其他的银行账户发生当日单笔或者累计交易人民币 200 万元以上（含 200 万元）、外币等值 20 万美元以上（含 20 万美元）的款项划转。

（三）自然人客户银行账户与其他的银行账户发生当日单笔或者累计交易人民币 50 万元以上（含 50 万元）、外币等值 10 万美元以上（含 10 万美元）的境内款项划转。

（四）自然人客户银行账户与其他的银行账户发生当日单笔或者累计交易人民币 20 万元以上（含 20 万元）、外币等值 1 万美元以上（含 1 万美元）的跨境款项划转。

累计交易金额以客户为单位，按资金收入或者支出单边累计计算并报告。中国人民银行另有规定的除外。

中国人民银行根据需要可以调整本条第一款规定的大额交易报告标准。

条文理论延伸

李佳：《金融机构反洗钱监测分析工作现状及改进建议》，载《河北金融》2021年第11期。

张立光、胥凤红、张佳娟：《行政型国际金融情报机构数据分享机制——基于美国经验的借鉴》，载《金融与经济》2019年第10期。

第十七条　部门间信息交换机制

国务院反洗钱行政主管部门为履行反洗钱职责，可以从国家有关机关获取所必需的信息，国家有关机关应当依法提供。

国务院反洗钱行政主管部门应当向国家有关机关定期通报反洗钱工作情况，依法向履行与反洗钱相关的监督管理、行政调查、监察调查、刑事诉讼等职责的国家有关机关提供所必需的反洗钱信息。

条文内容解读

1. 立法意旨

本条是关于反洗钱相关部门之间信息交换机制的规定。

2. 演变历程

本条可追溯至2006年《反洗钱法》第11条："国务院反洗钱行政主管部门为履行反洗钱资金监测职责，可以从国务院有关部门、机构获取所必需的信息，国务院有关部门、机构应当提供。国务院反洗钱行政主管部门应当向国务院有关部门、机构定期通报反洗钱工作情况。"本次修法，将条文序号调整为第17条，完善了部门间信息交换机制，主要作了以下修改：第一，将履行"反洗钱资金监测职责"修改为"反洗钱职责"，并对国家有关机关提供反洗钱信息设置了前提条件，即"依法"提供。第二，提供反洗钱信息的主体和国务院反洗钱行政主管部门通报工作情况的主体由"国务院有关部门、机构"扩大到"国家有关机关"。第三，增加了"国务院反洗钱行政主管部门向履行与反洗钱相关的监督管理、行政调查、监察调查、刑事诉讼等职责的国家有关机关提供所必需的反洗钱信息"的内容，同时仍然设置了"依法"的前置条件。

3. 内容解读

本条对应 2006 年《反洗钱法》第 11 条，有内容性修改。

本条围绕部门间信息交换机制规定了两个方面的内容，既规定了"国务院反洗钱行政主管部门为履行反洗钱职责，可以从国家有关机关获取所必需的信息，国家有关机关应当依法提供"，也规定了"国务院反洗钱行政主管部门应当向国家有关机关定期通报反洗钱工作情况，依法向履行与反洗钱相关的监督管理、行政调查、监察调查、刑事诉讼等职责的国家有关机关提供所必需的反洗钱信息"。由此可以看出，部门间信息交流是双向的，附条件的。具体分析如下。

国务院反洗钱行政主管部门可以从国家有关机关获取所必需的信息，是指国务院反洗钱行政主管部门分析可疑交易时，往往需要确认可疑交易当事人的身份信息（包括姓名、住址、职业、联系方式、工作单位、工作经验等等）、单位合法成立的依据、单位的经营范围、单位的经营规模、单位守法经营记录、单位纳税记录，以及单位及单位的董事、监事和高级管理人员被行政处罚的历史记录等，而上述信息往往为国务院有关部门，如公安机关、工商行政管理部门、税务机关、财政部门、金融监督管理机构等所知悉并予以记录。因此，本条规定国务院反洗钱行政主管部门可以请求相关信息的拥有者予以提供，被请求的国家有关机关应当依法提供。

国务院反洗钱行政主管部门应当向国家有关机关定期通报反洗钱工作情况，依法向履行与反洗钱相关的监督管理、行政调查、监察调查、刑事诉讼等职责的国家有关机关提供所必需的反洗钱信息，是指一方面国务院反洗钱行政主管部门为了推动我国反洗钱工作的进展，使国家有关机关了解我国反洗钱的战略和重点，更好地配合国务院反洗钱行政主管部门的工作，定期向国家有关机关通报我国反洗钱工作的综合情况。这主要包括反洗钱法律制度的修改和完善情况，反洗钱工作机制及部门间合作情况，洗钱的发展趋势、手段和类型变化，上报可疑交易的行业分布及其占比，可疑交易与被公安机关立案侦查的洗钱案件的占比关系，现行的行政管理制度中存在的易于被洗钱利用的薄弱环节以及相关的改进建议，中国与国外反洗钱相关部门开展国际合作的情况以及国外反洗钱立法及执法环节的发展变化情况，等等。另一方面，负责监督管理、行政调查、监察调查、刑事诉讼等职责的国家有关机关因履行监督、调查、审查、诉讼等职责的需要，也可以从国务院反洗钱行政主管部门获取相关当事人的有关信息。值得注意的是，这是新《反洗钱法》新增的内容，该内容的规定相较于2006年《反洗钱法》直接收紧国务院行政主管部门向相关部门提供信息而言，已根据实践的需求作出修改，实现了部门间信息交流的"单向性"向"双方性"的转变。但同时，相较于国务院反洗钱行政主管部门从国家有关机关获取所必需的信息的规定来看，将能从国务院反洗钱行政主管部门获取信息的国家有关机关限定在"负责监督管理、行政调查、监察调查、刑事诉讼等职责的国家有关机关"的范围内，也体现出部门间信息交流的"附条件性"。该"附条件性"同时也体现在部门间信息交流需要符合"依法"的条件。之所以这样规定，是因为国务院反洗钱行政主管部门掌握的大量信息涉及单位的商业秘密和自然人的个人隐私，出于反洗钱的需要，法律强制要求金融机构等反洗钱义务主体向国务院反洗钱行政主管部门报告有其合理性和必要性。但反洗钱的需求并不能否定保护商业秘密和个人隐私的必要性，更不能以在更大范围内共享信息、提高信息利用效率为由要求国务院反洗钱行政主管部门将其掌握的商业秘密和个人隐私向所有国家机关甚至社会扩散。从根本上来讲，为反洗钱而赋予相关国家机关获取个人隐私和商业秘密的权力是国家利益需要与保护个人隐私和商业秘密平衡的结果，一旦这种平衡被打破，则既不利于个人隐私和商业秘密的保护，也最终会损害国家的反洗钱事业。

其次，新《反洗钱法》将提供反洗钱信息的主体和国务院反洗钱行政主管部门通报工作情况的主体由"国务院有关部门、机构"扩大到"国家有关机关"，既是对反洗钱工作的实践需要作出的回应，也是新《反洗钱法》倡导各部门间信息交换顺畅，协作配合做好反洗钱工作的理念体现。此处，"国家有关机关"既包括2006年《反洗钱法》中规定的"国务院有关部门"，也包括监察机关、司法机关等。

在实践中，部门间信息交换渠道不通畅，获取信息困难，信息单向化问题严重等问题制约了反洗钱工作。新《反洗钱法》对 2006 年《反洗钱法》的规定作出了修改，并新增了内容，旨在解决这些问题的发生，更好地促进反洗钱工作。

条文实务应用

新《反洗钱法》第 17 条作为反洗钱相关部门之间信息交换机制的规定，用于指导国务院反洗钱行政主管部门与国家有关机关信息交换的工作。在信息交换过程中，注意把握"双向性"和"附条件性"，依法进行信息交换。既要讲究部门间的协作配合、信息共享，也要注意保护信息安全，防止对公民、法人的合法权益造成侵害。国务院反洗钱行政主管部门要发挥反洗钱工作的主导作用，加强与国务院有关部门、监察机关、司法机关等国家有关机关的协作配合，畅通反洗钱信息交流的渠道，优化反洗钱信息交流的方式，丰富反洗钱信息交流的成果，不断提升反洗钱信息交流的性价比，为持续做好反洗钱工作奠定基础。

条文理论延伸

1. 比较法规定

英国《反洗钱条例》第 50 条。[1]

2. 学术研究

安建等主编：《〈中华人民共和国反洗钱法〉释义》，人民出版社 2006 年版。

---

[1] The Money Laundering Regulations 2007, Statutory Instrument 2007 No. 2157, HM Treasury, Made on 24 July 2007. Article 50 information and documents: (1) The supervisory authorities may require a relevant person to provide them with such information or documents as they reasonably require for the purposes of monitoring that person's compliance with these Regulations. (2) A supervisory authority may disclose to any other supervisory authority or professional body any information it receives under these Regulations if it considers that such disclosure is necessary for the exercise of that other authority's or body's functions under these Regulations. (3) Paragraph (2) is without prejudice to any other power or duty to disclose information.

英国《反洗钱条例》，法典归属 S.I. 2007/2157，由英国财政部于 2007 年 7 月 24 日发布。其中，第 50 条【信息与文件】（1）监管机构可以要求相关人员提供其为监督该人员是否遵守本条例而合理需要的信息或文件。（2）若监管机构认为有必要使另一监管机构或专业机构能履行其在本条例项下的职责，则其可以向该机构披露其根据本条例获得的任何信息。（3）第（2）款不影响任何其他披露信息的权利或义务。

高婧：《反洗钱信息共享的国际比较与借鉴》，载《环球金融》2013 年第 4 期。

第十八条　出入境申报

出入境人员携带的现金、无记名支付凭证等超过规定金额的，应当按照规定向海关申报。海关发现个人出入境携带的现金、无记名支付凭证等超过规定金额的，应当及时向反洗钱行政主管部门通报。

前款规定的申报范围、金额标准以及通报机制等，由国务院反洗钱行政主管部门、国务院外汇管理部门按照职责分工会同海关总署规定。

条文内容解读

1. 立法意旨

本条是关于出入境人员携带现金和无记名支付凭证超过一定限额时，应当向海关进行申报的有关规定。

2. 演变历程

本条可追溯至 2006 年《反洗钱法》第 12 条："海关发现个人出入境携带的现金、无记名有价证券超过规定金额的，应当及时向反洗钱行政主管部门通报。前款应当通报的金额标准由国务院反洗钱行政主管部门会同海关总署规定。"

本次修订在保留原有立法宗旨的基础上，即加强海关与反洗钱行政主管部门的协同监管，对出入境人员携带现金和无记名支付凭证的行为进行了细化规定。一是将"无记名有价证券"修改为"无记名支付凭证"，涵盖范围更加贴切，无记名支付凭证的概念更侧重于具有直接支付功能的凭证，如支票、本票、汇票等，以及一些电子支付凭证等，更强调其作为支付工具的属性，与实际洗钱活动中利用支付环节进行资金转移的行为特点更契合。而无记名有价证券概念较为宽泛，包括股票、债券等，其中部分证券在洗钱场景中的直接利用程度相对较低，修改后使监管对象更聚焦于支付环节的风险点。随着金融科技的发展，电子支付等新型支付方式不断涌现，无记名支付凭证的表述能够更好地涵盖这些新的支付形式，使法律规定在面对金融创新时更具前瞻性和适应性，避免因概念局限而无法对新型支付工具相关的洗钱行为进行有效监管。二是增加了行为人主体的申报义务，"应当主动向海关申报"，体现了新《反洗钱法》的"义务扩张"，义务主体扩张至社会公众，明确了个人需要履行的采取反洗钱措施的义务。该条的修订，"任何单位和个人不得从事洗钱活动或者为洗钱活动提供便利"，呈现出更加主动、深入和细化的趋势，社会治理力量转向社会公众。三是细化规定的内容，增加了由国务院反洗钱行政主管部门会同海关总署规定"申报范围及通报机制"。

3. 内容解读

（1）"出入境人员携带的现金、无记名支付凭证等"规范的行为和对象：

携带现金和无记名支付凭证出入境可以实现资金的快速跨境转移，尤其是在一些边境地区或者交通便利的口岸，洗钱者能够迅速将现金带出或带入本国，然后通过当地的金融系统或"地下钱庄"等渠道，然后将现金存入银行账户或进行其他形式的投资，使非法资金合法化。

此处现金不仅包括人民币，还包括外币。目前暂无专门法律文件对"无记名支付凭证"作出定义，但从《中华人民共和国刑法》《中华人民共和国票据法》《支付结算办法》及相关司法解释等相关法律法规中，可以梳理出无记名支付凭证的特点。无记名支付凭证是指在支付活动中，不以特定的个人或单位名称作为权利人标识，而是以凭证的实际占有作为行使支付权利依据的一类支付工具。支付机构无须对持票人的身份进行特别验证即可进行支付处理。无记名支付凭证包括无记名汇票、无记名本票、无记名预付卡等。

现金和无记名支付凭证具有匿名性和难以追踪的特点，常被用于非法资金跨境转移。首先，二者本身不记录交易双方的身份信息，不像银行转账等交易方式会留下明确的交易记录和账户信息。洗钱者携带现金出境时，只要不被当场查获，便很难追踪现金的来源和去向，这为隐藏非法资金的真实归属提供了便利。其次，现金和无记名支付凭证流通路径难以监控，洗钱者可以将非法所得的现金和合法现金混合在一起，通过多次转移，资金来源将变得模糊。

（2）"超过规定金额的，应当按照规定向海关申报"中具体的金额限制：

根据《中华人民共和国国家货币出入境管理办法》第3条规定，国家对货币出入境实行限额管理制度。中国公民出入境、外国人入出境，每人每次携带的人民币不得超出限额。具体限额由中国人民银行规定。《中国人民银行公告〔2004〕第18号》规定，中国公民出入境、外国人入出境每人每次携带的人民币限额由原来的6000元调整为20000元。携带超过20000元的，应当如实填写《中华人民共和国海关进出境旅客行李物品申报单》，主动选择"申报通道"通关。

根据《携带外币现钞出入境管理暂行办法》的规定，携带外币现钞入境，超过等值5000美元的应当向海关书面申报，当天多次往返及短期内多次往返者除外。

目前无记名支付凭证的申报暂无特别详细的单独规定，但从反洗钱和资金监管角度，如果携带的无记名支付凭证价值较大等可能存在洗钱风险等情况时，可类比现金申报要求向海关主动申报，如实填写相关申报单证，说明携带的无记名支付凭证的种类、数量、价值等信息。

（3）"海关发现个人出入境携带的现金、无记名支付凭证等超过规定金额的，应当及时向反洗钱行政主管部门通报。"

海关作为出入境的监管机构，通过X光机检查、人工检查和申报信息核查，检查是否携带超量现金或无记名支付凭证，让反洗钱行政主管部门及时掌握出入境环节的资金异常流动情况，为分析和追踪洗钱线索提供重要信息来源，共同打击跨境洗钱活动。

（4）"前款规定的申报范围、金额标准以及通报机制等，由国务院反洗钱行政主管部门、国务院外汇管理部门按照职责分工会同海关总署规定。"

申报范围主要是指出入境人员需要向海关主动申报的涉及现金、无记名支付凭证等财务的具体范畴。具体的申报范围可能会根据经济发展情况、金融监管政策，以及反洗钱工作的实际需要进行后续调整和细化。

在新《反洗钱法》中，海关与反洗钱行政主管部门等的通报机制目前未有详细的专门规定，但可以从整体反洗钱工作框架及相关规定来理解。通报主体是海关，通报对象是反洗钱行政主管部门。不同部门间信息共享、联合调查、反馈沟通。

该条款明确了反洗钱工作中的职责分工。反洗钱行政主管部门掌握全面的洗钱风险信息和反洗钱工作动态；外汇管理部门熟悉外汇政策和外汇交易监管要点；海关总署了解出入境人员和货物的实际监管情况。

国务院反洗钱行政主管部门负责统筹规划和组织协调全国的反洗钱工作，在制定申报范围、金额标准及通报机制时，从宏观层面把控，确保这些规定符合反洗钱工作的整体目标和战略方向。国务院外汇管理部门则凭借其在外汇管理领域的专业优势，着重考虑外汇资金跨境流动的特点和风险，对涉及外币现金及外汇相关无记名支付凭证的申报和通报等内容提出专业意见。海关总署基于在出入境监管一线的实践经验，针对海关实际操作中的可行性、便利性等方面，提供关于申报流程、现场查验以及信息通报渠道等方面的建议。例如，在确定申报金额标准时，外汇管理部门依据外汇市场波动情况和跨境资金流动风险状况，与反洗钱行政主管部门、海关总署共同商讨，使标准既能有效防范洗钱风险，又不会过度影响正常的经济往来。

由多部门共同制定规则，各部门对规则的内容和目的有深入理解，在执行过程中能够更好地协同配合，形成有效的反洗钱监管合力，共同打击跨境洗钱活动。

❁ 条文实务应用

1. 实务指南

新《反洗钱法》的这一规定在实务中具有多方面的重要作用。第一，完善了反洗钱工作的监管体系。明确规定了海关在现金及无记名支付凭证监管方面的职责，使得反洗钱监测体系在出入境环节得以完善。第二，有利于遏制非法资金流动。洗钱者难以再轻易地通过携带大量现金或无记名支付凭证出入境来转移非法所得。第三，维护了外汇管理秩序。与外汇管理部门协同规定申报范围、金额标准等，有助于确保外汇管理政策的有效实施。

2. 典型案例

吴某、B 市海关行政管理（海关）再审案[①]

案情简介：

2015 年 12 月 17 日，吴某乘坐某次航班从 A 市抵达 B 市。其随身携带人民币 35600 元、港币 1790 元及美元 105 元。吴某入境时由红色申报通道入关，未向 B 市海关提交书面申报单。B 市海关经现场查验、询问后，认为吴某存在超量携带人民币入境的违法行为，遂于 2015 年 12 月 22 日作出《B 市海关扣留（封存）决定书》，决定对吴某涉嫌超量携带的人民币 15600 元予以扣留。2016 年 1 月 4 日，B 市海关对吴某作出《B 市海关行政处罚告知单》（以下简称《处罚告知单》），告知：吴某超量携带人民币入境的行为违反《中华人民共和国海关法》《中华人民共和国国家货币出入境管理办法》的相关规定，将对其处以罚款人民币 1600 元的行政处罚。如对拟处罚事实、理由和依据有异议，其可在收到该告知单之日起 3 个工作日内提交书面陈述、申辩意见。吴某于 2016 年 1 月 6 日收到该告知单后并未进行陈述或申辩。1 月 13 日，B 市海关对吴某作出《B 市海关行政处罚决定书》（以下简称《处罚决定书》），以吴某超量携带人民币入境未申报的行为违反了《中华人民共和国海关法》第 47 条，《中华人民共和国国家货币出入境管理办法》第 3 条、第 4 条，《中国人民银行公告〔2004〕第 18 号》的相关规定为由，根据《中华人民共和国海关行政处罚实施条例》第 19 条第 3 项之规定，决定对吴某处以罚款人民币 1600 元。吴某不服，诉至法院，诉请依法撤销 B 市海关作出的《处罚决定书》。

裁判要旨：

一审法院认为，吴某在未向 B 市海关进行书面申报的情况下，随身携带人民币 35600 元入境，违法事实清楚。B 市海关经查明后，对吴某作出《处罚告知单》，告知其违法事实、理由、拟处罚的依据及其享有陈述、申辩的权利，保障了吴某的合法权利。B 市海关作出的处罚决定适用法律正确，罚款金额合理。据此，依照《中华人民共和国行政诉讼法》第 69 条之规定，

[①] 最高人民法院（2019）最高法行申 431 号行政裁定书，载中国裁判文书网，2025 年 6 月 5 日访问。

该院遂作出行政判决，驳回吴某的诉讼请求。

吴某不服上述一审行政判决，向省高级人民法院提起上诉。省高级人民法院认为，B市海关认定吴某超量携带人民币15600元入境的违法事实清楚，对吴某作出《处罚告知单》，告知其违法事实、理由、拟处罚的依据及其享有陈述、申辩的权利，保障了吴某的合法权利。B市海关作出的《处罚决定书》，认定违法事实清楚，适用法律、法规正确，程序合法，处罚幅度合理适当。一审判决认定事实清楚，审判程序合法，适用法律、法规正确。该院遂判决驳回上诉，维持一审判决。

吴某向省高级人民法院申请再审称，（1）一、二审认定事实不清且错误。再审申请人入境通过B市海关的整个过程，没有违反《中华人民共和国海关法》第47条的规定。一、二审判决认定再审申请人存在"超量携带人民币入境未申报"的行为，系事实认定错误；（2）一、二审判决适用法律错误。再审被申请人所作行政处罚决定不符合法律规定，也不符合行政合理性原则，该行政处罚决定明显不当，应依法予以撤销。请求：撤销一、二审行政判决；撤销《处罚决定书》，确认其行政处罚决定违法，并返还再审申请人已缴纳的罚款人民币1600元；诉讼费用由再审被申请人承担。

再审法院认为，本案的争议焦点系B市海关所作行政处罚决定是否合法。根据《中华人民共和国海关法》第2条、《中华人民共和国海关行政处罚实施条例》第3条的规定，B市海关具有对本辖区范围内进出境管理违法行为进行查处的法定职权和职责。B市海关在作出本案被诉行政处罚决定前，进行了调查、收集证据，依法作出《处罚告知单》并向吴某送达，充分保障了吴某的陈述、申辩的权利，B市海关在作出行政处罚决定后亦依法向吴某进行了送达，行政处罚程序符合法律规定。吴某超量携带人民币入境未申报，违反了《中华人民共和国海关法》第47条第1款、《中华人民共和国国家货币出入境管理办法》第3条、第4条，《中国人民银行公告〔2004〕第18号》之规定，B市海关依照《中华人民共和国海关行政处罚实施条例》第19条第3项规定对吴某给予罚款人民币1600元的处罚，适用法律、法规正确，处罚幅度适当。一审判决驳回吴某的诉讼请求，二审维持一审判决，均无不当。吴某提出的申请再审理由均不能成立，再审法院不予支持。

案件评析：

当事人携带超量现金未申报，其行为明显违反了海关现金管理规定。超量现金会被海关暂时扣留，当事人会受到行政处罚，包括警告，可能被处以超额携带的现金价值 20% 以内的罚款，有违法所得的一律没收。办完行政处罚手续后，出境的超额人民币会被退回，入境的超额人民币则责令带回境外。

相关法律法规

《中华人民共和国国家货币出入境管理办法》

全文（略）

条文理论延伸

马治民：《走私犯罪违法所得的认知偏差与认定路径》，载《海关与经贸研究》2024 年第 5 期。

王新、雷昌宇：《反洗钱视野中地下钱庄的刑事法律规制》，载《政法论坛》2025 年第 1 期。

第十九条 受益所有人信息管理制度

国务院反洗钱行政主管部门会同国务院有关部门建立法人、非法人组织受益所有人信息管理制度。

法人、非法人组织应当保存并及时更新受益所有人信息，按照规定向登记机关如实提交并及时更新受益所有人信息。反洗钱行政主管部门、登记机关按照规定管理受益所有人信息。

反洗钱行政主管部门、国家有关机关为履行职责需要，可以依法使用受益所有人信息。金融机构和特定非金融机构在履行反洗钱义务时依法查询核对受益所有人信息；发现受益所有人信息错误、不一致或者不完整的，应当按照规定进行反馈。使用受益所有人信息应当依法保护信息安全。

> 本法所称法人、非法人组织的受益所有人，是指最终拥有或者实际控制法人、非法人组织，或者享有法人、非法人组织最终收益的自然人。具体认定标准由国务院反洗钱行政主管部门会同国务院有关部门制定。

条文内容解读

1. 立法意旨

本条规定旨在建立受益所有人信息管理制度。

2. 演变历程

本条是本次修订新增的条款。新《反洗钱法》进一步对受益所有人信息管理制度进行了完善，补充了不实信息反馈制度"发现受益所有人信息错误、不一致或者不完整的，应当按照规定进行反馈"并对受益所有人的定义进行了进一步完善。

3. 内容解读

本条为新增条款，以法律的形式设立了受益所有人信息管理制度。2024年4月29日公布的《受益所有人信息管理办法》实际上已经在本法公布以前确立了受益所有人信息管理制度的细则，本法为该办法提供了上位法依据，从立法层面确立了受益人信息管理制度的效力。

（1）主管部门

本条第1款明确了受益人信息管理制度的主管部门，即"国务院反洗钱行政主管部门"和"国务院有关部门"，其中"国务院反洗钱行政主管部门"是指中国人民银行而"国务院有关部门"是指国家市场监管总局。

《受益所有人信息管理办法》第4条第1款和第2款分别规定了国家市场监督管理总局和中国人民银行在受益人信息管理制度建立中的职能。[①] 简

[①] 参见《受益所有人信息管理办法》第4条的规定，国家市场监督管理总局统筹指导相关登记注册系统建设，指导地方登记机关依法开展受益所有人信息备案工作，及时将归集的受益所有人信息推送至中国人民银行。县级以上地方市场监督管理部门督促备案主体及时备案受益所有人信息。中国人民银行建立受益所有人信息管理系统，及时接收、保存、处理受益所有人信息。中国人民银行及其分支机构督促备案主体准确备案受益所有人信息。

言之，受益人信息管理制度由国家市场监督管理总局和中国人民银行合作建立，由国家市场监督管理总局负责登记注册并归集受益所有人信息，中国人民银行根据归集来的信息建立受益所有人信息管理系统。

国家市场监督管理总局依据《中华人民共和国市场主体登记管理条例》负责全国市场主体的登记工作，因此受益所有人的相关信息由国家市场监督管理总局负责收集，可以降低行政成本，也便于市场主体进行登记。中国人民银行作为反洗钱行政主管部门，负责建立受益所有人信息管理系统有利于反洗钱工作的开展，以及对异常数据的及时追踪和监测。《受益所有人信息管理办法》第5条确立了中国人民银行在受益人信息管理制度中的主导地位。[1]

（2）法人、非法人组织的义务

本条第2款明确了法人、非法人组织保存、更新、登记受益所有人的义务。《受益所有人信息管理办法》第6~11条详细地规定了受益所有人备案规则、国有企业和外国公司分支机构的备案要求、备案的具体方式、受益所有人信息发生变化时的更新规则以及备案受益所有人应填报的信息。

（3）受益所有人信息的使用

本条第3款明确了反洗钱行政主管部门、国家有关机关、金融机构、特定非金融机构对受益所有人信息的使用规则。分为两个层级，反洗钱行政主管部门和国家有关机关为了履职需要，可以依法使用受益所有人信息；金融机构和特定非金融机构则只有在履行反洗钱义务时，才可以查询核对受益所有人信息。金融机构和特定非金融机构履行反洗钱义务的情形在本法第三章有详细的规定。

本款向金融机构和特定非金融机构赋予了发现错误、不一致或不完整信息时的反馈义务。反洗钱行政主管部门和国务院有关部门在对受益所有人信息进行归集时，以备案主体自行备案为主。金融机构和特定非金融机构在开展业务的过程中会与备案主体接触，有较多机会对备案主体信息进行了解，因此向其赋予了反馈义务。

本款最后规定了对所有使用受益所有人信息的主体规定了依法保护信息安全的义务。《受益所有人信息管理办法》第12条第3款对信息安全义务进

---

[1] 参见《受益所有人信息管理办法》第5条的规定，中国人民银行及其分支机构为受益所有人信息备案工作提供指导，市场监督管理部门予以配合。

一步明确，即："国家有关机关以及金融机构、特定非金融机构对依法获得的受益所有人信息应当予以保密。"

（4）受益所有人的定义

本条第 4 款对法人和非法人组织的受益所有人进行了定义，可以分为三类主体：一是法人或非法人组织的最终拥有人；二是法人或非法人组织的实际控制人；三是享有法人或非法人组织最终收益的自然人。该定义基本全面覆盖了利用法人和非法人组织洗钱案件中所有可能的参与者、策划者和受益者，但实践中的情况纷繁复杂，还需要国务院反洗钱行政主管部门会同国务院有关部门制定。

条文实务应用

1. 实务指南

如前所述，该法条主要是对《受益所有人信息管理办法》的法律确认，具体的实务操作，应当参照该管理办法中的具体规定进行。由于受益所有人信息管理制度在我国是全新的法律制度，建立受益所有人信息管理系统仍需一定的缓冲期，《受益所有人信息管理办法》第 16 条规定："在本办法实施前已经登记注册的备案主体，应当于 2025 年 11 月 1 日前，按照本办法规定备案受益所有人信息。"而在该规定出台以后的相关主体，则应当在登记注册的同时备案受益所有人信息。对于未按照法律规定进行备案登记的法人和非法人组织，将参照《中华人民共和国市场主体登记管理条例》进行处罚。

2. 典型案例

由于受益所有人制度在我国属于一个较新的制度，在国内还少有实务案件可供分析。在此以一个欧盟案例对该制度进行分析。[①]

案情简介：

WM 与 S 公司作为共同原告，向卢森堡地区法院提起诉讼，诉求为限制对卢森堡商业登记处注册数据的访问权限。此诉讼缘起于欧盟一系列关于反洗钱和反恐怖融资的相关指令。原告方主张，公开受益所有人的信息极有可

---

① 参见欧盟官网，载 https://eur-lex.europa.eu/legal-content/EN/TXT/? uri=CELEX%3A62020CJ0037，2025 年 6 月 5 日访问。

能侵犯其隐私权以及个人数据保护权。卢森堡商业登记处的现行做法与欧盟法律规定相悖，具体涉及经《欧盟 2018/843 号指令》修订的《欧盟 2015/849 号指令》中有关信息公开的条款，以及《欧盟基本权利宪章》中关于私人和家庭生活受尊重、个人数据保护的相关规定。

裁判要旨：

2022 年 11 月 22 日，欧盟法院大法庭作出判决，宣告 2018 年的修正指令无效。原因在于，该修正指令要求各成员国确保公司及其他法人实体的受益所有权信息在任何情形下，均向所有公众成员开放。这一要求严重干扰了《欧盟基本权利宪章》第 7 条和第 8 条所规定的尊重私人生活和保护个人数据的基本权利，且这种干扰既不具备必要性，也不符合相称性原则。

案件评析：

本案的核心聚焦于欧盟反洗钱和反恐怖融资指令中，受益所有人信息公开条款的有效性问题。这一案件突出了在打击金融犯罪与保护个人权利之间，寻求平衡所面临的重要性与复杂性。欧盟议会和理事会发布的相关指令，对受益所有人信息的获取进行了明确规定，但此举引发了广泛争议。指令的初衷在于通过提高透明度，预防洗钱和恐怖融资活动。让公众获取相关信息，有助于社会监督，能够提升市场信任度，并且在调查过程中提供有力协助。然而，欧盟法院最终裁定相关条款无效，法院认为这些条款严重侵犯了《欧盟基本权利宪章》第 7 条和第 8 条所保障的权利。公众获取受益所有人信息，不仅会侵犯个人隐私，还会增加数据被滥用的风险。此外，该条款在必要性和比例性方面存在明显缺陷，难以精准界定信息的范围，也无法切实保障数据的安全性。

监管过程中对个人信息保护一定程度的限制无法避免，在本条中也加入了信息保护的条款，但是在未来的实践中如何在严格反洗钱监管的过程中兼顾信息的保护，是立法和执法中都有待完善的问题。

相关法律法规

《受益所有人信息管理办法》

全文（略）

条文理论延伸

1. 比较法规定

《欧盟反洗钱第五号指令》（指令（EU）2018/843）（*Directive（EU） 2018/843 of the European Parliament and of the Council of* 30 *May* 2018）①。

英国《2015年小企业、企业和就业法案》第七节第81-82条 [Small Bus-

---

① (25) Member States are currently required to ensure that corporate and other legal entities incorporated within their territory obtain and hold adequate, accurate and current information on their beneficial ownership. The need for accurate and up-to-date information on the beneficial owner is a key factor in tracing criminals who might otherwise be able to hide their identity behind a corporate structure. The globally interconnected financial system makes it possible to hide and move funds around the world, and money launderers and terrorist financers as well as other criminals have increasingly made use of that possibility. (26) The specific factor determining which Member State is responsible for the monitoring and registration of beneficial ownership information of trusts and similar legal arrangements should be clarified. Due to differences in the legal systems of Member States, certain trusts and similar legal arrangements are not monitored or registered anywhere in the Union. Beneficial ownership information of trusts and similar legal arrangements should be registered where the trustees of trusts and persons holding equivalent positions in similar legal arrangements are established or where they reside. In order to ensure the effective monitoring and registration of information on the beneficial ownership of trusts and similar legal arrangements, cooperation between Member States is also necessary. The interconnection of Member States' registries of beneficial owners of trusts and similar legal arrangements would make this information accessible, and would also ensure that the multiple registration of the same trusts and similar legal arrangements is avoided within the Union. (27) Rules that apply to trusts and similar legal arrangements with respect to access to information relating to their beneficial ownership should be comparable to the corresponding rules that apply to corporate and other legal entities. Due to the wide range of types of trusts that currently exists in the Union, as well as an even greater variety of similar legal arrangements, the decision on whether or not a trust or a similar legal arrangement is comparably similar to corporate and other legal entities should be taken by Member States. The aim of the national law transposing those provisions should be to prevent the use of trusts or similar legal arrangements for the purposes of money laundering, terrorist financing or associated predicate offences.（《欧盟反洗钱第五号指令》（指令（EU）2018/843）：(25) 目前，各成员国被要求确保在其领土内注册成立的公司和其他法人实体获取并持有关于其受益所有权的充分、准确和最新信息。对受益所有人的准确和最新信息的需求是追踪犯罪分子的关键因素，否则犯罪分子可能会隐藏在公司结构背后。全球相互关联的金融体系使得在世界各地隐藏和转移资金成为可能，洗钱者、恐怖主义资助者以及其他犯罪分子越来越多地利用了这种可能性。(26) 应明确确定哪个成员国负责监测和登记信托及类似法律安排的受益所有权信息的具体因素。由于成员国法律制度的差异，某些信托及类似法律安排在欧盟任何地方都未受到监测或登记。信托及类似法律安排的受益所有权信息应在信托受托人及在类似法律安排中担任同等职位的人所在或居住的地方进行登记。为确保对信托及类似法律安排的受益所有权信息进行有效监测和登记，成员国之间的合作也是必要的。成员国信托及类似法律安排受益所有人登记处的相互连接将使这些信息能够被获取，并还将确保在欧盟范围内避免对同一信托及类似法律安排进行多次登记。(27) 适用于信托及类似法律安排在获取其受益所有权相关信息方面的规则应适用于公司及其他法律实体的相应规则相当。由于欧盟目前存在各种各样的信托类型，以及种类更多的类似法律安排，关于信托或类似法律安排是否与公司及其他法律实体具有相当相似性的决定应由成员国做出。实施这些规定的国内法的目的应是防止信托或类似法律安排被用于洗钱、恐怖主义融资或相关上游犯罪。）

iness, Enterprise and Employment Act 2015, c. 26, Part 7, ss 81-82（UK）］。[1]

2. 学术研究

张燕：《查询受益所有人信息应遵循的法律原则——"WM 及索维姆公司诉卢森堡商业登记处案"评析》，载《金融法苑》2023 年第 2 期。

赵旭东、周明慧：《企业受益所有人信息披露制度的域外比较研究》，载《中国市场监管研究》2021 年第 8 期。

第二十条　犯罪材料移转

> 反洗钱行政主管部门和其他依法负有反洗钱监督管理职责的部门发现涉嫌洗钱以及相关违法犯罪的交易活动，应当将线索和相关证据材料移送有管辖权的机关处理。接受移送的机关应当按照有关规定反馈处理结果。

❖ 条文内容解读

1. 立法意旨

本条是关于反洗钱过程中行政与刑事衔接的有关规定。

---

[1] 81Register of people with significant control Schedule 3 amends the Companies Act 2006 to require companies to keep a register of people who have significant control over the company. 82 82Review of provisions about PSC registers（1）The Secretary of State must before the end of the review period—
（a）carry out a review of Part 21A of the Companies Act 2006（inserted by Schedule 3 to this Act）and of other provisions of the Companies Act 2006 inserted by this Act that relate to that Part, and（b）prepare and publish a report setting out the conclusions of the review.（2）The report must in particular—（a）set out the objectives intended to be achieved by the provisions of the Companies Act 2006 mentioned in subsection（1）（a）,（b）assess the extent to which those objectives have been achieved, and（c）assess whether those objectives remain appropriate and, if so, the extent to which they could be achieved in another way that imposed less regulation.（3）The Secretary of State must lay the report before Parliament.（4）The "review period" is the period of 3 years beginning with the day on which section 92（duty to deliver confirmation statement instead of annual return）comes into force.（重要控制人登记册附表 3 修订《2006 年公司法》，要求公司保存对其具有重大控制权人士的登记册。关于 PSC 登记册条款的审查（1）国务大臣必须在审查期结束前——（a）对《2006 年公司法》第 21A 部分（由本法附表 3 插入）以及本法插入的与该部分相关的其他《2006 年公司法》条款进行审查；（b）编制并公布一份报告，阐明审查结论。（2）该报告尤其必须——（a）阐明第（1）（a）款所述《2006 年公司法》条款拟实现的目标；（b）评估这些目标的实现程度；（c）评估这些目标是否仍然适当，若适当则评估是否可通过减少监管负担的其他方式实现。（3）国务大臣必须将该报告提交议会。（4）"审查期"指自第 92 条（提交确认声明而非年度申报表的义务）生效之日起算的 3 年期间。）

2. 演变历程

本条可追溯至 2006 年《反洗钱法》第 13 条："反洗钱行政主管部门和其他依法负有反洗钱监督管理职责的部门、机构发现涉嫌洗钱犯罪的交易活动，应当及时向侦查机关报告。"新《反洗钱法》中变为第 20 条，将"向侦查机关报告"修改为"向有管辖权的机关移送"；并增补了"接受移送的机关应当按照有关规定反馈处理结果。"

3. 内容解读

相较于 2006 年《反洗钱法》第 13 条的有关规定，新《反洗钱法》并没有进行实质性的修改，只是对表述进行了完善。本条主要规定了反洗钱行政主管部门和其他依法负有反洗钱监督管理职责的部门在行政监督管理过程中发现与其职责相关的违法犯罪交易行为，应当移交有管辖权的机关处理。属于《反洗钱法》与《中华人民共和国刑法》的衔接规定。负责洗钱罪的机关一般包括负责经济侦查工作的公安机关和检察机关。本条明确了行政与刑事的衔接机制，确保涉嫌洗钱及相关违法犯罪的线索和证据得到及时处理，强化了反洗钱体系的协同效应。通过移送和反馈机制，提升了打击洗钱犯罪的效率和精准度。目前我国反洗钱工作中的行政与刑事衔接仍存在一些问题。

首先，是证据与法律适用标准不统一。行政机关和司法机关在洗钱案件的证据收集、固定和审查判断上存在差异。行政机关更注重行政监管层面的证据，如金融交易记录、客户身份信息等，而司法机关对证据的合法性、关联性和证明力要求更为严格，需要达到刑事诉讼的证明标准，这就导致行政执法向刑事司法转化时，部分证据可能不被司法机关认可，导致了行政成本与侦查成本的提高。

其次，情报线索研判与移送不畅。行政机关和司法机关在洗钱犯罪的情报线索研判上，维度和重点有所不同。行政机关侧重于监测和分析金融交易数据中的异常情况，而司法机关更关注线索是否符合犯罪构成要件，能否形成完整的证据链，这种差异导致行刑之间情报线索研判缺乏一致性，影响"正向衔接"效果此外，虽然有相关规定要求行政机关在发现涉嫌洗钱犯罪线索时移送司法机关，但在实际操作中，存在移送不及时、不规范、不全面等问题。

再次，协同机制不健全。行政机关与司法机关在信息共享、案件移送、联合办案等方面缺乏高效协同，导致反洗钱工作合力不足。行政机关和司法机关在反洗钱工作中的协同配合不够紧密，缺乏常态化的沟通协调机制和联合行动机制。在办理重大、复杂洗钱案件时，难以形成有效的工作合力，影响案件的办理效率和质量。行刑部门之间在反洗钱风险性监管信息收集、分析及共享等方面仍未形成系统化的数据资源共享机制，尚无法实现由"情报数据库"向"情报信息网"的转变。信息壁垒的存在，使得行政机关和司法机关难以及时获取对方掌握的信息，制约了反洗钱工作的深入开展。

最后，反向衔接工作薄弱。检察机关在反洗钱行刑"反向衔接"中，对行政机关应移未移、应罚未罚等履职不当现象的监督力度不够，监督手段相对单一。同时，行政检察、公益诉讼检察在反洗钱领域的办案实践较少，协同履职机制尚不健全。

条文实务应用

1. 实务指南

在"正向衔接"方面，鉴于行政与司法机关在洗钱犯罪证据、法律适用及情报研判标准不一，转化率低的现状，检察机关与行政机关应积极作为，建立常态化沟通机制。办理重大复杂案件时，推动行刑现场或专题联合研判，发挥刑事检察引导侦查职能，联合各方攻克侦查与定罪难题，借助央行专业能力做好追赃挽损；同时定期开展类型化案件分析与风险研判，结合行政机关成果，共同剖析犯罪趋势，梳理反馈新型案例，优化监测系统，形成信息闭环以提升线索质量。在"反向衔接"工作中，鉴于当前协同机制不完善，应着力健全衔接机制。多渠道挖掘监督线索，强化部门间信息与线索交流；发布典型案例总结推广有效机制，统一行政执法与刑事司法尺度。鉴于行刑部门信息共享不畅及检察监督不足，需构建信息共享平台，整合各方案件信息，打破壁垒；检察机关内部要充分利用办案数据，开发洗钱犯罪大数据监督模型，针对上游犯罪及执法司法活动实施精准监督，为洗钱犯罪治理筑牢根基。

2. 典型案例

雷某、李某洗钱案①

案情简介：

在 2016 年年末，朱某出资设立某公司，聘任雷某、李某为该公司员工，并安排李某以挂名方式担任法定代表人，该公司主要为其他公司提供商业背景调查服务。自 2017 年 2 月至 2018 年 1 月，雷某、李某在从事某公司自身业务的同时，应朱某要求，在明知某 1 公司以外汇理财业务之名实施非法集资行为的情况下，仍向朱某提供各自名下的多张银行卡，用于接收由朱某实际控制的多个账户所转入的非法集资款项。此后，雷某、李某配合某 1 公司财务人员罗某（另案处理）等人，借助银行大额取现、大额转账以及同柜存取等手段，将上述非法集资款转移交付给朱某。具体而言，通过大额取现方式获取资金 2404 万余元，并交付给朱某及其保镖；以大额转账方式转出资金 940 万余元，该部分资金被转入朱某实际控制的多个账户以及房地产公司账户，用于购置房产；通过银行柜台先取后存的操作，存入资金 6299 万余元，该部分资金存入朱某本人账户及其实际控制的多个账户。经统计，雷某参与转移的资金总额达 6362 万余元，李某参与转移的资金总额为 3281 万余元。除正常工资收入外，二人自 2017 年 6 月起，每月收取 1 万元的"好处费"。

裁判要旨：

案发之后，中国人民银行杭州中心支行迅速启动针对经办银行的行政调查程序。经调查认定，经办银行存在严重的"重业绩、轻合规"倾向。在实际操作过程中，银行柜台网点未能依照相关规定，对客户的身份信息展开全面、深入的调查了解以及严谨的核实验证工作。不仅如此，当客户的交易行为呈现出明显异常状态，并且多次触发反洗钱系统预警时，银行柜台网点并未及时将此类重要情况向内部反洗钱岗位或上级银行对应的管理部门进行报告。与此同时，银行可疑交易分析人员面对显而易见的疑点，未能秉持认真负责的态度进行深入探究与追查，反而以不合理的理由轻易排除疑点，全然未按照规定履行报送可疑交易报告的职责。经办银行在反洗钱履职环节所

---

① 《最高人民检察院 中国人民银行惩治洗钱犯罪典型案例》，载最高人民检察院网站，https://www.spp.gov.cn/spp/xwfbh/wsfbt/202103/t20210319_513155.shtml#2，2025 年 6 月 5 日访问。

出现的一系列违法行为，直接致使本案被告人得以长期利用该行提供的渠道实施犯罪活动。基于上述事实，依据《反洗钱法》第32条的明确规定，中国人民银行杭州中心支行依法对经办银行处以人民币400万元的罚款。

案件评析：

洗钱犯罪的手段呈现出多样化且频繁变化的特征，其本质在于通过隐匿资金流转关系，对犯罪所得及其收益的来源与性质进行掩饰和隐瞒。在本案中，被告人为隐匿资金的真实去向，采取了大额取现或者在多个账户间频繁划转大额赃款的手段；为避免直接转账留下痕迹，将转账行为拆分为先取现后存款，人为地割裂交易链条，借助银行支付结算业务，运用多种方式实施洗钱犯罪。在实践中，除上述常见的方式外，还存在利用汇兑、托收承付、委托收款、开立票据、信用证，以及借助第三方支付、第四方支付等互联网支付业务实施的洗钱犯罪行为。此类犯罪的资金转移方式更为专业，洗钱手段也更为隐蔽。检察机关在办理案件过程中，必须透过资金往来的表象，洞察行为的本质，精准识别各类洗钱手段。此外，应充分发挥金融机构、行政监管与刑事司法在反洗钱工作中的合力，共同切实履行反洗钱的义务与责任。金融机构有必要建立并严格执行反洗钱内部控制制度，切实履行客户尽职调查义务，以及大额交易和可疑交易的报告义务，充分发挥其作为反洗钱"第一防线"的重要作用。中国人民银行需强化监管力度，针对涉嫌洗钱的可疑交易活动展开反洗钱调查，并对金融机构在反洗钱工作中履职不力的违法行为予以行政处罚。若发现涉嫌犯罪的情况，应及时移送公安机关立案侦查。人民检察院则要充分发挥其法律监督职能，以及在刑事诉讼中指控证明犯罪的主导责任，准确追诉犯罪行为。一旦发现金融机构涉嫌行政违法，应及时移送中国人民银行进行调查处理，以促进相关行业的有效治理。

相关法律法规

《中华人民共和国刑法》

第一百九十一条　为掩饰、隐瞒毒品犯罪、黑社会性质的组织犯罪、恐怖活动犯罪、走私犯罪、贪污贿赂犯罪、破坏金融管理秩序犯罪、金融诈骗犯罪的所得及其产生的收益的来源和性质，有下列行为之一的，没收实施以上犯罪的所得及其产生的收益，处五年以下有期徒刑或者拘役，并处或者单处罚金；情节严重的，处五年以上十年以下有期徒刑，并处罚金：

（一）提供资金帐户的；

（二）将财产转换为现金、金融票据、有价证券的；

（三）通过转帐或者其他支付结算方式转移资金的；

（四）跨境转移资产的；

（五）以其他方法掩饰、隐瞒犯罪所得及其收益的来源和性质的。

单位犯前款罪的，对单位判处罚金，并对其直接负责的主管人员和其他直接责任人员，依照前款的规定处罚。

条文理论延伸

潘智源：《数字经济背景下反洗钱立法的行刑衔接》，载《地方立法研究》2023 年第 4 期。

杨猛：《我国反洗钱追赃"行刑衔接"立法重塑——基于规范保护目的之研析》，载《政治与法律》2020 年第 12 期。

第二十一条　行政部门监管职责

> 反洗钱行政主管部门为依法履行监督管理职责，可以要求金融机构报送履行反洗钱义务情况，对金融机构实施风险监测、评估，并就金融机构执行本法以及相关管理规定的情况进行评价。必要时可以按照规定约谈金融机构的董事、监事、高级管理人员以及反洗钱工作直接负责人，要求其就有关事项说明情况；对金融机构履行反洗钱义务存在的问题进行提示。

条文内容解读

1. 立法意旨

本条是关于反洗钱行政主管部门履行监督管理职责，要求金融机构报送反洗钱义务履行情况，并实施风险监测、评估和监管评价的有关规定。

2. 演变历程

本条可追溯至 2006 年《反洗钱法》第 9 条，该条规定："国务院有关金融监督管理机构参与制定所监督管理的金融机构反洗钱规章，对所监督管理的金融机构提出按照规定建立健全反洗钱内部控制制度的要求，履行法律和国务院规定的有关反洗钱的其他职责。"本规定确立了国务院反洗钱行政主管部门的监督管理职能，但其内容较为原则性，未具体明确监管部门如何评估金融机构履行反洗钱义务的情况，也未规定针对金融机构管理层的约谈制度，监管手段相对有限。

与 2006 年《反洗钱法》相比，新《反洗钱法》不仅延续了金融机构作为反洗钱核心主体的责任体系，还进一步确立了监管机构定期开展风险监测和评估的法定要求，使反洗钱监管由事后监督向事前预防、过程管理拓展。

新《反洗钱法》第 21 条同时结合近年来金融监管的实践经验，形成了一套更具体系化的反洗钱监管机制。通过风险监测、评估、监督评价、监管约谈等措施，确保监管机构对金融机构履行反洗钱义务的情况保持动态跟踪，强化对高风险机构的精准监管，并通过监管提示促使金融机构主动整改。

3. 内容解读

本条规定了国务院反洗钱行政主管部门对金融机构履行反洗钱义务的监督管理措施，确立了履行反洗钱义务情况报告、风险监测与评估、合规性评价等具体要求，并赋予监管部门实施风险提示、约谈等监管手段，以强化对金融机构的动态监督。2006 年《反洗钱法》并未单列此类监督管理措施，仅在第 8 条、第 9 条中规定了国务院反洗钱行政主管部门的监督检查职责，要求对金融机构履行反洗钱义务的情况进行检查，但缺乏具体的风险监测和监管干预机制。本次修订首次明确了风险监测、评估的制度，并赋予监管部门约谈金融机构管理人员、进行风险提示、核实整改情况的权力，增强了监管的针对性和可操作性。

本条的核心内容在于"风险为本"原则的落实，即监管机构依据金融机构的风险状况，采取相应的监管措施，区别于传统的"合规为本"监管模式，强调通过风险评估确定监管资源的配置方向。金融机构的洗钱风险因业务结构、客户群体、交易模式的不同而存在较大差异，监管机构需要基于金融机构的风险评估结果，实施差异化监管。本条所确立的风险监测体系，使监管机构能够及时发现潜在的洗钱风险，并采取预防性措施，以避免违法行为发生后才进行追责的滞后性问题。

金融机构履行反洗钱义务的情况报告制度是对原有监管机制的深化，在实践中，监管机构通过定期报告、专项报告、临时性报告等多种方式获取金融机构的反洗钱工作信息，如客户尽职调查的执行情况、交易监测系统的运作情况、合规管理体系建设情况等，监管机构基于这些数据进行分析，形成对金融机构反洗钱能力的综合评估。相比于 2006 年《反洗钱法》的框架性规定，新法进一步明确了金融机构的报告义务，不仅要求其提交履行反洗钱义务的综合性报告，还包括针对特定风险事件的专项报告，使监管的实时性和针对性大幅提高。

此外，本条规定的约谈制度，使监管机构可以在发现金融机构反洗钱体系存在漏洞、风险敞口较大、洗钱风险管理能力不足等情况时，直接约谈金融机构董事、监事、高级管理人员以及反洗钱工作直接负责人。该制度的设立，旨在强化金融机构高管对反洗钱工作的直接责任，使反洗钱工作不仅是机构层面的合规要求，更成为高管个人的管理职责。在实践中，监管机构可以利用约谈制度，要求金融机构针对特定问题作出说明，督促整改，并在必要时结合风险提示，提出合规要求。相较于传统的事后检查和处罚机制，约谈制度提供了一种更加灵活的监管手段，使监管机构能够在问题暴露的早期阶段介入，减少风险累积带来的系统性影响。风险提示机制则是监管机构主动向金融机构发出的风险警示，通常基于风险监测和评估结果，涉及新型洗钱风险、行业风险变化、国际反洗钱标准调整等因素。在金融科技、虚拟资产交易、跨境支付等高风险领域，监管机构可以通过发布风险提示，引导金融机构优化风险管理措施。本条明确风险提示的法律地位，使其成为监管体系的重要组成部分，与报告制度、风险评估、约谈机制共同构成一个多层次的监管框架，提高反洗钱监管的灵活性和有效性。

❖ 条文实务应用

1. 实务指南

金融机构应强化内部反洗钱合规管理，建立健全风险评估体系，针对高风险业务、客户和交易实施分级管理,确保反洗钱措施与风险状况相匹配。在履行反洗钱义务的过程中,应及时向监管部门提交履职情况报告,包括但不限于客户尽职调查执行情况、大额及可疑交易监测情况、合规管理体系建设情况等。同时,金融机构应加强内部培训,提高从业人员对反洗钱义务的认知,确保风险管理与业务实践相结合。在监管机构提出约谈要求或风险提示时,金融机构应高度重视,及时整改,并向监管机构反馈整改进展。此外,应优化信息系统建设,确保数据质量,提升监测和报告的准确性,为监管机构的风险评估提供可靠依据,从而减少因合规漏洞导致的法律风险和监管处罚。

2. 典型案例

杨某诉中国人民银行不履行反洗钱监管职责及行政复议决定案[①]

案情简介:

2020年3月30日,杨某向中国人民银行提交《请求履行反洗钱职责申请书》,要求对A公司、B集团及相关责任人C、D的可疑大额资金交易行为进行反洗钱调查,并责令其返还400万元,同时移送公安机关立案侦查。因未能在法定期限内获得回复,杨某于2020年8月10日向中国人民银行提起行政复议,要求确认人民银行拒绝履行反洗钱监管职责的行为违法,并继续调查相关可疑交易行为。中国人民银行在审查后认为,其反洗钱监管职责旨在维护金融秩序和社会公共利益,而非保护特定个人权利,因此拒绝受理杨某的行政复议申请。杨某不服,遂向北京市第一中级人民法院提起行政诉讼,请求撤销复议决定并责令人民银行履行监管职责。一审法院认为,反洗钱监管机关的职责在于维护整体金融秩序,而非针对个体利益进行执法,因此驳回杨某的诉讼请求。杨某不服,提起上诉,二审法院维持一审判决,驳回上诉,并认定杨某不符合行政复议申请条件,终审判决生效。

裁判要旨:

本案争议的核心问题是个别投资者是否有权要求反洗钱行政主管部门履行监管职责。法院认为,《反洗钱法》所确立的监管机制主要服务于国家利益和金融市场秩序,监管机关通过风险监测、信息分析等手段预防和遏制洗

[①] 北京市高级人民法院(2021)京行终1745号行政判决决书,载中国裁判文书网,2025年5月12日访问。

钱犯罪，而非直接介入个体经济纠纷。《中华人民共和国行政复议法》及其实施条例规定，申请行政复议的主体需与具体行政行为具有利害关系，而举报人仅享有举报权，不能因此要求监管机构对其举报事项采取特定措施。此外，个别投资者与金融机构之间的资金纠纷，应通过民事诉讼或刑事报案等渠道解决，不能通过行政复议或行政诉讼要求金融监管部门强制干预。综上，人民银行驳回杨某的行政复议申请，法院亦维持该决定，认为其不具备行政复议的主体资格。

案件评析：

本案反映出反洗钱行政监管职责的边界问题，即反洗钱监管机关是否负有直接介入个体资金纠纷的法定义务。2006年《反洗钱法》第8条规定，国务院反洗钱行政主管部门负责全国反洗钱监督管理工作，主要目标是维护金融秩序，而非专门解决个体投资者的损失问题。从行政法角度来看，行政机关的职责履行应符合公权力运作原则，而不是为个别利益提供特定救济。因此，举报人即使发现可疑交易并提交举报，反洗钱行政主管部门亦无义务针对其个别利益采取执法措施。本案裁判结果符合我国现行法律框架，同时也反映出投资者在金融市场中面对高风险交易时，仍需通过合同诉讼、刑事控告等方式寻求救济，而不能依赖监管机关提供直接的权利保护。此外，反洗钱监管的核心在于防范系统性金融风险，监管机构主要依托自主判断进行调查，而非简单依照个别举报要求展开执法。

相关法律法规

《金融机构反洗钱和反恐怖融资监督管理办法》

第十五条　金融机构应当按照中国人民银行的规定报送反洗钱和反恐怖融资工作信息。金融机构应当对相关信息的真实性、完整性、有效性负责。

第二十三条　中国人民银行及其分支机构应当根据金融机构报送的反洗钱和反恐怖融资工作信息，结合日常监管中获得的其他信息，对金融机构反洗钱和反恐怖融资制度的建立健全情况和执行情况进行评价。

第二十四条　为了有效实施风险为本监管，中国人民银行及其分支机构应当结合国家、地区、行业的洗钱和恐怖融资风险评估情况，在采集金融机构反洗钱和反恐怖融资信息的基础上，对金融机构开展风险评估，及时、准确掌握金融机构洗钱和恐怖融资风险状况。

条文理论延伸

傅福兴、李伊凝：《我国反洗钱穿透识别的监管进路——以司法裁判为视角》，载《证券法苑》2022年第2期，法律出版社2022年版。

宣昌能：《以制度创新推动新时代反洗钱事业高质量发展》，载《中国金融》2024年第24期。

第二十二条　监督检查具体措施

反洗钱行政主管部门进行监督检查时，可以采取下列措施：

（一）进入金融机构进行检查；

（二）询问金融机构的工作人员，要求其对有关被检查事项作出说明；

（三）查阅、复制金融机构与被检查事项有关的文件、资料，对可能被转移、隐匿或者毁损的文件、资料予以封存；

（四）检查金融机构的计算机网络与信息系统，调取、保存金融机构的计算机网络与信息系统中的有关数据、信息。

进行前款规定的监督检查，应当经国务院反洗钱行政主管部门或者其设区的市级以上派出机构负责人批准。检查人员不得少于二人，并应当出示执法证件和检查通知书；检查人员少于二人或者未出示执法证件和检查通知书的，金融机构有权拒绝接受检查。

条文内容解读

1. 立法意旨

本条是关于反洗钱行政主管部门履行监督检查职责，依法对金融机构进行现场检查、询问相关人员、查阅和封存文件资料，以及检查信息系统，以确保金融机构履行反洗钱义务的有关规定。

2. 演变历程

本条可追溯至2006年《反洗钱法》第23条第1款的相关规定，该条文首次确立了反洗钱行政主管部门对金融机构的检查权，包括对可疑交易活动的调查、对相关文件资料的查阅和封存等内容。当时的条文规定："国务院反洗钱行政主管部门或者其省一级派出机构发现可疑交易活动，需要调查核实的，可以向金融机构进行调查，金融机构应当予以配合，如实提供有关文件和资料。"此外，该法第25条第1款亦明确："调查中需要进一步核查的，经国务院反洗钱行政主管部门或者其省一级派出机构的负责人批准，可以查阅、复制被调查对象的账户信息、交易记录和其他有关资料；对可能被转移、隐藏、篡改或者毁损的文件、资料，可以予以封存。"这一阶段的规定相对原则性，未明确列举检查措施，亦未涉及信息系统的检查内容。

明确了监督检查的范围，包括进入金融机构检查、询问工作人员、查阅和封存相关文件、检查信息系统，并保留了程序性要求，确保金融机构的合法权利不被滥用行政检查所侵害。本次修订表明，我国在反洗钱监管方面更加注重程序正当性和执法规范化，增强了金融机构的合规义务，同时强化了行政检查的权威性，使监管执法更具可操作性。

3. 内容解读

本条规定了反洗钱行政主管部门在履行监督检查职责时的具体措施，包括进入金融机构进行检查、询问工作人员、查阅和复制相关文件资料、封存可能被转移或毁损的文件，以及检查金融机构的计算机网络与信息系统，调取、保存相关数据。这些措施旨在确保反洗钱监管的有效性，使监管机关能够及时发现和遏制洗钱风险。反洗钱行政主管部门在行使监督检查权时，应当遵循严格的程序，包括必须由设区的市级以上派出机构负责人批准，检查人员不得少于两人，并须出示执法证件和检查通知书，确保检查行为符合法定程序，避免监管权的滥用。金融机构在合法程序未完备的情况下，有权拒绝接受检查。

本条的立法逻辑与《中华人民共和国银行业监督管理法》第34条的金融监管检查制度高度一致，后者同样赋予了银行业监督管理机构进入银行业金融机构进行现场检查、查阅和封存相关文件、检查电子数据系统的权力，并要求检查人员遵守特定的审批和程序规范。在金融监管体系中，反洗钱监管与银行业监管在监督检查机制上的高度协同，共同构建了金融安全防线。反洗钱检查的特殊性在于，其监管对象不仅限于银行业金融机构，还包括其他特定非金融机构。因此，本条赋予反洗钱行政主管部门广泛的检查权限，以确保金融体系的稳定性和透明度，同时避免资金流动中的洗钱风险。

条文实务应用

金融机构在接受反洗钱行政主管部门的监督检查时，应当建立健全合规机制，确保依法配合监管，同时保护自身合法权益。首先，金融机构应设置专门的反洗钱合规部门，明确职责分工，确保在检查发生时能够迅速提供所需文件、资料及相关数据。面对反洗钱检查，机构应严格按照内部合规手册进行响应，确保在监管部门要求进入现场检查时，相关人员能够依法配合，同时对检查过程进行记录。对于检查人员要求提供的交易记录、账户信息或可疑交易数据，金融机构应当确保完整、真实、可追溯，并遵守数据安全管理要求，避免信息泄露。在涉及计算机网络及信息系统检查时，机构应当确保信息系统的可审计性和可追踪性，建立独立的权限管理体系，确保检查过程中不影响日常业务运营，同时履行客户隐私和商业秘密保护义务。在封存或复制文件的情况下，金融机构应指定专人负责，并在监管人员的监督下完成封存操作，确保相关文件不会被篡改或遗漏。此外，金融机构在检查结束后，应及时对检查结果进行内部评估，针对发现的问题制订整改计划，落实改进措施，并在规定期限内向监管机构提交整改报告。机构还应通过模拟检查、自查与内部审计，提前发现可能的风险点，以提高合规管理水平。对于未能出示合法证件或检查通知书的检查人员，金融机构有权依法拒绝检查，并应立即向反洗钱合规部门及法律顾问报告，以确保机构权益不受侵害。

相关法律法规

《金融机构反洗钱和反恐怖融资监督管理办法》

第二十二条 中国人民银行及其分支机构进入金融机构现场开展反洗钱和反恐怖融资检查的，按照规定可以询问金融机构工作人员，要求其对监管事项作出说明；查阅、复制文件、资料，对可能被转移、隐匿或者销毁的文件、资料予以封存；查验金融机构运用信息化、数字化管理业务数据和进行洗钱和恐怖融资风险管理的系统。

《中华人民共和国银行业监督管理法》

第三十四条　银行业监督管理机构根据审慎监管的要求，可以采取下列措施进行现场检查：

（一）进入银行业金融机构进行检查；

（二）询问银行业金融机构的工作人员，要求其对有关检查事项作出说明；

（三）查阅、复制银行业金融机构与检查事项有关的文件、资料，对可能被转移、隐匿或者毁损的文件、资料予以封存；

（四）检查银行业金融机构运用电子计算机管理业务数据的系统。

进行现场检查，应当经银行业监督管理机构负责人批准。现场检查时，检查人员不得少于二人，并应当出示合法证件和检查通知书；检查人员少于二人或者未出示合法证件和检查通知书的，银行业金融机构有权拒绝检查。

❖ 条文理论延伸

郭金良：《论我国金融监管职能配置的法律困境与制度优化》，载《现代法学》2024年第4期。

贺丹：《金融稳定监管权力的法律配置——兼论金融稳定法的立法逻辑》，载《法律适用》2024年第12期。

第二十三条　风险评估职责

> 国务院反洗钱行政主管部门会同国家有关机关评估国家、行业面临的洗钱风险，发布洗钱风险指引，加强对履行反洗钱义务的机构指导，支持和鼓励反洗钱领域技术创新，及时监测与新领域、新业态相关的新型洗钱风险，根据洗钱风险状况优化资源配置，完善监督管理措施。

条文内容解读

1. 立法意旨

本条是关于反洗钱行政主管部门评估洗钱风险、发布指引、指导机构履责，并监测新型洗钱风险的有关规定。

2. 演变历程

本条关于国家和行业洗钱风险评估的规定，在 2006 年《反洗钱法》中尚未出现，属新增条文。2006 年《反洗钱法》虽已确立了金融机构的反洗钱义务和可疑交易监测机制，但并未明确要求国家层面或行业层面定期评估洗钱风险，也未涉及风险指引的发布或技术创新支持。随着金融业态的不断发展，新型支付方式的普及以及跨境金融活动的复杂化，洗钱风险的来源和表现形式日益多样，监管部门需要从被动监测向主动风险评估转变，以提高监管有效性。

3. 内容解读

本条明确了反洗钱风险评估的职责、实施机制、技术创新要求以及监管优化措施。

第一，规定了反洗钱风险评估的职责。本条赋予国务院反洗钱行政主管部门会同国家有关机关评估国家和行业层面的洗钱风险，并要求其发布洗钱风险指引。本条确立了国家层面的系统性风险评估机制，使得反洗钱监管能够基于全行业数据、跨部门信息共享和大数据分析，精准识别洗钱高风险领域，从而增强反洗钱监管的科学性和前瞻性。相较于 2006 年《反洗钱法》的监管模式，过去主要依赖金融机构的自行报告和个案调查，而本条通过建立全国性的统一风险评估框架，确保监管决策能够及时响应动态变化的洗钱风险，提升监管效率。近年来，新兴金融科技的发展、虚拟资产交易的普及、跨境金融服务的复杂化都使洗钱手法更加隐蔽，而单一金融机构难以全面掌握洗钱链条。因此，本条确立的国家级风险评估体系可以整合来自金融机构、执法机关、市场监管部门等多方信息资源，提高风险识别的准确性。

第二，确立了洗钱风险指引的实施机制。在风险评估的基础上，本条要求国务院反洗钱行政主管部门发布洗钱风险指引，指导金融机构和特定非金融机构开展针对性的反洗钱措施。洗钱风险指引的发布是国际反洗钱监管发展的趋势，使得金融机构能够据此动态调整合规策略。在特定行业或特定客户类型（如高净值客户、跨境业务、加密货币交易）出现较高风险时，监管机构可以发布专门的风险指引，要求机构加强尽职调查、交易监测等措施，以防范和遏制洗钱活动。相比之下，2006年《反洗钱法》并未明确监管机构在风险指引方面的职责，这导致金融机构在实践中缺乏统一的风险应对标准，容易导致执行不力。本条的设立填补了这一空白，使得监管机构能够根据风险状况不断调整监管策略，确保反洗钱措施能够适应金融市场的发展变化。

第三，强调了对履行反洗钱义务机构的指导。本条不仅确立了国家级风险评估机制，同时要求加强对履行反洗钱义务机构的监管指导，确保其有效执行风险控制措施。实践中，不同类型的金融机构和特定非金融机构在反洗钱合规能力上存在差异，部分机构的反洗钱体系较为完善，而部分机构则由于技术、资源、经验不足，存在较大的监管合规漏洞。因此，监管机构通过培训、指导、发布最佳实践案例等方式，对机构进行分类监管和差异化指导，有助于提升行业整体的反洗钱能力。对于小型金融机构和特定非金融机构，监管机构可以提供标准化合规框架，降低其合规负担；对于跨境金融机构，则要求其建立更严格的风险控制体系，以应对国际洗钱风险。

第四，鼓励反洗钱技术创新。本条特别强调支持和鼓励技术创新，推动人工智能、大数据分析、区块链等新技术在反洗钱领域中的应用，以提高风险监测和异常交易识别的效率。实践中，传统的规则匹配型反洗钱监测系统在应对复杂洗钱手法时存在较大局限，而人工智能和机器学习技术可以通过自适应算法识别异常交易模式，提高可疑交易检测的精准度。同时，区块链技术的应用可以增强交易透明度，降低资金链条断裂的可能性，减少金融机构在客户尽职调查中的信息不对称问题。此外，监管科技的发展也使得监管机构能够利用数据分析技术构建更高效的风险评估模型，提高监管的智能化水平。当前欧盟、美国已经引入自动化反洗钱合规系统，使得金融机构可以通过API（金融数据接口）实时向监管机构报送交易数据，并接受风险评分反馈，从而优化合规流程。本条的设立为我国反洗钱技术的创新和应用提供了政策支持，使得反洗钱监管能够充分利用现代科技手段，提高监管的精准性和可操作性。

第五，优化监管资源配置，提高监管效率。本条进一步明确，根据洗钱风险状况优化监管资源配置，完善监督管理措施。风险监管机制的核心在于推动风险分级管理，使监管资源能够集中投向高风险领域，而对低风险业务减少不必要的行政干预，以平衡监管强度和金融服务的便利性。在传统的反洗钱监管模式下，所有金融机构均需履行相同的合规义务，这容易造成监管资源的浪费，也加重了低风险机构的合规负担。而本条提出的优化监管资源配置，使得监管机构可以根据风险评估结果，对不同类型的机构施加不同的监管要求。例如，对私人银行、跨境支付、离岸金融业务等高风险领域实施更严格的客户尽职调查和交易监测要求，而对一般性银行业务则适当减少监管压力，提高金融市场的运行效率。

条文实务应用

金融机构及特定非金融机构在履行《反洗钱法》第23条规定的风险评估义务时，应当建立健全系统化的风险评估体系，以确保能够识别、监测并防控洗钱风险。首先，金融机构应当定期开展内部洗钱风险评估，重点关注客户身份、交易特征、业务模式、资金流向以及地理风险等因素，确保在客户尽职调查和可疑交易报告环节能够精准识别风险，并采取相应的管理措施。对于高风险客户，如涉及跨境交易、政治公众人物、大额现金交易的客户，应当施行强化尽职调查，提高交易监测频率，必要时采取额外的资金流动限制或审核机制。此外，金融机构应密切关注监管机构发布的洗钱风险指引，根据监管要求调整风险管理策略，优化内部反洗钱控制制度，确保风险评估体系符合合规要求。同时，金融机构应当加强反洗钱合规管理，建立独立的反洗钱合规部门，明确董事会及高级管理层在反洗钱风险评估中的责任，定期组织内部培训，以提升员工风险识别能力，并通过年度合规审计验证评估机制的有效性。对于特定非金融机构，包括房地产、贵金属交易、律师事务所、会计师事务所等，亦应当依据行业特征制定风险评估标准，重点关注交易对象的资金来源、交易方式，以及是否存在大额、复杂或无合理经济目的的交易行为，特别是在代理客户办理金融事务、设立法人实体、资产管理等业务环节，应强化尽职调查，确保资金流转的透明性。特定非金融机构还应当与监管机构保持信息共享，按照规定提交大额交易及可疑交易报告，以提升行业整体的反洗钱风险防控水平。此外，国务院反洗钱行政主管部门应加强对金融机构及特定非金融机构的行业风险评估指导，定期发布行业风险评估报告和合规指引，并引导市场主体利用技术创新，如人工智能、大数据分析等手段提升洗钱风险识别能力，优化反洗钱监管资源配置。金融机构和特定非金融机构均应将风险评估纳入日常合规管理工作，确保反洗钱体系能够有效应对新领域、新业态下的洗钱风险，并在业务扩展和技术升级过程中同步调整风险评估策略，以符合反洗钱法规的最新要求。

条文理论延伸

1. 比较法规定

欧盟《第四反洗钱指令》（AMLD 4，Directive 2015/849/EU）第7条。[①]

[①] Directive (EU) 2015/849 of the European Parliament and of the Council, Article 7, published by The European Parliament and the Council of the European Union, 20 May 2015. "Article 7: Risk assessment by Member States. 1. Each Member State shall take appropriate steps to identify, assess, understand and mitigate the risks of money laundering and terrorist financing affecting it, as well as any data protection concerns in that regard. It shall keep that risk assessment up to date. 2. Each Member State shall designate an authority or establish a mechanism by which to coordinate the national response to the risks referred to in paragraph 1. The identity of that authority or the description of the mechanism shall be notified to the Commission, the ESAs, and other Member States. 3. In carrying out the risk assessments referred to in paragraph 1 of this Article, Member States shall make use of the findings of the report referred to in Article 6 (1). 4. As regards the risk assessment referred to in paragraph 1, each Member State shall: (a) use it to improve its AML/CFT regime, in particular by identifying any areas where obliged entities are to apply enhanced measures and, where appropriate, specifying the measures to be taken; (b) identify, where appropriate, sectors or areas of lower or greater risk of money laundering and terrorist financing; (c) use it to assist it in the allocation and prioritisation of resources to combat money laundering and terrorist financing; (d) use it to ensure that appropriate rules are drawn up for each sector or area, in accordance with the risks of money laundering and terrorist financing; (e) make appropriate information available promptly to obliged entities to facilitate the carrying out of their own money laundering and terrorist financing risk assessments. 5. Member States shall make the results of their risk assessments available to the Commission, the ESAs and the other Member States."（第7条：成员国的风险评估。(1) 各成员国应采取适当措施，以识别、评估、理解并降低影响其境内的洗钱和恐怖融资风险，同时关注相关的数据保护问题，并确保风险评估的持续更新。(2) 各成员国应指定主管机构或建立协调机制，以统筹应对第 (1) 款所述风险，并将该主管机构的身份或协调机制的描述通知欧盟委员会、欧洲监管机构（ESAs）及其他成员国。(3) 在进行第 (1) 款所述的风险评估时，各成员国应参考第6条第 (1) 款所述报告的调查结果。(4) 关于第 (1) 款所述的风险评估，各成员国应：(a) 以此优化反洗钱（AML）和反恐融资（CFT）制度，特别是在识别需要采取加强措施的领域，并在适当情况下具体说明应采取的措施；(b) 适当识别洗钱和恐怖融资风险较高或较低的行业或领域；(c) 以此协助资源分配和优先级排序，以有效打击洗钱和恐怖融资活动；(d) 以此确保针对每个行业或领域制定适当规则，使其符合洗钱和恐怖融资风险状况；(e) 及时向义务主体提供相关信息，以便利其自身洗钱和恐怖融资风险评估的开展。(5) 各成员国应将其风险评估结果提供给欧盟委员会、欧洲监管机构（ESAs）及其他成员国。）

2. 学术研究

张文武：《向风险为本转型的反洗钱监管》，载《中国金融》2022 年第 3 期。

李敏：《虚拟货币的反洗钱监管探析及借鉴》，载《上海政法学院学报（法治论丛）》2022 年第 2 期。

第二十四条　高风险地区的识别与控制

> 对存在严重洗钱风险的国家或者地区，国务院反洗钱行政主管部门可以在征求国家有关机关意见的基础上，经国务院批准，将其列为洗钱高风险国家或者地区，并采取相应措施。

❖ 条文内容解读

1. 立法意旨

本条是对加强高风险地区的识别与控制的规定。

2. 内容解读

本条内容作为新《反洗钱法》新增条款，意在强调加强对高风险国家或地区的识别与控制。

（1）存在严重洗钱风险的国家或者地区。作为全球反洗钱和反恐怖融资国际标准制定机构，金融特别行动工作组（FATF）持续监测全球范围内反洗钱和反恐怖融资体系存在显著缺陷的国家和地区，督促这些国家和地区改进缺陷。FATF 每年召开三次全体会议，审议这些国家和地区改进反洗钱和反恐怖融资体系的进展情况，并于会后在其官网发布两份声明，包括"呼吁对其采取行动的高风险国家或地区"（黑名单）和"应加强监控的国家或地区"（灰名单）。FATF 通过该方式要求不符合相关反洗钱和反恐怖融资标准的国家和地区进行相关制度的改善，并呼吁相关成员国在必要时采取反制措施，以保证国际金融体系的安全。

从维护我国金融秩序的角度，对于一些地区或国家有较高洗钱风险，影响我国金融秩序和稳定的，可以考虑将其列入高风险名单。2018 年，中国人民银行反洗钱局发布的《关于加强联合国安理会制裁决议名单管理和 FATF 公布的高风险国家或地区客户管理的风险提示》（以下简称《提示》），就对此作出了规定。《提示》指出，各反洗钱义务机构应加强联合国安理会制裁决议名单管理，强化对来自 FATF 高风险国家或地区客户的管理，准确识别风险并采取有针对性的管控措施。

（2）由国务院反洗钱行政主管部门牵头负责存在洗钱严重风险国家或者地区的认定，并报国务院批准。与新《反洗钱法》第 5 条"国务院反洗钱行政主管部门负责全国的反洗钱监督管理工作。国务院有关部门在各自的职责范围内履行反洗钱监督管理职责。国务院反洗钱行政主管部门、国务院有关部门、监察机关和司法机关在反洗钱工作中应当相互配合"的规定相互呼应，本条明确该项工作的认定作为全国的反洗钱监督管理工作的一部分，应当由国务院反洗钱行政主管部门负责，为后续国务院反洗钱行政主管部门识别、采取控制措施设定了权力。同时本条考虑到具体业务的专业性、政策的稳定性、政治生态的平衡以及外交工作的特殊性，授权其可以征求国家有关机关的意见，并最终由国务院批准。

（3）采取与风险等级相匹配的防范措施。此处，由谁来采取对高风险国家和地区识别与控制的义务，应作双层解读：一为国务院反洗钱行政主管部门，由其来履行高风险地区识别与认定的义务、组织采取应对措施的义务；二为反洗钱义务主体，即金融机构和特定非金融机构，由其在具体的业务活动中履行具体的审查、评估、控制、报告等具体的风险防范措施。例如，2013 年中国人民银行发布的《金融机构洗钱和恐怖融资风险评估及客户分类管理指引》要求，对于我国境内或外国局部区域存在的严重犯罪，金融机构应参考有权部门的要求或风险提示，酌情提高涉及该区域的客户风险评级；可见，当前立法思路与反洗钱监管实践活动一脉相承。

（4）为与本条相配合，督促义务机构进一步落实对高风险国家和地区的客户风险识别与控制措施，新《反洗钱法》设定了配套的处罚条款。新《反洗钱法》第 54 条第 2 项规定，"金融机构有下列行为之一的，由国务院反洗钱行政主管部门或者其设区的市级以上派出机构责令限期改正，处五十万元以下罚款；情节严重的，处五十万元以上五百万元以下罚款，可以根据情形在职责范围内或者建议有关金融管理部门限制或者禁止其开展相关业务；（二）未按照规定对洗钱高风险情形采取相应洗钱风险管理措施"。

条文实务应用

对于纳入洗钱高风险的国家和地区的客户及其相关交易方，金融机构和其他反洗钱义务主体应当视情况采取更严格的审查措施，包括但不限于提高尽职调查的频率和强度、健全名单库管理与维护制度，确保及时更新名单库等。同时，在进行洗钱风险评估时，这些地区的风险应被纳入固有风险的考量范围。在分级分类采取防范措施上，义务机构可根据《中国人民银行办公厅关于进一步加强反洗钱和反恐怖融资工作的通知》等反洗钱领域法律法规和文件要求，采取具体可行的风险管理措施。

相关法律法规

《金融机构客户身份识别和客户身份资料及交易记录保存管理办法》

第十八条 金融机构应按照客户的特点或者账户的属性，并考虑地域、业务、行业、客户是否为外国政要等因素，划分风险等级，并在持续关注的基础上，适时调整风险等级。在同等条件下，来自于反洗钱、反恐怖融资监管薄弱国家（地区）客户的风险等级应高于来自于其他国家（地区）的客户。

金融机构应当根据客户或者账户的风险等级，定期审核本金融机构保存的客户基本信息，对风险等级较高客户或者账户的审核应严于对风险等级较低客户或者账户的审核。对本金融机构风险等级最高的客户或者账户，至少每半年进行一次审核。

金融机构的风险划分标准应报送中国人民银行。

《金融机构大额交易和可疑交易报告管理办法》

第十二条 金融机构应当制定本机构的交易监测标准，并对其有效性负责。交易监测标准包括并不限于客户的身份、行为，交易的资金来源、金额、频率、流向、性质等存在异常的情形，并应当参考以下因素：

（一）中国人民银行及其分支机构发布的反洗钱、反恐怖融资规定及指引、风险提示、洗钱类型分析报告和风险评估报告。

（二）公安机关、司法机关发布的犯罪形势分析、风险提示、犯罪类型报告和工作报告。

（三）本机构的资产规模、地域分布、业务特点、客户群体、交易特征，洗钱和恐怖融资风险评估结论。

（四）中国人民银行及其分支机构出具的反洗钱监管意见。

（五）中国人民银行要求关注的其他因素。

《金融机构反洗钱和反恐怖融资监督管理办法》

第二十四条　为了有效实施风险为本监管，中国人民银行及其分支机构应当结合国家、地区、行业的洗钱和恐怖融资风险评估情况，在采集金融机构反洗钱和反恐怖融资信息的基础上，对金融机构开展风险评估，及时、准确掌握金融机构洗钱和恐怖融资风险状况。

条文理论延伸

1. 比较法规定

瑞士《联邦打击洗钱和恐怖主义融资法案》第 22 条[①]。

冰岛《关于打击洗钱和恐怖主义融资措施的尽职调查条例》第 9 条[②]。

越南《反洗钱法》第 16 条[③]。

2. 学术研究

王新：《国际社会反洗钱法律规制概览与启示》，载《人民检察》2022年第19期。

[①] Federal Act on Combating Money Laundering and Terrorist Financing, Art. 22a. 1. The Federal Department of Finance (FDF) shall pass on to FINMA, the FGB, the intercantonal authority and the Central Office data which it has received from another State and which have been published by that State on persons and organisations that have been placed on a list in the State concerned on the basis of United Nations Security Council Resolution 1373 (2001) 135 due to terrorist activities or support thereof. （瑞士《联邦打击洗钱和恐怖主义融资法案》第22a条规定：1. 联邦财政部（FDF）应将其从另一国收到的以及该国根据联合国安理会第1373（2001）号决议列入有关国家名单的个人和组织的数据传递给瑞士金融市场监督管理局、FGB、州际当局和中央办公室。）

[②] 冰岛《关于打击洗钱和恐怖主义融资措施的尽职调查条例》第9条规定：与高风险国家/地区的个人和法人进行交易。根据《关于反洗钱和恐怖主义融资措施的法律》第14条规定，负有报告义务的主体在与居住在或设立在风险或不合作状态的个人、法人、信托或其他类似主体进行交易或建立合同关系时，应始终进行加强的尽职调查。风险国家是指第71/2019号法规附件中公布的关于风险第三国的国家，以及监管机构根据《反洗钱和恐怖主义融资措施法》第6条发出警告的国家。

[③] 越南《反洗钱法》第16条规定：对某些交易进行特别监管：1. 申报主体对下列交易实行特别监管：a）价值异常大或复杂的交易；b）与金融特别工作组为反洗钱目的而公布的名单或警告名单上的国家或地区的组织和个人进行交易。2. 举报主体必须审查交易的法律依据和目的；如果对交易的真实性和目的有疑问，举报主体必须对可疑交易进行报告并将其发送给越南国家银行，并可以拒绝此类交易。

第二十五条　行业自律组织

> 履行反洗钱义务的机构可以依法成立反洗钱自律组织。反洗钱自律组织与相关行业自律组织协同开展反洗钱领域的自律管理。
>
> 反洗钱自律组织接受国务院反洗钱行政主管部门的指导。

❖ 条文内容解读

1. 立法意旨

本条是关于规范反洗钱领域行业自律组织的规定。

2. 内容解读

本条是本次修订新增加的条款。

（1）反洗钱自律组织及其建立的必要性

反洗钱自律组织是指在反洗钱工作中，由反洗钱义务机构及其工作人员自愿组成，旨在通过自我约束、自我管理、自我监督的方式，共同推动反洗钱工作有序开展的组织。反洗钱自律组织相较于反洗钱行政主管部门更侧重于行业内的自律、协作，而反洗钱行政主管部门则侧重于整体对反洗钱工作的监管与协调。域外较为成熟的立法经验表明，行业自律组织在金融监管工作中具有重要的辅助作用。

新《反洗钱法》第64条明确了特定非金融机构的范围，包括：提供房屋销售、房屋买卖经纪服务的房地产开发企业或者房地产中介机构，处理特定事务的会计师事务所、律师事务所、公证机构，从事规定金额以上贵金属、宝石现货交易的交易商；另外，考虑到随着社会经济的发展，一些出现的新业态亦可能被用于洗钱活动（如网络直播平台、虚拟货币等），因此第64条第4项对特定非金融机构的范围进行了兜底性规定，即"国务院反洗钱行政主管部门会同国务院有关部门根据洗钱风险状况确定的其他需要履行反洗钱义务的机构"。新《反洗钱法》第25条增加了"反洗钱自律组织"这一角色，主要考虑特定非金融机构涉及行业面广、行业间差别大，由反洗钱行政主管部门实行统一的管理存在跨行业监管成本高、信息不对称、有效性不足等问题，特定非金融机构更加需要相关主管部门的支持和配合，充分发挥行业自律组织的协调监管职能，形成工作合力。

（2）反洗钱自律管理的范围

新《反洗钱法》将反洗钱自律管理的范围明确为"反洗钱自律组织与相关行业自律组织协同开展反洗钱领域的自律管理"，尽可能扩大反洗钱自律管理的范畴，充分考虑了当前各类行业协会不同程度上开展反洗钱自律管理的现实情况。目前，我国部分行业自律组织已经发布了反洗钱领域的指引手册，如中国互联网金融协会发布的《互联网金融从业机构反洗钱和反恐怖融资风险管理及内控框架指引手册》，中国证券投资资金业协会发布的《基金管理公司反洗钱客户风险等级划分标准指引》等，其实质均为反洗钱自律管理活动。

（3）坚持行政主管部门对自律组织的指导

行业自律是以非法律性惩戒为主要手段，对本行业经营者进行规范和约束的自我管理行为，属于一种市场治理方式，涉及行业自律组织、行业市场主体、消费者和政府监管部门四个主体，这些主体相互作用，共同影响自律管理机制的运行。但行业自律管理还存在一些缺陷，需要行政主管部门的"他律"与指导。其缺陷主要有：一是更倾向于维护行业利益而非公众利益；二是监管独立性不足，难以做到完全客观的自律管理；三是缺乏统一协调，在没有行政主管部门统一协调的情况下，行业自律组织可能难以在全国范围内形成有效的监管合力。

因此，与新《反洗钱法》第5条"国务院反洗钱行政主管部门负责全国的反洗钱监督管理工作。国务院有关部门在各自的职责范围内履行反洗钱监督管理职责。国务院反洗钱行政主管部门、国务院有关部门、监察机关和司法机关在反洗钱工作中应当相互配合"的规定相匹配，本条再次强调指导反洗钱自律组织亦是国务院反洗钱行政主管部门工作的一部分，同时也是对反洗钱自律组织服从行政监管从立法角度提出的要求。

条文实务应用

2018年发布的《互联网金融从业机构反洗钱和反恐怖融资管理办法（试行）》提出，建立监督管理与自律管理相结合的反洗钱监管机制。可以认为，新《反洗钱法》关于反洗钱自律组织的规定也是对这一监管机制的肯定。根据新《反洗钱法》，反洗钱义务组织可以设立反洗钱自律组织，和相关行业协会协同开展反洗钱领域的自律管理。中国人民银行将领导和监督反洗钱自律组织的设立和运行。

相关法律法规

《金融机构反洗钱和反恐怖融资监督管理办法》

第七条 金融机构应当在总部层面建立洗钱和恐怖融资风险自评估制度，定期或不定期评估洗钱和恐怖融资风险，经董事会或者高级管理层审定之日起10个工作日内，将自评估情况报送中国人民银行或者所在地中国人民银行分支机构。

金融机构洗钱和恐怖融资风险自评估应当与本机构经营规模和业务特征相适应，充分考虑客户、地域、业务、交易渠道等方面的风险要素类型及其变化情况，并吸收运用国家洗钱和恐怖融资风险评估报告、监管部门及自律组织的指引等。金融机构在采用新技术、开办新业务或者提供新产品、新服务前，或者其面临的洗钱或者恐怖融资风险发生显著变化时，应当进行洗钱和恐怖融资风险评估。

金融机构应当定期审查和不断优化洗钱和恐怖融资风险评估工作流程和指标体系。

条文理论延伸

1. 比较法规定

瑞士《联邦打击洗钱和恐怖主义融资法案》第14条[①]、第24条[②]。

2. 学术研究

吕行：《FATF建议的主要内容与立法启示——兼评〈反洗钱法（修订草案）〉相关立法条款》，载《新疆财经大学学报》2023年第2期。

[①] Federal Act on Combating Money Laundering and Terrorist Financing, Art. 14：Affiliation to a self-regulatory organisation，1. Financial intermediaries within the meaning of Article 2 paragraph 3 must be affiliated to a self-regulatory organisation.（瑞士《联邦打击洗钱和恐怖主义融资法案》第14条规定：隶属于自律组织：1. 第2条第3款所指的金融中介机构必须隶属于自律组织。2. 如果满足以下条件，则第2条第3款所指的金融中介机构有权隶属于自律组织。）

[②] Federal Act on Combating Money Laundering and Terrorist Financing, Art. 24：Recognition，1 Organisations are recognised as self-regulatory organisations if they……（瑞士《联邦打击洗钱和恐怖主义融资法案》第24条规定：1. 如果组织符合以下条件，则被视为自律组织……）

孙婧雯、张燃悦：《注册会计师行业反洗钱现状：一项调查问卷》，载《金融发展评论》2022 年第 8 期。

第二十六条　服务机构及其工作人员

提供反洗钱咨询、技术、专业能力评价等服务的机构及其工作人员，应当勤勉尽责、恪尽职守地提供服务；对于因提供服务获得的数据、信息，应当依法妥善处理，确保数据、信息安全。

国务院反洗钱行政主管部门应当加强对上述机构开展反洗钱有关服务工作的指导。

条文内容解读

1. 立法意旨

本条是关于规范反洗钱各类服务机构及其工作人员的规定。

2. 内容解读

本条是本次修订新增加的条款。

（1）本条义务履行主体包含两类，即提供反洗钱咨询、技术、专业能力评价等服务的机构和相关工作人员

提供反洗钱咨询、技术、专业能力评价等服务的机构既包括第三方服务机构，也包括一些持牌金融机构的子公司。前者运用大数据、人工智能等技术手段，为反洗钱义务主体提供反洗钱相关服务，如客户尽职调查、可疑交易监测等。后者则依托母公司既有的金融资源和技术实力，为反洗钱义务主体提供反洗钱解决方案。这些机构通常具备专业的反洗钱知识和经验，能够为客户提供全面的反洗钱咨询服务，在反洗钱工作中发挥着重要作用，有助于提高反洗钱义务主体对反洗钱工作的认识和理解，增强其反洗钱风险防范能力。新《反洗钱法》在明确机构履行相关义务的同时，特别强调了机构相关工作人员，意在强调机构相关工作人员因职务行为获取、了解到的信息，应当依法妥善处理。

（2）基本工作原则：勤勉尽责、恪尽职守

勤勉尽责和恪尽职守这两个概念，在多部法律法规中有所体现。就勤勉

尽责而言，通常出现在对职业行为或专业服务的规范性要求中，要求相关人员在履行职责时必须认真负责、勤勉努力。恪尽职守更多地体现为一种职业道德和职业精神，强调对职责的坚守和忠诚。体现上述原则、语境相近的法条规定还有很多，可见新《反洗钱法》在修订时，在立法技术上参照了其他监管领域现有规定，要求相关机构和人员在工作中要保持高度的责任心和敬业精神，确保工作质量和效率，较为科学、符合实践要求。

（3）依法妥善处理，确保数据、信息安全为本条的重要义务内容

在数字时代，随着互联网、大数据、云计算、人工智能等技术的快速发展，数据作为数字经济时代重要的生产要素，其价值日益凸显。然而，数据泄露、数据篡改、数据滥用等安全风险也随之而来。因此，确保数据安全和信息安全已成为维护国家安全、社会稳定和经济发展的重要基石。由此，有关数据安全和个人信息保护的法律规定不断发布，其中与信息平台、信息处理者相关联的条款主要有：《中华人民共和国数据安全法》第32条规定："任何组织、个人收集数据，应当采取合法、正当的方式，不得窃取或者以其他非法方式获取数据……"《中华人民共和国个人信息保护法》第58条规定："提供重要互联网平台服务、用户数量巨大、业务类型复杂的个人信息处理者，应当履行下列义务：（一）按照国家规定建立健全个人信息保护合规制度体系，成立主要由外部成员组成的独立机构对个人信息保护情况进行监督；（二）遵循公开、公平、公正的原则，制定平台规则，明确平台内产品或者服务提供者处理个人信息的规范和保护个人信息的义务；（三）对严重违反法律、行政法规处理个人信息的平台内的产品或者服务提供者，停止提供服务；（四）定期发布个人信息保护社会责任报告，接受社会监督"；《中华人民共和国刑法》第253条之一规定："……违反国家有关规定，将在履行职责或者提供服务过程中获得的公民个人信息，出售或者提供给他人的，依照前款的规定从重处罚……"

条文实务应用

近年来，各类服务机构深度参与了反洗钱咨询、评估、审计、技术等领域的工作，如律师事务所、会计师事务所、软件开发公司和咨询公司。其中，按照新《反洗钱法》的规定，律师事务所和会计师事务所同时也属于"特定非金融机构"范畴，自身亦负有反洗钱义务，但其他服务机构及其工

作人员尚且没有制度约束。新《反洗钱法》在法律层面首次提出"服务机构"应在服务过程中勤勉尽责、恪尽职守，并对获取的数据、信息妥善处理、保密，有利于更加全面地防范各类机构履行反洗钱义务、参与反洗钱监测活动过程中产生的次生风险，维护金融安全。

相关法律法规

《中华人民共和国证券法》

第一百六十条第一款　会计师事务所、律师事务所以及从事证券投资咨询、资产评估、资信评级、财务顾问、信息技术系统服务的证券服务机构，应当勤勉尽责、恪尽职守，按照相关业务规则为证券的交易及相关活动提供服务。

《中华人民共和国证券投资基金法》

第一百零七条　基金服务机构应当勤勉尽责、恪尽职守，建立应急等风险管理制度和灾难备份系统，不得泄露与基金份额持有人、基金投资运作相关的非公开信息。

《中华人民共和国信托法》

第二十五条第二款　受托人管理信托财产，必须恪尽职守，履行诚实、信用、谨慎、有效管理的义务。

《金融机构反洗钱和反恐怖融资监督管理办法》

第九条　金融机构应当设立专门部门或者指定内设部门牵头开展反洗钱和反恐怖融资管理工作。

金融机构应当明确董事会、监事会、高级管理层和相关部门的反洗钱和反恐怖融资职责，建立相应的绩效考核和奖惩机制。

金融机构应当任命或者授权一名高级管理人员牵头负责反洗钱和反恐怖融资管理工作，并采取合理措施确保其独立开展工作以及充分获取履职所需权限和资源。

金融机构应当根据本机构经营规模、洗钱和恐怖融资风险状况和业务发展趋势配备充足的反洗钱岗位人员，采取适当措施确保反洗钱岗位人员的资质、经验、专业素质及职业道德符合要求，制定持续的反洗钱和反恐怖融资培训计划。

第三章 反洗钱义务

第二十七条 金融机构反洗钱内控制度

> 金融机构应当依照本法规定建立健全反洗钱内部控制制度，设立专门机构或者指定内设机构牵头负责反洗钱工作，根据经营规模和洗钱风险状况配备相应的人员，按照要求开展反洗钱培训和宣传。
>
> 金融机构应当定期评估洗钱风险状况并制定相应的风险管理制度和流程，根据需要建立相关信息系统。
>
> 金融机构应当通过内部审计或者社会审计等方式，监督反洗钱内部控制制度的有效实施。
>
> 金融机构的负责人对反洗钱内部控制制度的有效实施负责。

条文内容解读

1. 立法意旨

本条是关于金融机构建立反洗钱内部控制制度义务的有关规定。

2. 演变历程

本条可追溯至 2006 年《反洗钱法》第 15 条："金融机构应当依照本法规定建立健全反洗钱内部控制制度，金融机构的负责人应当对反洗钱内部控制制度的有效实施负责。金融机构应当设立反洗钱专门机构或者指定内设机构负责反洗钱工作。"该条对反洗钱内部控制制度进行了基础性规定，但内容相对简洁，仅规定了内部控制制度的建立、负责人责任及设立专门机构或内设机构，未涉及操作细则与具体管理要求。

新《反洗钱法》第 27 条对原条文进行了较大幅度的充实和细化。在保留原有内部控制制度和负责人责任的基础上，新法明确要求金融机构根据经营规模和洗钱风险状况配备相应人员，设立专门机构或指定内设机构牵头负责反洗钱工作，同时开展反洗钱培训和宣传。新法进一步规定金融机构应定期评估洗钱风险状况，制定相应的风险管理制度和流程，根据需要建立相关信息系统。为确保内部控制制度的有效实施，新法还新增了通过内部审计或社会审计等方式进行监督的要求。总体而言，新《反洗钱法》在原有规定的基础上，细化了内部控制制度的具体要求，加强了对反洗钱工作的风险管理、信息系统建设、人员配备及监督机制的制度保障。

3. 内容解读

首先，从本条文各条款的核心内容和逻辑出发，第 27 条的 4 款内容各有侧重，各自是金融机构反洗钱管理体系的一个侧面，但一同形成了"制度建设—风险评估—监督审计—高管责任"这样一个相对完善的逻辑闭环。

本条第 1 款是对金融机构的组织架构与人员配置的要求。第 1 款强调了金融机构建立反洗钱内部控制制度的基本要求，明确了责任主体和组织架构。金融机构必须按照法律规定，设立专门的反洗钱机构或指定负责部门，以确保反洗钱工作的系统性和专业性。同时，该款还要求金融机构根据自身的经营规模和洗钱风险状况合理配置人员，这一要求体现了"以风险为导向"原则，即金融机构的合规资源投入应与其所面临的洗钱风险程度相匹配，而非一刀切。此外，本款还特别强调了反洗钱培训和宣传的重要性，要求金融机构持续提升员工的专业素养，使其能够识别洗钱风险并采取必要的防范措施。整体而言，这一款确立了金融机构反洗钱管理的组织体系，确保有明确的责任主体和合适的人力资源配置，以推动制度落地执行。

第 2 款则规定了洗钱风险评估与信息系统建设有关的内容，进一步细化了反洗钱工作的实务要求，强调金融机构应当定期评估洗钱风险，并据此制定科学合理的风险管理制度和操作流程。这表明反洗钱合规工作不仅仅依赖于事后的监管和审查，而是需要基于对行业环境、客户结构、交易模式等因素的动态分析，主动识别和防范潜在风险。此外，本款还规定了信息系统建设的要求，明确金融机构应"根据需要"建立相关信息系统，以支持反洗钱工作的开展。在大数据、人工智能等技术迅速发展的背景下，金融机构越来越依赖于科技手段进行可疑交易监测、风险识别和数据分析。因此，本款不仅强调了制度和流程的建立，也为技术手段的应用留出了灵活空间，鼓励金融机构利用科技手段优化合规工作，提高风险监测的效率和精准度。

第3款针对反洗钱制度的执行监督问题，提出了金融机构应当通过内部审计或社会审计等方式来确保制度的有效实施。这一要求强调了"检查与平衡"（checks and balances）机制，避免金融机构仅在制度层面履行合规义务，而缺乏对实际执行效果的监督。内部审计主要由金融机构自身的合规团队进行，具有较强的内部控制属性，而社会审计则是指聘请外部机构进行独立评估，以保证监督的客观性和权威性。本款的要求有助于防止"形式合规"问题，即金融机构在政策层面符合法规要求，但在实际操作中存在执行不到位或监管盲区的情况。通过审计机制的引入，可以及时发现和纠正合规漏洞，确保反洗钱制度的有效性和持续改进。通过内部以及社会的审计来监督反洗钱内部控制制度的施行，实质上也是"以风险为导向"理念的体现。

第4款明确了金融机构负责人的最终责任，即对反洗钱内部控制制度的有效实施承担直接责任。这一规定符合国际反洗钱的监管趋势，即强化高管在合规管理中的角色，防止将反洗钱责任简单推给合规部门或基层员工。在实践中，金融机构的高管往往决定了反洗钱工作的战略方向和资源配置，因此，只有当高管对反洗钱制度的执行效果负责，合规管理才可能得到真正落实。这一款规定意味着，如果金融机构因反洗钱合规问题受到处罚，其高管可能需要承担个人责任，甚至面临禁业、罚款或刑事责任。这一要求不仅对金融机构的治理结构提出了更高的要求，也促使高管主动推动合规文化的建设，而非仅仅视其为监管要求的被动应对。

第27条第1款确立了组织架构，确保反洗钱工作有明确的责任主体；第2款提出了基于风险评估的管理制度和技术支持，确保反洗钱工作能够精准识别和应对风险；第3款通过审计机制强化了制度的执行监督，防止形式主义和执行缺失；第4款则通过高管问责机制，确保反洗钱责任最终落实到最高决策层，形成"自上而下"的管理体系。整体来看，本条的立法思路是通过全流程的管控措施，确保金融机构的反洗钱义务从制度建设到执行监督的各个环节都得到有效落实，提升了我国金融体系的合规能力和反洗钱工作的整体效能。

从金融机构在反洗钱工作中的重要性来说，新《反洗钱法》第 27 条围绕金融机构的反洗钱内部控制制度展开规定，明确要求其在内部治理结构中嵌入系统化的反洗钱机制。金融机构作为金融体系的重要组成部分，其资金流动性强、交易链条复杂，极易成为洗钱活动的目标。因此，仅依靠外部监管部门的监督检查难以满足反洗钱工作的要求。立法通过确立金融机构的内部控制制度，使其在履行反洗钱义务时具备主动性和体系化保障。这一制度要求金融机构从组织架构上设立专门机构或指定负责部门，以确保反洗钱工作的独立性和专业性；从资源配置上，根据经营规模和洗钱风险状况配备相应人员，保证合规工作的可执行性；从机制建设上，定期评估洗钱风险，制定相应的管理制度和流程，并根据需要建立信息系统，提高风控能力。此外，法律进一步要求金融机构通过内部审计或社会审计等方式监督制度实施情况，并明确金融机构负责人承担最终责任，确保反洗钱工作的有效落地。通过这一制度设计，金融机构不仅成为反洗钱监管的执行者，更承担起第一道防线的作用，形成"外部监管+内部控制"双重合力，以构建更加完善的反洗钱体系。

从本条文与新《反洗钱法》其他条文的关系来看：

第 27 条与第 6 条为"总则与具体规定"的层层递进逻辑关系。第 6 条作为反洗钱法的基本原则性条款，确立了金融机构和特定非金融机构的反洗钱义务框架，明确了应履行的核心义务，包括预防、监控、建立内部控制制度、客户尽职调查、交易记录保存、大额和可疑交易报告等内容，而第 27 条则是对其中"反洗钱内部控制制度"这一核心义务的细化规定，具体阐述了金融机构如何建立内部控制制度、如何配备人员、如何开展风险评估、如何利用信息系统，以及如何通过审计和高管责任确保制度的有效实施。换言之，第 6 条规定了金融机构必须履行的整体反洗钱义务，而第 27 条则进一步明确了在组织架构、管理机制和执行保障层面，金融机构如何落地执行"内部控制"这一核心要求，两者形成了从宏观原则到微观执行的衔接关系，确保反洗钱制度既有法律依据，又有可操作性的实施路径。

新《反洗钱法》第 27 条不仅确立了金融机构反洗钱内部控制制度的核心要求，同时也为第 52 条所规定的违法违规处罚情形提供了直接的法律依据。

第 27 条明确要求金融机构建立健全反洗钱内部控制制度，涵盖设立专门机构或指定内设机构牵头负责反洗钱工作、配备相应人员、开展风险评估与管理、建立信息系统、实施内部审计，以及开展反洗钱培训等多个方面。这些要求并非仅仅是合规指引，而是具有法律强制性，金融机构若未能有效履行这些义务，将直接面临第 52 条所列的处罚。第 52 条的各项处罚情形几乎全部对应于第 27 条的规定。例如，第 27 条要求金融机构设立专门机构或指定内设机构牵头负责反洗钱工作，若机构未按规定履行此义务，则属于第 52 条第 2 项的处罚范围。同样，第 27 条规定金融机构应当定期评估洗钱风险，制定相应的风险管理制度，而第 52 条第四项则针对未开展此项工作的情况设定了明确的惩戒措施。此外，信息系统建设、内部审计、反洗钱培训等要求也在第 52 条中有对应的违规处罚标准。

这一法律体系的设计，使得第 27 条不仅是对金融机构的合规要求，同时也成为监管机构行使处罚权的重要法律基础。通过这种"前端设立义务—后端明确处罚"的方式，立法确保了反洗钱工作不仅仅停留在规则层面，而能够通过法律的强制性约束金融机构履行合规职责，形成更加严密的监管闭环。

❖ 条文实务应用

首先，金融机构应当建立专门的内部反洗钱合规管理架构：金融机构应设立独立的反洗钱合规管理架构，以确保反洗钱工作能够有效执行。机构应设立专门的反洗钱部门，或指定合规部门牵头负责反洗钱事务，并向董事会或高级管理层直接汇报。高管应对反洗钱工作承担最终责任，并定期听取反洗钱工作汇报。此外，金融机构应制定完善的反洗钱政策文件，涵盖客户尽职调查（CDD）、交易监测、可疑交易报告（STR）等内容，确保合规政策有具体可执行的操作流程，并符合监管要求。

其次，定期评估洗钱风险，制定和优化风险管理制度：洗钱风险是动态变化的，金融机构应定期开展全面的洗钱风险评估（RA, Risk Assessment），并根据评估结果调整反洗钱政策。评估应涵盖客户类型、交易模式、资金来源、业务产品和地域因素等核心要素，并建立客户风险评级体系，以区分高、中、低风险客户。对于高风险领域，如跨境支付、虚拟资产、贵金属交易等，金融机构应制定专门的风险控制措施，并加强交易监测。此外，应建立风险预警机制，确保机构能够及时识别并响应新兴洗钱风险。

最后，确保高管对反洗钱制度的落实承担最终责任：金融机构的高管层在反洗钱工作中承担着关键角色，应确保制度的有效执行，并直接参与反洗钱战略的制定。高管应建立定期汇报机制，要求反洗钱合规负责人向董事会或管理层提交报告，以便及时掌握风险状况。同时，高管层应确保机构内部合规文化的建设，强调反洗钱工作的优先级。此外，考虑到《反洗钱法》第52条的规定，若金融机构高管能够证明自己已勤勉尽责采取反洗钱措施，可免除法律责任，因此高管应记录自身参与反洗钱工作的情况，以降低法律风险。

❊ 条文理论延伸

1. 比较法规定

英国的《反洗钱、反恐融资和资金转移条例2017》（MLR 2017）要求金融机构必须建立风险导向的反洗钱合规体系，确保高风险客户接受强化尽职调查（EDD）。[①]

[①] UK, The Money Laundering, Terrorist Financing and Transfer of Funds (Information on the Payer) Regulations, 34. — (1) A credit institution or financial institution (the "correspondent") which has or proposes to have a correspondent relationship with another such institution (the "respondent") from a third country must, in addition to the measures required by regulation 33— (a) gather sufficient information about the respondent to understand fully the nature of its business; (b) determine from publicly-available information from credible sources the reputation of the respondent and the quality of the supervision to which the respondent is subject; (c) assess the respondent's controls to counter money laundering and terrorist financing; (d) obtain approval from senior management before establishing a new correspondent relationship; (e) document the responsibilities of the respondent and correspondent in the correspondent relationship; and (f) be satisfied that, in respect of those of the respondent's customers who have direct access to accounts with the correspondent, the respondent— (i) has verified the identity of, and conducts ongoing customer due diligence measures in relation to, such customers; and (ii) is able to provide to the correspondent, upon request, the documents or information obtained when applying such customer due diligence measures. (英国《反洗钱、反恐融资和资金转移条例》第34条 代理行业务关系的尽职调查要求 (1) 信贷机构或金融机构（以下简称对应方）若已建立或拟与第三国的另一家同类机构（以下简称被对应方）建立代理行业务关系，除须遵守该条例第33条规定的措施外，还须满足以下要求：(a) 收集充分信息：全面了解被对应方业务性质的相关信息；(b) 评估声誉与监管质量：根据公开可信来源的信息，确定被对应方的声誉及其所受监管的有效性；(c) 评估反洗钱与反恐融资措施：评估被对应方为打击洗钱和恐怖主义融资所实施的控制措施；(d) 高级管理层批准：在建立新代理行业务关系前，须获得高级管理层批准；(e) 明确职责划分：记录代理行业务关系中双方（被对应方与对应方）的职责；(f) 确保客户尽职调查：针对被对应方客户中可直接使用对应方账户的客户，对应方须确保：(i) 被对应方已核实此类客户身份并持续实施客户尽职调查措施；(ii) 被对应方能够应要求向对应方提供其通过客户尽职调查措施获取的文件或信息。

2. 学术研究

赵长明、尹荣：《优化商业银行反洗钱内控制度》，载《中国金融》2024年第17期。

熊海帆：《对商业银行反洗钱内控制度建设的思考》，载《浙江金融》2008年第1期。

第二十八条　建立客户尽职调查制度

> 金融机构应当按照规定建立客户尽职调查制度。
> 金融机构不得为身份不明的客户提供服务或者与其进行交易，不得为客户开立匿名账户或者假名账户，不得为冒用他人身份的客户开立账户。

条文内容解读

1. 立法意旨

本条是关于客户尽职调查制度的总体规定以及金融机构的禁止性义务。

2. 演变历程

本条可追溯至2006年《反洗钱法》的客户身份识别制度。2006年《反洗钱法》第16条第1款规定"金融机构应当按照规定建立客户身份识别制度"，第16条第5款规定："金融机构不得为身份不明的客户提供服务或者与其进行交易，不得为客户开立匿名账户或者假名账户。"第16条第7款则规定："任何单位和个人在与金融机构建立业务关系或者要求金融机构为其提供一次性金融服务时，都应当提供真实有效的身份证件或者其他身份证明文件。"这两款被整合成为新《反洗钱法》第28条第2款的直接依据。

《中国人民银行关于进一步加强金融机构反洗钱工作的通知》首次在法律法规中提及"客户尽职调查"，但此时"客户尽职调查"被视为"客户身份识别"的一种手段。

本次修订一是将"客户身份识别"制度升级为更为全面的"客户尽职调查"制度，要求金融机构建立客户尽职调查机制并作为反洗钱义务之一；

二是在第 2 款保留了 2006 年《反洗钱法》第 16 条第 5 款两种禁止性规定的基础上，将第 7 款的内容整合进末句"不得为冒用他人身份的客户开立账户"。

3. 内容解读

客户尽职调查也称"了解你的客户"制度（Know Your Costumers，简称 KYC）是新《反洗钱法》的四大反洗钱义务之一，具体规定罗列于第 28 条至第 40 条，本条是该制度的统领性规定。本次修订将静态的"客户身份识别"升级为动态且全面的"客户尽职调查"，这既是金融机构洗钱风险管理的重点，也是"风险为本"的监管理念的基本体现。"风险为本"和"客户尽职调查"是 FATF 一直提倡的做法，本次修法也体现了我国致力于提升反洗钱工作国际化水平，加强反洗钱领域国际合作，对提高参与国际金融治理能力具有重要意义。

（1）"客户尽职调查"与"客户身份识别"比较

总的来说，两者都是为了防范和控制洗钱风险，确保金融机构的业务安全和合规，但两者各有侧重：客户尽职调查不仅包括核实客户身份，还涉及对客户背景、资金来源、交易目的、关联关系等方面的全面调查。例如，对于一家大型企业客户，金融机构除确认企业的注册信息外，还要了解其主要股东、实际控制人、资金往来对象、经营活动范围、行业风险等诸多因素；客户身份识别主要侧重于核实客户的基本身份信息，如姓名、地址、身份证件号码等。这是金融机构开展业务的基础环节，目的是确保客户身份的真实性，防止身份欺诈等违法犯罪行为。例如，银行在为客户开立账户时，要求客户提供身份证原件，并通过联网核查系统验证身份信息的准确性。两者的具体区别如下。

表 3.1　客户身份识别与客户尽职调查对比

比较维度	客户身份识别	客户尽职调查
调查范围	关注客户身份信息的收集与验证，如姓名、身份证号码、联系方式等基本要素	除核实客户身份外，还包括了解客户的职业或经营背景、交易目的、交易性质，以及资金来源和用途等
风险评估	相对较少涉及风险评估，主要确保客户身份的真实性	强调风险为本的方法，根据客户风险的具体程度，采取不同的尽职调查措施，如强化尽职调查、简化尽职调查等

续表

比较维度	客户身份识别	客户尽职调查
持续性	在业务关系存续期间，主要关注客户及其日常经营活动、金融交易情况，及时提示客户更新资料信息	是一个持续的过程，要求在业务关系存续期间，对客户采取持续的尽职调查措施，审查客户状况及其交易情况，以确认为客户提供的各类服务和交易符合金融机构对客户身份背景、业务需求、风险状况，以及对其资金来源和用途等方面的认识
应用场景	通常用于客户准入阶段，如开户时的身份验证	不仅用于客户准入阶段，还广泛应用于业务关系存续期间的风险管理和监测，特别是在高风险客户和复杂交易中

（2）客户接纳原则

新旧《反洗钱法》均有直接表明对于部分客户不得提供服务的规定，这部分规定被统称为客户接纳原则。在客户接纳原则中，本次修法在保留原有两项禁止性规定的情况下，新增"不得为冒用他人身份的客户开立账户"规定，这使得客户接纳原则的风险控制更加全面。这意味着金融机构需要更新客户身份验证流程，补充对冒用他人身份开户行为的识别和防范措施，防范"借名开户"等违规情形发生。具体而言有以下三个方面的要求。

第一，不得为身份不明的客户提供服务或者与其进行交易。在金融交易中，确保交易双方身份明确是防范洗钱、恐怖融资等违法犯罪活动的重要措施。身份不明的客户可能涉及非法资金来源或用于非法目的的交易。金融机构在与客户建立业务关系，如开设银行账户、提供贷款服务、进行证券交易等，或进行特定金额以上的一次性金融交易，像大额现金汇款等情况时，必须先明确客户的真实身份。如果无法确认客户是谁，金融机构不能为其办理相关业务。

第二，不得为客户开立匿名账户或者假名账户。匿名和假名账户常被不法分子用于隐藏资金来源和去向，逃避监管和法律追究。禁止开立此类账户，能够增加金融交易的透明度，使监管机构和金融机构可以追踪资金流向，及时发现和阻止违法犯罪活动。

第三，不得为冒用他人身份的客户开立账户。冒用他人身份开立账户是身份盗窃和欺诈的常见形式。这种行为不仅侵犯了被冒用者的合法权益，还可能被用于洗钱、诈骗等非法活动。金融机构在开立账户时，必须核实客户身份信息的真实性，确保客户是其声称的本人。

❋ 条文实务应用

1. 实务指南

（1）建立并修订完善客户尽职调查内部管理制度

银行等金融机构若尽职调查内部管理制度不完善，有内控缺失的风险。应当根据客户尽职调查的相关规定，建立并修订完善内部管理制度，通过相关文件的修订建立标准化操作流程以实现客户尽职调查全覆盖，建立规范的尽职调查流程，明确各环节的责任和操作要求，确保尽职调查工作的全面性和准确性，为客户尽职调查提供明确指引。

（2）加强客户身份识别工作

监管中，身份识别缺失将会导致行政处罚。金融机构在与客户建立业务关系或进行交易前，必须严格核实客户的身份信息，确保客户身份的真实性和有效性，应当通过来源可靠、独立的证明文件、数据或者信息核实客户身份。金融机构必须确保账户持有人的身份信息真实、准确，并在系统中进行记录。在开立账户时，必须核实客户身份信息的真实性，确保客户是其声称的本人，同时应采取多种措施，如生物识别技术、多重身份验证等，防止冒用他人身份的行为。

2. 典型案例

华某与中国银行保险监督管理委员会某监管局等行政纠纷[①]

案情简介：

华某事发当日在某银行某支行使用临时身份证办理业务，其间，某银行某支行的工作人员根据某银行制定的有关客户身份识别、联网核查的操作规程，要求华某提供辅助身份证明材料。华某认为，在法律未有明确规定持临时身份证不可办理相关业务的情况下，银行无权对客户增设负担。2019年8月30日，某银保监局收到华某关于某银行某支行存在违规问题的投诉材料，

---

① 北京市第二中级人民法院行政判决书（2020）京02行终1132号，载中国裁判文书网，2025年5月14日访问。

反映华某使用临时身份证办理账户信息查询业务时，银行工作人员要求其提供辅助身份证明。2019年9月4日，某银保监局决定受理举报，向华某作出并送达《银行业消费者投诉受理告知书》。

2019年9月29日，某银保监局作出《银行业消费者投诉事项回复函》，主要内容为："某银行某支行在为你办理业务时，由于当日你的临时身份证联网核查结果未能显示照片信息，该支行工作人员根据《中华人民共和国反洗钱法》《金融机构客户身份识别和客户身份资料及交易记录保存管理办法》等相关规定，同时，为了保护客户隐私，避免在未明确识别客户身份的情况下泄露客户账户信息，因此要求提供辅助证件，以进一步识别你的身份信息。我局经核查，未发现某银行某市分行、某银行某支行存在违法违规行为。"华某不服，向银保监会申请行政复议。银保监会于2019年12月24日作出《行政复议决定书》（以下简称被诉复议决定），维持了被诉回复函。华某向一审法院诉称，《反洗钱法》、《金融机构客户身份识别和客户身份资料及交易记录保存管理办法》均未对持临时身份证的客户需要提供辅助证件进行规定。

裁判要旨：

某银行某支行工作人员的操作并未违反某银行制定的内部规定，亦未违反《反洗钱法》以及《金融机构客户身份识别和客户身份资料及交易记录保存管理办法》等外部监管制度的规定。某银保监局收到华某的投诉后，依法进行调查核实，在查清上述情况后，对华某作出被诉回复函，该回复函认定事实清楚，适用法律正确，程序合法。

案件评析：

银行等金融机构应当依据其内部规定，以及《反洗钱法》《金融机构客户身份识别和客户身份资料及交易记录保存管理办法》进行客户身份识别与客户尽职调查，全面了解客户信息。为查明身份所进行的适当额外核查并不违反法律规定，公民应当给予配合。

❖ 相关法律法规

《金融机构反洗钱规定》

第九条 金融机构应当按照规定建立和实施客户身份识别制度。

（一）对要求建立业务关系或者办理规定金额以上的一次性金融业务的客户身份进行识别，要求客户出示真实有效的身份证件或者其他身份证明文件，进行核对并登记，客户身份信息发生变化时，应当及时予以更新；

（二）按照规定了解客户的交易目的和交易性质，有效识别交易的受益人；

（三）在办理业务中发现异常迹象或者对先前获得的客户身份资料的真实性、有效性、完整性有疑问的，应当重新识别客户身份；

（四）保证与其有代理关系或者类似业务关系的境外金融机构进行有效的客户身份识别，并可从该境外金融机构获得所需的客户身份信息。

前款规定的具体实施办法由中国人民银行会同中国银行业监督管理委员会、中国证券监督管理委员会和中国保险监督管理委员会制定。

《证券公司反洗钱工作指引》

第九条 证券公司应当勤勉尽责，根据《中华人民共和国反洗钱法》、《金融机构客户身份识别和客户身份资料及交易记录保存管理办法》和《证券公司开立客户账户规范》等有关规定，建立健全客户身份识别制度，遵循"了解您的客户"的原则，开展客户身份识别、重新识别和持续识别工作。

客户资金账户必须为实名制账户，客户资金账户对应的各类证券账户、开放式基金账户、衍生产品账户等各类账户应与客户的资金账户名实相符。

第十条 在与客户的业务关系存续期间，证券公司应当采取持续的客户身份识别措施，关注客户及其日常交易情况，及时提示客户更新资料信息。

客户先前提交的身份证件或者身份证明文件已过有效期的，应当要求客户进行更新。客户没有在合理期限内更新且没有提出合理理由的，应当按照法律规定或与客户事先约定，对客户采取限制办理新业务、限制撤销指定交易、限制转托管或者限制资金转出等措施。

《证券期货业反洗钱工作实施办法》

第十三条 证券期货经营机构在为客户办理业务过程中，发现客户所提供的个人身份证件或机构资料涉嫌虚假记载的，应当拒绝办理；发现存在可疑之处的，应当要求客户补充提供个人身份证件或机构原件等足以证实其身份的相关证明材料，无法证实的，应当拒绝办理。

❖ 条文理论延伸

1. 比较法规定

欧盟《反洗钱指令（*Directive*（*EU*）2015/849）》第11条[①]，2024年版。

2. 学术研究

蔡宁伟：《从客户身份识别向客户尽职调查的转型——兼评反洗钱"四大核心义务"的传承与发展》，载《征信》2023年第4期。

蔡宁伟、贾帅帅：《客户身份识别与客户尽职调查的国际监管溯源——基于合规与反洗钱视角的对标与辨析》，载《开发性金融研究》2024年第4期。

[①] Consolidated text: Directive (EU) 2015/849 of the European Parliament and of the Council of 20 May 2015 on the prevention of the use of the financial system for the purposes of money laundering or terrorist financing, amending Regulation (EU) No 648/2012 of the European Parliament and of the Council, and repealing Directive 2005/60/EC of the European Parliament and of the Council and Commission Directive 2006/70/EC (Text with EEA relevance)

Member States shall ensure that obliged entities apply customer due diligence measures in the following circumstances: (a) when establishing a business relationship; (b) when carrying out an occasional transaction that: (i) amounts to EUR 15 000 or more, whether that transaction is carried out in a single operation or in several operations which appear to be linked; or (ii) constitutes a transfer of funds, as defined in point (9) of Article 3 of Regulation (EU) 2015/847 of the European Parliament and of the Council (15), exceeding EUR 1 000; (c) in the case of persons trading in goods, when carrying out occasional transactions in cash amounting to EUR 10 000 or more, whether the transaction is carried out in a single operation or in several operations which appear to be linked; (d) for providers of gambling services, upon the collection of winnings, the wagering of a stake, or both, when carrying out transactions amounting to EUR 2 000 or more, whether the transaction is carried out in a single operation or in several operations which appear to be linked; (e) when there is a suspicion of money laundering or terrorist financing, regardless of any derogation, exemption or threshold; (f) when there are doubts about the veracity or adequacy of previously obtained customer identification data. (《反洗钱指令（Directive（EU）2015/849）》第11条："各成员国应确保义务实体在下列情况下实施客户尽职调查措施：（a）建立业务关系时；（b）开展符合以下条件的临时交易时：（i）交易金额达到15,000欧元或以上，无论该交易以单次操作还是看似相关联的多次操作形式进行；或（ii）构成欧洲议会和理事会第2015/847号（欧盟）条例第3条第（9）款定义的资金转移，且金额超过1,000欧元；（c）针对从事商品交易的人员，当其以现金形式开展金额达10,000欧元或以上的临时交易时，无论该交易以单次操作还是看似相关联的多次操作形式进行；（d）对于赌博服务提供商，在收取奖金、投注赌金或两者兼具时，若交易金额达2,000欧元或以上，无论该交易以单次操作还是看似相关联的多次操作形式进行；（e）存在洗钱或恐怖融资嫌疑时，无论存在任何减损、豁免或门槛规定；（f）对先前获取的客户身份识别数据的真实性或充分性存疑时"）

第二十九条　客户尽职调查义务

有下列情形之一的，金融机构应当开展客户尽职调查：

（一）与客户建立业务关系或者为客户提供规定金额以上的一次性金融服务；

（二）有合理理由怀疑客户及其交易涉嫌洗钱活动；

（三）对先前获得的客户身份资料的真实性、有效性、完整性存在疑问。

客户尽职调查包括识别并采取合理措施核实客户及其受益所有人身份，了解客户建立业务关系和交易的目的，涉及较高洗钱风险的，还应当了解相关资金来源和用途。

金融机构开展客户尽职调查，应当根据客户特征和交易活动的性质、风险状况进行，对于涉及较低洗钱风险的，金融机构应当根据情况简化客户尽职调查。

条文内容解读

1. 立法意旨

本条是应当展开客户尽职调查的情形及强化、简化尽职调查。

2. 演变历程

第 29 条第 1 款规定了应当采取客户尽职调查措施的几种情形，吸收了 40 项建议第 10 条建议的内容。对本次《反洗钱法》修订内容产生了重大影响。

3. 内容解读

本条第 1 款新增需采取客户尽职调查措施尽职调查的情形。第 1 项规定对于规定金额以上的一次性金融服务，大额资金的流动可能存在较高风险，通过尽职调查可及时识别异常交易，防止非法资金借助此类服务流入金融体系。至于"规定金额"数额大小的把控，需综合尽职调查成本、正常交易水平多方面因素，并参考国际惯例考量。第 2 项规定有合理怀疑即启动尽职调查，赋予金融机构较高的审慎注意义务，对可疑交易进行检测。同时金融机构的证明责任较低只需达到合理怀疑即可启动尽职调查。第 3 项规定针对客户身份资料尽职调查。金融机构在后续业务开展过程中，若发现之前获取的客户身份资料存在疑点，需再次开展客户尽职调查。客户身份资料是金融机构进行风险评估和交易监测的基础，确保其真实、有效、完整至关重要。若资料存在问题，金融机构可能面临误判风险，无法准确识别客户风险状况，可能导致非法资金在不知情的情况下通过金融体系流转。

本条第 2 款新增需开展强化尽职调查的情形明确高风险客户需了解资金来源和用途，并新增识别"受益所有人"条款。"受益所有人"的规则于本法第 19 条、第 29 条、第 59 条共同规定。三者的关系在于：第 19 条规定，金融机构应当采取合理措施识别受益所有人，并将识别结果作为客户身份资料的一部分予以保存。这一规定旨在从源头上把控客户的真实背景，避免不法分子通过复杂的股权结构或代理关系隐藏真实的受益主体，利用金融机构进行洗钱等违法活动。第 29 条除强调在高风险客户情形下需了解资金来源用途并识别受益所有人外，还表明客户在尽职调查过程中，识别受益所有人是关键环节，金融机构需采取合理措施核实其身份，为后续的风险评估和监管提供坚实基础。而第 59 条明确了未按照规定识别受益所有人等行为相应的法律责任。

本条第 3 款规定特定情形下可以简化尽职调查。这一规定体现了反洗钱工作中"风险为本"的核心原则，旨在让金融机构在有效防控洗钱风险的同时，合理分配资源，提升工作效率。金融机构开展客户尽职调查并非采用"一刀切"的模式，而是要综合考量客户特征（如客户身份、职业、背景等），以及交易活动的性质（如业务类型、交易方式等）和风险状况（如资金来源、交易频率与金额等）。这意味着对于不同风险程度的客户和交易，实施有针对性的尽职调查措施。当判断客户及相关交易涉及较低洗钱风险时，金融机构有权根据实际情况简化客户尽职调查。这种简化并非随意为之，而是在确保能够有效识别和管理风险的前提下，对尽职调查流程和要求进行适当的优化。金融机构每天处理大量客户业务，资源有限。通过区分风险程度，对低风险客户简化尽职调查，能够使金融机构将更多精力和资源集中在高风险客户和交易上，精准打击洗钱活动，整体上提升反洗钱的工作效率。

条文实务应用

1. 实务指南

风险识别是尽职调查的前提，风险识别不当将导致尽职调查难以开展。针对达到特定金额的情形，金融机构需制定明确的业务流程，针对不同类型业务和服务触发尽职调查的金额，明确尽职调查的具体措施和要求。针对怀疑涉及洗钱风险的情况，建立完善的可疑交易监测分析系统，运用大数据分析、模型预警等技术手段，结合自身业务经验和行业知识，识别可疑交易。针对身份资料存疑的情形，应建立客户身份资料定期复查和动态更新机制。当对身份资料产生疑问时，首先通过多种渠道核实疑问信息，如向相关政府部门、第三方信用机构查询。对于关键信息存疑的，应要求客户重新提供有效证明文件，并对客户其他相关信息进行全面复查，确保客户资料真实可靠。

2. 典型案例

某科技公司诉某银行某支行储蓄存款合同案[①]

案情简介：

2018年3月5日，某科技公司向某银行某支行申请开立基本存款账户，2018年3月8日，中国人民银行中关村国家自主创新区中心支行颁发《开户许可证》，准予开立基本存款账户。自2019年5月某银行某支行对涉案账户采取了临时止付措施，具体方式是限制网银的直接交易，所有交易需在柜台逐笔进行审核，审核的材料包括交易背景资料、买卖合同等，审核的期间大概为一天至两天。关于采取该措施的原因，某银行某支行表示其采取临时止付措施的原因是某科技公司法定代表人陆某在2013年曾有高风险交易行为，作为法定代表人，陆某对某科技公司具有控制力和影响力，无法排除陆某利用某科技公司涉案账户实施涉敏交易风险。该行系根据相关文件的原则性规定，根据自己的理解认定涉案账户存在风险。一审法院认为在现有证据情况下无法证明继续对涉案账户采取临时止付措施尚具有必要性和合理性，某科技公司所提交的证据不足以证明其因该限制措施受到了直接经济损失，故一审法院判令某银行某支行于判决生效之日起十日内解除对某科技公司银行账

[①] 《北京金融法院成立一周年十大典型案例》案例7，载北京金融法院，https://bjfc.bjcourt.gov.cn/cac/1648002325433.html，2025年6月5日访问。

户采取的临时止付措施；驳回某科技公司的其他诉讼请求。一审判决作出后某科技公司提出上诉，本院经审查认为某银行某支行可以基于履行账户限制管控义务对风险账户实行管控，但采取的管控措施应符合法律规定或与客户达成事先约定，采取管控措施的种类、强度应当符合比例原则且应当保持在合理期间并具备规范流程，否则应当赔偿某科技公司合理范围内的损失。因某银行某支行采取管控措施不尽妥当、应属违约，本院判决维持一审法院关于解除对某科技公司银行账户采取的临时止付措施，改判某银行某支行向某科技公司赔偿相应的借款利息。

裁判要旨：

在履行账户限制管控义务时，银行有权依法对储户的账户采取不同形式的管控措施，银行与储户实质上并非处于完全平等地位。但是，银行与储户之间的权利义务首先仍需在民事关系视野下进行分配。对于可能采取的管控措施，要符合法律规定或事先约定，确保交易对方明确、合理的预期并保持审慎、持续的注意。判断银行管控措施的合理性时，可以比照行政行为审查的比例原则，就管控种类、强度的妥当性、必要性和均衡性予以考量。同时，不得以账户限制管控相关信息属于敏感信息为由侵犯储户合理范围内的知情权，应保证管控程序的公开、规范并将管控措施限制在合理期限内，以便明确指引储户合理维护民事权利，适当、完全地履行账户限制管控义务。本案中，虽然某银行某支行为实现金融安全、确保风险可控而采取一定的管控措施，具有必要性，但其未将对开户人私权造成的不利影响限制在尽可能小的范围和限度内，综合全案分析，本案中某银行某支行所作的管控措施欠缺妥当性和均衡性，法院最终对银行的管控措施予以负面评价。

案件评析：

银行作为金融机构，对于风险较高的客户采取强化尽职调查、实施合理限制等措施，既是金融机构履行账户限制管控义务的应有之义，又是金融机构内控风险的必要举措。但是除法律明确规定应采取特定管控措施的情形外，在履行该义务过程中，各个银行对于涉相关风险的敏感账户和敏感信息的管控措施不尽相同，亦有为规避自身风险滥用优势地位、侵害储户权利的可能。采取强化客户尽职调查以及后续的管控措施应当适当，不得损害正常的交易秩序以及客户的合法利益。

相关法律法规

《金融机构洗钱和恐怖融资风险评估及客户分类管理指引》

第二章　风险评估指标体系

（条文略）

《证券公司反洗钱工作指引》

第十一条　证券公司应根据《金融机构洗钱和恐怖融资风险评估及客户分类管理指引》，结合证券行业特点以及本公司实际情况，建立包括客户特征、地域、业务、行业（职业）等基本风险要素及其所蕴含的风险指标、风险指标子项和风险值的反洗钱客户风险评估指标体系，制定客户风险等级评估流程，对客户进行风险等级划分。客户风险等级至少应划分为高、中、低三个级别。

证券公司可以参考《证券公司反洗钱客户风险等级评估参考指标》（见附件），并结合本公司实际情况，制定反洗钱客户风险评估指标体系，并在实际应用中进行优化调整。

第十二条　证券公司可以建立相应的反洗钱客户风险等级管理信息系统，采取定性分析与定量分析相结合的方法，计量和评估客户风险等级。

证券公司可利用计算机系统等技术手段辅助完成部分初评工作。初评结果应由初评人以外的其他人员进行复评确认。初评结果与复评结果不一致的，可由合规管理部门决定最终评级结果。

对于新建立业务关系的客户，证券公司应在客户业务关系建立后的10个工作日内完成等级划分工作。当客户重要身份信息发生变更、或涉及司法机关调查、涉及权威媒体案件报道等可能导致风险状况发生实质变化时，证券公司应重新评定客户风险等级。对于已确立过风险等级的客户，证券公司应根据其风险程度设置相应的重新审核期限，实现对风险的动态追踪。

第十三条　对于具有下列情形之一的客户，证券公司可以将其直接定级为高风险等级客户：

（一）客户（及其实际控制人或实际受益人）被列入我国发布或承认的

应实施反洗钱监控措施的名单；

（二）客户（及其实际控制人或实际受益人）为外国政要及其亲属、关系密切人；

（三）客户多次涉及证券公司向中国人民银行反洗钱监测分析中心报送的可疑交易报告；

（四）客户拒绝证券公司依法开展客户尽职调查工作；

（五）其他认为存在相对较高的洗钱风险和恐怖融资风险，需要重点关注的客户。

第十四条　对于具有下列情形之一的客户，证券公司可以将其直接定级为低风险等级客户。但客户同时与证券公司存在代理行/信托等业务关系、涉及可疑交易报告、存在代理人的个人客户、拒绝配合尽职调查等情形时除外。

（一）1 年内（客户开户 1 年以上）客户资产规模小于 10 万元的境内客户；

（二）证券投资资格和资金通过国家有关部门严格审核的客户，如 QFII 客户等；

（三）信息公开程度高的客户，如在规范证券市场上市的公司等；

（四）对其了解程度高、认为其洗钱风险或恐怖融资风险低的其他客户。

第十五条　证券公司应在客户风险等级划分的基础上，对不同客户采取相应的客户尽职调查及其他风险控制措施。其中，对高风险客户应采取强化的风险控制措施，以有效预防风险。

（一）证券公司工作人员在为高风险等级客户办理业务或建立新业务关系时，应经其业务部门或分支机构负责人的批准或授权；

（二）酌情加强客户身份尽职调查。对于高风险等级客户，应实施更为严格的客户身份识别措施，按照"了解您的客户原则"积极开展客户身份识别工作，进一步了解客户及实际控制人、实际受益人情况，进一步深入了解客户经营活动状况和财产来源，适度提高客户及其实际控制人、受益人信息的收集和更新频率；

（三）重点开展可疑交易识别工作。在对高风险等级客户评定、定期审核过程中，应当按照更为审慎严格的标准审查客户的交易和行为，开展可疑交易识别工作。一旦发现可能涉嫌洗钱的可疑交易行为，应按照可疑交易报告流程向反洗钱监测分析中心报告。

《证券期货业反洗钱工作实施办法》

第十二条 证券期货经营机构应当按照反洗钱法律法规的要求及时建立客户风险等级划分制度，并报当地证监会派出机构备案。在持续关注的基础上，应适时调整客户风险等级。

❋ 条文理论延伸

1. 比较法规定

英国《2017年洗钱和恐怖融资条例》第27条第1款①、第28条②，

---

① The Money Laundering, Terrorist Financing and Transfer of Funds (Information on the Payer) Regulations 2017 27. (1) A relevant person must apply customer due diligence measures if the person— (a) establishes a business relationship; (b) carries out an occasional transaction that amounts to a transfer of funds within the meaning of Article 3.9 of the funds transfer regulation exceeding 1,000 euros; (c) suspects money laundering or terrorist financing; or (d) doubts the veracity or adequacy of documents or information previously obtained for the purposes of identification or verification. [《2017年洗钱和恐怖融资条例》第27条第1款规定："相关主体在以下情形下必须实施客户尽职调查措施：(a) 建立业务关系；(b) 进行一次性交易，且该交易属于资金转移条例第3.9条所定义的资金转移，金额超过1,000欧元；(c) 怀疑存在洗钱或恐怖融资行为；或 (d) 对先前为识别或验证目的所获得的文件或信息的真实性或充分性存在疑问。"]

② The Money Laundering, Terrorist Financing and Transfer of Funds (Information on the Payer) Regulations 2017 28. (1) This regulation applies when a relevant person is required by regulation 27 to apply customer due diligence measures. (2) The relevant person must— (a) identify the customer unless the identity of that customer is known to, and has been verified by, the relevant person; (b) verify the customer's identity unless the customer's identity has already been verified by the relevant person; and (c) assess, and where appropriate obtain information on, the purpose and intended nature of the business relationship or occasional transaction. (3) Where the customer is a body corporate— (a) the relevant person must obtain and verify— (i) the name of the body corporate; (ii) its company number or other registration number; (iii) the address of its registered office, and if different, its principal place of business; (b) subject to paragraph (5), the relevant person must take reasonable measures to determine and verify— (i) the law to which the body corporate is subject, and its constitution (whether set out in its articles of association or other governing documents); (ii) the full names of the board of directors (or if there is no board, the members of the equivalent management body) and the senior persons responsible for the operations of the body corporate. [《2017年洗钱和恐怖融资条例》第28条规定："本条规定适用于相关主体根据第27条规定需要实施客户尽职调查措施的情形。相关主体必须：(a) 识别客户，除非该客户的身份已被相关主体知晓且经过验证；(b) 验证客户的身份，除非客户的身份已由相关主体进行过验证；以及 (c) 评估业务关系或一次性交易的目的和预期性质，并在适当时获取相关信息。若客户为法人实体：(a) 相关主体必须获取并验证以下信息：(i) 法人实体的名称；(ii) 其公司编号或其他注册编号；(iii) 其注册办公地址，以及（如有不同）其主要营业场所地址；(b) 除第(5)款另有规定外，相关主体必须采取合理措施确定并验证以下内容：(i) 该法人实体所受法律管辖及其章程（无论是否载于公司章程或其他治理文件）；(ii) 董事会全体成员的全名（如无董事会，则为负责法人实体运营的同等管理机构的成员）"]

2017 年版。

2. 学术研究

刘丽洪：《对洗钱高风险客户强化尽职调查的几点再思考》，载《中国银行业》2022 年第 9 期。

欧阳成虎：《客户风险尽职调查（KYC）工作探究——基于澳门金融机构反洗钱风险治理提升工作》，载《现代商业银行》2024 年第 19 期。

第三十条　金融机构实施风险管理措施的条件和限制

> 在业务关系存续期间，金融机构应当持续关注并评估客户整体状况及交易情况，了解客户的洗钱风险。发现客户进行的交易与金融机构所掌握的客户身份、风险状况等不符的，应当进一步核实客户及其交易有关情况；对存在洗钱高风险情形的，必要时可以采取限制交易方式、金额或者频次，限制业务类型，拒绝办理业务，终止业务关系等洗钱风险管理措施。
>
> 金融机构采取洗钱风险管理措施，应当在其业务权限范围内按照有关管理规定的要求和程序进行，平衡好管理洗钱风险与优化金融服务的关系，不得采取与洗钱风险状况明显不相匹配的措施，保障与客户依法享有的医疗、社会保障、公用事业服务等相关的基本的、必需的金融服务。

条文内容解读

1. 立法意旨

本条是关于金融机构实施风险管理措施的条件和限制的规定。

2. 演变历程

本条是关于金融机构实施风险管理措施的前提条件和限制性要求的规定，在 2006 年《反洗钱法》中并无相关规定，可以说是新《反洗钱法》的一大创新点所在。

新《反洗钱法》第 30 第 2 款进一步明确了金融机构采取风险管理措施

必须"保障与客户依法享有的医疗、社会保障、公用事业服务等相关的基本的、必需的金融服务"。

3. 内容解读

本次新《反洗钱法》的一大特色就是强化了金融机构的反洗钱义务。其中，本条第 1 款明确了金融机构采取风险管理措施的前提和具体条件，本条第 2 款对金融机构采取风险管理措施进行了必要限制。

（1）"在业务关系存续期间，金融机构应当持续关注并评估客户整体状况及交易情况，了解客户的洗钱风险"：金融机构对客户的持续关注与评估义务。

本句要求金融机构在与客户建立业务关系直至业务关系终止的整个期间持续关注并评估客户相关状况及其洗钱风险，其中不仅涉及对客户身份信息的核实，还包括对客户经营模式、财务状况、交易习惯等多方面的动态跟踪。在这个动态的关注和评估过程中，金融机构必须时刻密切关注客户动向，及时发现潜在的风险变化。本句规定事实上形成了对本法第 29 条规定的客户尽职调查制度的衔接，是对客户尽职调查制度在时间维度上的延伸和深化。

（2）"发现客户进行的交易与金融机构所掌握的客户身份、风险状况等不符的，应当进一步核实客户及其交易有关情况"：金融机构对客户不符情况的核实义务。

本句规定金融机构负有对客户实施与其所掌握的客户身份、风险状况等不符的交易时进一步核实客户及其交易有关情况的义务。这强调的是金融机构在发现客户异常交易行为后所应承担的尽职调查义务，要求金融机构不能忽视任何可疑交易行为，并通过进一步核实来切实确认是否存在洗钱风险。而金融机构具体判断客户交易行为是否相符、是否存在洗钱高风险情形的重要依据便是金融机构在客户尽职调查阶段获取的客户身份、客户交易背景，以及风险状况等关键信息。这表明金融机构采取风险管理措施必须以本法第 29 条客户尽职调查制度为基础展开，若金融机构在对客户进行尽职调查时未能充分了解客户、把握必要信息，就极有可能导致金融机构在后续对客户的持续关注和评估过程中对客户交易行为产生误判或者未能及时发现其中潜在的洗钱风险。

（3）"对存在洗钱高风险情形的，必要时可以采取限制交易方式、金额或者频次，限制业务类型，拒绝办理业务，终止业务关系等洗钱风险管理措施"：金融机构可采取的风险管理措施。

本句罗列了金融机构在对依前述规定对客户交易状况进行核实后发现存在高风险情形时所可以采取的风险管理措施，具体包括：限制交易方式、金额或者频次，限制业务类型，拒绝办理业务，终止业务关系四种措施，这赋予了金融机构在面对高风险客户时为防止洗钱活动的发生而采取必要措施的权力。值得注意的是，本句对金融机构风险管理措施的列举并未穷尽是列举，法条中"等洗钱风险管理措施"的表述为金融机构保留了在反洗钱实践中对风险管理措施进行创新和发展的空间。同时，本句明确金融机构"必要时"才可以采取洗钱风险管理措施，这表明立法者对金融机构采取风险管理措施持谨慎态度，要求金融机构不得随意滥用法律赋予其实施风险管理措施的权力。

此外，本句所规定的金融机构风险管理措施也与新《反洗钱法》第40条规定的反洗钱特别预防措施相衔接。若金融机构在对客户展开持续关注和评估的过程中发现客户存在洗钱高风险情形，则其应当首先依本条规定采取限制交易等风险防治措施，若进一步发现客户属于特定的洗钱风险对象或存在法定特殊洗钱风险情形，则应当进一步依第40条之规定采取反洗钱特别预防措施，切断洗钱资金的流动渠道。

（4）"金融机构采取洗钱风险管理措施，应当在其业务权限范围内按照有关管理规定的要求和程序进行"：金融机构风险管理措施实施的规范要求。

本句是对金融机构实施风险管理措施的合规性要求，要求金融机构必须在其业务权限范围内按照有关管理规定的要求和程序进行，也就是说，金融机构所有反洗钱风险管理行为必须在法律框架之下展开，做到有法可依、有章可循，不得超越其自身业务权限，更不能违反相关法律规定。此外，本句规定实际上潜在要求金融机构必须依法建立健全其内部的反洗钱管理制度，以及相关操作流程以确保其反洗钱工作规范开展。

（5）"平衡好管理洗钱风险与优化金融服务的关系，不得采取与洗钱风险状况明显不相匹配的措施"：金融机构风险管理与服务提供的平衡要求。

本句可以被看作反洗钱法中的"比例原则"，包括积极和消极两个方面的要求。就积极方面要求而言，金融机构必须主动寻求履行风险管理职责与优化金融服务之间的平衡关系，即根据客户的实际洗钱风险状况适应性地决定采取风险管理措施的力度和范围。就消极方面要求而言，金融机构所采取的风险管理措施不得明显与客户洗钱风险状况不相匹配，既不能过度限制客户的正常金融服务需求、对客户的合法权益造成不必要的损害，也要避免采取的风险管理措施过轻、难以发挥风险预防和抑制作用。

（6）"保障与客户依法享有的医疗、社会保障、公用事业服务等相关的基本的、必需的金融服务"：金融机构对客户基本的、必需的金融服务的保障义务。

本句从客户权益保障方面对金融机构采取风险管理措施进行了必要限制，同样包括积极和消极两个方面内涵。就积极方面而言，金融机构采取风险管理措施必须有利于保障客户与医疗、社会保障、公用事业服务等相关的基本的、必需的金融服务；就消极方面而言，金融机构采取风险管理措施不得限制乃至破坏客户与医疗、社会保障、公用事业服务等相关的基本的、必需的金融服务。这一规定凸显了对客户基本生活权益的保障，即就算是在金融机构对客户交易采取风险管理措施的情形下，也不能妨碍客户与正常生活密不可分的基本的金融服务的获取，本句规定对维持社会稳定和保障客户基本生活安定具有重要意义。

此外，第30条规定也与第54条规定相衔接。本条规定了金融机构所应承担的实施风险管理措施方面的反洗钱义务，而第54条则规定了金融机构违反第30条规定时所应承担的不利法律后果。换言之，第30条以第54条作为保障其得以贯彻施行的法律保障，第54条以第30条作为其适用基础依据。在反洗钱实践中，金融机构之所以会主动承担第30条赋予其的实施风险管理措施的义务，正是因为第54条对其形成了有效的约束和威慑作用；而在执法实践中，反洗钱行政主管部门决定是否依据第54条对金融机构实施行政处罚的主要依据就是金融机构是否违反第30条规定赋予其的法定义务。

❃ 条文实务应用

若金融机构不能依法对客户交易行为展开持续密切关注并及时针对客户交易风险采取相应的风险管理措施，不法分子便极有可能利用金融系统等渠道进行非法资金转移等活动，使违法所得合法化，破坏金融秩序。此外，若金融机构超出法律允许范围不当采取风险管理措施，便很有可能损害客户合法权益。因此，对金融机构而言，首先，应当积极履行对客户的持续关注和评估义务，密切关注客户交易行为可能存在的洗钱风险；其次，在明晰自身反洗钱义务承担主体地位的同时，其也必须明确深谙法律赋予其在风险管理措施实施层面的权力，具体而言，要明确新《反洗钱法》赋予其采取四种风险管理措施的权利；再次，金融机构应当依照法定程序和流程实施风险管理措施，实现程序正义与实体正义并重；最后，金融机构必须正确把握洗钱风险预防与金融服务优化之间的平衡，不可因实施风险管理措施而不当损害客户所享有的合法权益。

❃ 相关法律法规

《金融机构客户身份识别和客户身份资料及交易记录保存管理办法》

第十九条　在与客户的业务关系存续期间，金融机构应当采取持续的客户身份识别措施，关注客户及其日常经营活动、金融交易情况，及时提示客户更新资料信息。

对于高风险客户或者高风险账户持有人，金融机构应当了解其资金来源、资金用途、经济状况或者经营状况等信息，加强对其金融交易活动的监测分析。客户为外国政要的，金融机构应采取合理措施了解其资金来源和用途。

客户先前提交的身份证件或者身份证明文件已过有效期的，客户没有在合理期限内更新且没有提出合理理由的，金融机构应中止为客户办理业务。

《金融机构反洗钱和反恐怖融资监督管理办法》

第八条　金融机构应当根据本机构经营规模和已识别出的洗钱和恐怖融资风险状况，经董事会或者高级管理层批准，制定相应的风险管理政策，并根据风险状况变化和控制措施执行情况及时调整。

金融机构应当将洗钱和恐怖融资风险管理纳入本机构全面风险管理体系，覆盖各项业务活动和管理流程；针对识别的较高风险情形，应当采取强化措施，管理和降低风险；针对识别的较低风险情形，可以采取简化措施；超出金融机构风险控制能力的，不得与客户建立业务关系或者进行交易，已经建立业务关系的，应当中止交易并考虑提交可疑交易报告，必要时终止业务关系。

条文理论延伸

1. 比较法规定

越南《预防与反洗钱法》第 24 条[①]。

欧盟反洗钱指令［Directive（EU）2015/849］第 14 条第 5 款[②]。

2. 学术研究

冯怡：《金融机构反洗钱内控机制建设研究》，载《金融会计》2021 年第 6 期。

[①] 《预防与反洗钱法》第 24 条："预防与反洗钱的内部规定
（一）报告方必须制定有关预防与反洗钱的内部规定，包括下列主要内容：1. 客户接纳政策，包括报告方在因客户拒绝提供信息或提供信息不完整而无法完成客户身份识别的情况下，拒绝开立账户、与客户建立业务关系、进行交易或终止业务关系的内容；2. 客户身份识别程序和手续；3. 风险管理政策和程序，包括本法第 16 条第 1 款、第 19 条和第 1 款和第 34 条第 2 款规定的内容；4. 应报交易的上报程序；5. 可疑交易审查、发现、处理和报告的程序；与进行可疑交易的客户沟通的方法；6. 信息存储和保密；7. 在延迟交易的情况下采取的临时措施、处理原则；8. 向越南国家银行和国家职能机关报告和提供信息的制度；9. 预防与反洗钱人员聘用和业务能力培训；10. 对有关预防与反洗钱活动的各项政策、规定、程序和手续的遵守情况进行内部审查；预防与反洗钱内部规定实施过程中各部门和个人的责任。（二）报告方为小微企业、个人的，须作出具有本条第 1 款第 1 项、第 2 项、第 3 项、第 5 项、第 6 项规定内容的预防与反洗钱内部规定。（三）内部规定必须确保预防、发现、制止和处理与洗钱有关的可疑活动；与报告方的组织结构、经营规模和洗钱风险水平相适应，并在报告方的整个行业系统和代理机构中应用和普及。（四）报告方每年须对预防与反洗钱内部规章制度进行评估以斟酌进行修改、补充至符合实际情况。（五）由越南国家银行行长规定本条详细内容。"参见冯超、黄安瑜：《越南预防与反洗钱法》，载《南洋资料译丛》2024 年第 4 期。

[②] *DIRECTIVE（EU）2015/849 OF THE EUROPEAN PARLIAMENT AND OF THE COUNCIL of 20 May 2015*：Article 14 5. Member States shall require that obliged entities apply the customer due diligence measures not only to all new customers but also at appropriate times to existing customers on a risk-sensitive basis, including at times when the relevant circumstances of a customer change.

中文翻译：欧盟《第四号反洗钱指令》第 14 条第 5 款："成员国应要求义务实体不仅对所有新客户实施客户尽职调查措施，而且在适当的时候对风险敏感型现有客户实施尽职调查措施，包括在客户相关情况发生变化时。"

第三十一条　特殊尽职调查义务

> 客户由他人代理办理业务的，金融机构应当按照规定核实代理关系，识别并核实代理人的身份。
>
> 金融机构与客户订立人身保险、信托等合同，合同的受益人不是客户本人的，金融机构应当识别并核实受益人的身份。

条文内容解读

1. 立法意旨

本条是关于在合同相对人与最终受益人不相符的情形下，金融机构所负有的特殊尽职调查义务的规定。

2. 演变历程

本条来源于2006年《反洗钱法》第16条第3款及第4款之规定："客户由他人代理办理业务的，金融机构应当同时对代理人和被代理人的身份证件或者其他身份证明文件进行核对并登记。与客户建立人身保险、信托等业务关系，合同的受益人不是客户本人的，金融机构还应当对受益人的身份证件或者其他身份证明文件进行核对并登记。"

新《反洗钱法》首先对本条相关规定用语进行了调整，由2006年《反洗钱法》中金融机构应当"对代理人和被代理人的身份证件或其他身份证明文件进行核对登记"变更为"核实代理关系，识别并核实代理人的身份"。另外，新《反洗钱法》在2006年《反洗钱法》的基础之上增加了金融机构应当"按照规定"履行核实义务的要求。

3. 内容解读

（1）"客户由他人代理办理业务的，金融机构应当按照规定核实代理关系，识别并核实代理人的身份"：金融机构对代理关系中代理人身份的识别义务

本句明确了金融机构在代理办理业务情形下对代理关系，以及代理人身份的识别和核实义务。首先，核实代理关系的真实存在和代理人身份是金融机构确保代理交易行为真实性和合法性的必要前提。确认代理行为是否符合法律规定、代理人是否有权代表客户开展交易，以及代理人是否存在超出客户的授权范围进行代理是本句规定的应有之义。通过对上述事项的审查，能

够有效避免未经授权交易、虚假交易等情况的发生,进而有效保护客户的合法权益和金融机构的利益。其次,在金融业务中,由代理人为客户代理办理业务的情形普遍存在,现有法律规范当然也不应当禁止这种正常的代理交易行为,然而这在事实上也为洗钱分子利用代理关系掩盖资金的真实来源以及去向创造了操作空间。基于此,由金融机构承担对代理关系及代理人身份的识别及核实义务便具有了重要意义,成为防范洗钱风险的重要措施。对代理行为的合法性和代理人的真实身份的识别和确认能够使金融机构更好地实现对资金流动的追踪,进而有效防止不法分子利用代理业务实施洗钱行为。

(2)"金融机构与客户订立人身保险、信托等合同,合同的受益人不是客户本人的,金融机构应当识别并核实受益人的身份":金融机构对非客户受益人的身份核实义务

本句明确了金融机构在人身保险、信托等合同的受益人与客户不相符时,对受益人身份的核实义务。首先,对受益人的身份进行识别以及核实有助于金融机构全面了解交易的背景和风险。通过对受益人的身份信息、经济状况、与客户的关系等相关信息的把握,金融机构可以更好地判断交易的合理性和合法性,评估交易行为洗钱风险的大小。当受益人是与客户关系不明的境外人员,甚至存在交易金额较大、交易方式异常等情形时,便存在较大洗钱风险。其次,人身保险、信托等合同往往涉及较大的资金流动以及财产权益的转移,若受益人身份不明或交易行为存在虚假情况,则上述合同便很有可能被利用于实施洗钱行为,将非法所得通过保险理赔、信托收益分配等方式合法化。因此,当人身保险、信托等合同中受益人不是客户本人时,识别并核实受益人的身份便至关重要。

本条规定的主要变化集中在金融机构识别义务由 2006 年《反洗钱法》"对代理人、被代理人以及受益人身份证件或其他身份证明文件进行核对并登记"转变为新《反洗钱法》"识别并核实代理人及受益人身份"。这种变化事实上是与新《反洗钱法》由"客户身份识别制度"向"客户尽职调查制度"转变相衔接与适应的,是客户尽职调查制度的重要组成部分。2006年《反洗钱法》规定的身份识别制度的主要问题在于仅对"客户身份识别"进行了片面理解,将"了解你的客户"错误解读为"了解你客户的身份",

在此背景下，2006 年《反洗钱法》第 16 条便仅规定了金融机构对代理人、被代理人及受益人身份证明文件的核对义务，这事实上是错误地将客户身份识别与实名制等同视之，远不足以满足反洗钱工作的实际需求。而新《反洗钱法》设计的客户尽职调查制度不仅简单要求金融机构对客户身份进行识别，更注重对客户相关重要信息的收集并形成对客户的"风险画像"，在此背景下，新《反洗钱法》就本条规定也相应作出了用语上的调整，要求金融机构应当对代理人、受益人与洗钱风险密切相关的多元身份因素进行密切关注与审查，而不能仅仅对其身份证明文件进行简单的核对、登记。

条文实务应用

1. 实务指南

若仅对受益人身份进行狭义上的身份证明文件的核对和登记，则金融机构将无法切实排除不法分子冒用代理人、受益人身份甚至使用伪造的虚假身份证明文件等违法情形，进而为洗钱行为保留操作空间、诱发洗钱风险。此外，就代理关系而言，仅对身份证明文件进行核对也可能存在无法准确核实代理人代理权限范围的问题，若代理人基于此超越代理权限进行操作，则很有可能引发权益纠纷。而就信托、保险关系中的受益人而言，仅对身份证明文件进行核实也可能存在无法确保受益关系真实性和唯一性的问题，进而产生多个潜在受益人之间的权益争议问题。因此，基于前述对本条内容的解读以及相关法律法规，不难发现，金融机构应当明确，本条所规定金融机构对代理人及受益人身份的核实义务并不仅仅局限于对其身份证明文件的识别、登记，而应当注重对代理人及受益人的联系方式、职业、收入来源、资产状况以及其与被代理人或合同相对人的关系等多因素身份信息的识别，以便更全面地对客户交易风险进行评估。

2. 典型案例

王某洗钱案[1]

案情简介：

2010 年 7 月，王某按照曾担任某市某区区长、某市某部门主任的徐某的

---

[1] 冯怡：《金融机构可疑交易监测与洗钱犯罪类型分析》，中国商业出版社 2020 年版。

安排，在工商管理部门以法定代表人"胡某"的名义注册登记了某投资公司。王某为了帮助徐某进出巨额资金和掩饰资金来源，在多家银行开设账户，并在王某1、林某等人不知晓的情况下，使用他们的身份证在银行开设账户，多次以某投资公司的名义购买房产，帮助徐某转换非法所得。2011年5月，王某在自己没有任何出资的情况下，按照徐某的安排进行虚假股权转让，虚构某投资公司股东会决议，变更自己为该公司的法定代表人，帮助徐某利用该公司进行资产转移、转换。2010年7月至2013年，王某受徐某指使，利用某投资公司帮助徐某掩饰、隐瞒、转移犯罪所得共计3683万元。2011年9月22日，王某在明知徐某已被他人举报、逃往国外，且行贿公司已被工商管理部门注销的情况下，以某投资公司名义，在某信托有限责任公司购买了为期18个月的股权收益理财产品1600万元，意图帮助徐某将1600万元受贿资金通过信托渠道进行清洗。

裁判要旨：

2013年7月21日，人民法院对该案作出一审判决，认定王某犯洗钱罪，判处有期徒刑1年零6个月，缓刑1年零6个月，并处罚金人民币360万元。

案件评析：

本案中，王某之所以能够成功利用他人身份证在多家银行开设账户用于非法洗钱活动，很大程度上是因为银行仅对代理关系及代理人身份进行形式层面的审查，即2006年《反洗钱法》所要求的对代理人身份证明文件进行核对登记，而未对以他人名义开户的行为进行深入核实，未对开户行为是否存在真实有效的代理关系、是否经本人授权等重要事实进行切实确认。同样，王某之所以能以某投资公司名义购买信托理财产品用于掩饰、隐瞒资金的真实来源和去向，也正是因为信托机构未对某投资公司背后实际受益人的资金来源、身份背景等进行深入调查，以致信托产品和服务沦为犯罪嫌疑人之洗钱工具。

由此可以发现，2006年《反洗钱法》背景下金融机构仅需对代理人、受益人身份证明文件进行登记核实的法律规定在实践中远不足以满足反洗钱需求，因此新《反洗钱法》第31条关于金融机构对代理关系的事实存在以及代理人、受益人反洗钱相关多元身份要素的审查要求是极具必要性的，对洗钱行为的预防和抑制以及反洗钱工作的顺利展开具有重要意义。

相关法律法规

《金融机构客户身份识别和客户身份资料及交易记录保存管理办法》

第二十条　金融机构应采取合理方式确认代理关系的存在，在按照本办法的有关要求对被代理人采取客户身份识别措施时，应当核对代理人的有效身份证件或者身份证明文件，登记代理人的姓名或者名称、联系方式、身份证件或者身份证明文件的种类、号码。

第二十一条　除信托公司以外的金融机构了解或者应当了解客户的资金或者财产属于信托财产的，应当识别信托关系当事人的身份，登记信托委托人、受益人的姓名或者名称、联系方式。

条文理论延伸

1. 比较法规定

欧盟《第四号反洗钱指令》［Directive（EU）2015/849］第31条第1~3款[1]。

2. 学术研究

蔡宁伟：《从客户身份识别向客户尽职调查的转型——兼评反洗钱"四

---

[1] DIRECTIVE (EU) 2015/849 OF THE EUROPEAN PARLIAMENT AND OF THE COUNCIL of 20 May 2015：Article 31 1. Member States shall require that trustees of any express trust governed under their law obtain and hold adequate, accurate and up-to-date information on beneficial ownership regarding the trust. That information shall include the identity of：(a) the settlor；(b) the trustee (s)；(c) the protector (if any)；(d) the beneficiaries or class of beneficiaries；and (e) any other natural person exercising effective control over the trust. 2. Member States shall ensure that trustees disclose their status and provide the information referred to in paragraph 1 to obliged entities in a timely manner where, as a trustee, the trustee forms a business relationship or carries out an occasional transaction above the thresholds set out in points (b), (c) and (d) of Article 11. 3. Member States shall require that the information referred to in paragraph 1 can be accessed in a timely manner by competent authorities and FIUs. 欧盟《第四号反洗钱指令》第31条："1. 会员国应要求受其法律管辖的任何明示信托的受托人获取有关信托实益所有权的充分、准确和最新的信息。该信息应包括以下人员的身份：（一）定居者；（二）受托人；（三）保护人（如有）；（四）受益人或受益人类别；（五）对信托行使有效控制权的任何其他自然人。2. 会员国应确保受托人披露其地位，并在受托人作为受托人建立业务关系或偶尔进行超过第11条第（b）、（c）和（d）点规定的门槛的交易时，及时向义务实体提供第1款所述的信息。3. 会员国应要求主管当局和金融情报组能够及时获取第1款所述信息。"

大核心义务"的传承与发展》，载《征信》2023 年第 4 期。

陈艳华：《保险业反洗钱中存在的问题》，载《中国金融》2021 年第 24 期。

傅福兴、朱力：《反洗钱隐名代理识别的监管路径——基于对隐名代理案件的实务分析》，载《金融市场研究》2022 年第 3 期。

第三十二条　依托第三方开展客户尽职调查的相关规定

> 金融机构依托第三方开展客户尽职调查的，应当评估第三方的风险状况及其履行反洗钱义务的能力。第三方具有较高风险情形或者不具备履行反洗钱义务能力的，金融机构不得依托其开展客户尽职调查。
>
> 金融机构应当确保第三方已经采取符合本法要求的客户尽职调查措施。第三方未采取符合本法要求的客户尽职调查措施的，由该金融机构承担未履行客户尽职调查义务的法律责任。
>
> 第三方应当向金融机构提供必要的客户尽职调查信息，并配合金融机构持续开展客户尽职调查。

❋ 条文内容解读

1. 立法意旨

本条规定旨在明确金融机构依托第三方开展客户尽职调查的相关要求。

2. 演变历程

本条规定可以追溯至 2006 年《反洗钱法》第 17 条："金融机构通过第三方识别客户身份的，应当确保第三方已经采取符合本法要求的客户身份识别措施；第三方未采取符合本法要求的客户身份识别措施的，由该金融机构承担未履行客户身份识别义务的责任。"

新《反洗钱法》将条文序号调整为第 32 条，并作如下修改：一是增加第 1 款规定，金融机构依托第三方开展客户尽职调查前，要对第三方作相应评估，即"金融机构依托第三方开展客户尽职调查的，应当评估第三方的风险状况及其履行反洗钱义务的能力。第三方具有较高风险情形或者不具备履行反洗钱义务能力的，金融机构不得依托其开展客户尽职调查"。二是增加第 3 款规定，明确了第三方的配合义务，即"第三方应当向金融机构提供必要的客户尽职调查信息，并配合金融机构持续开展客户尽职调查"。三是为适应反洗钱工作需要，将"客户身份识别"修改为"客户尽职调查"，本条作了相应修改。

3. 内容解读

本条规定明确了在客户尽职调查中的各方责任划分。一方面，强调了金融机构的首要责任。金融机构在依托第三方开展尽职调查时，应严格审核其风险状况及履行反洗钱义务的能力，确保第三方能够按照法律法规和监管要求，准确、有效、及时地完成客户尽职调查工作。同时，金融机构要承担因第三方未履行客户尽职调查义务带来的法律风险。另一方面，规定了第三方的次要责任。虽然首要责任在金融机构，但第三方在客户尽职调查过程中需要按照《反洗钱法》的规定，采取有效的客户尽职调查措施。

值得注意的是，本条第 1 款中用"依托"，而不用"委托"。从表述上可以看出，由于反洗钱工作的复杂性和系统性，金融机构与第三方之间要建立一种紧密相连、相互支持、共同负责的协作关系，各自发挥专业优势共同构建起客户尽职调查工作的体系和机制。"依托"强调了各主体在反洗钱工作中都负有不可推卸的责任和义务，均需要积极主动地参与和配合，而不是像委托关系中相对集中且单一的责任指向。

❖ 条文实务应用

在实践中，金融机构可根据实际情况，与会计师事务所、律师事务所、咨询公司等专业服务公司、信用评级机构、数据提供商、技术解决方案提供商、外包服务提供商、行业协会和自律组织、政府部门、国际组织等开展合作，提升客户尽职调查的准确性、有效性和及时性。

金融机构应谨慎选择第三方，强化对第三方的管控，主动监督和管理第三方的客户尽职调查工作。一是选择合适的第三方。金融机构在选择第三方进行客户尽职调查时，应谨慎评估第三方的资质、信誉和反洗钱能力，确保其有能力履行客户尽职调查义务。二是持续监督和检查第三方的工作。金融机构应建立有效的监督机制，定期或不定期地检查第三方的客户尽职调查工作，及时发现并纠正问题。三是签订书面合同确定权利义务。合同应载明双方在客户尽职调查中的权利和义务,包括第三方应遵循的具体程序、提供的服务内容以及保密条款等,特别要约定风险分担条款,明确在第三方未履行客户尽职调查义务导致金融机构承担责任时,第三方应积极采取补救措施并承担赔偿责任,降低金融机构自身损失。

条文理论延伸

欧盟《第四号反洗钱指令》[Directive(EU)2015/849]第25条、[1] 第26条[2]和第27条。[3](欧洲议会和理事会2018年5月30日颁布,欧盟《第五号反洗钱指令》[Directive(EU)2018/843]对第27条第2款进行了修改。)

---

[1] Member States may permit obliged entities to rely on third parties to meet the customer due diligence requirements laid down in points (a), (b) and (c) of the first subparagraph of Article 13 (1). However, the ultimate responsibility for meeting those requirements shall remain with the obliged entity which relies on the third party. (成员国可以允许义务实体依托第三方来满足第13条第(1)款第1项第(a)、(b)和(c)点规定的客户尽职调查要求。满足这些要求的最终责任仍应由依托第三方的义务实体承担。)

[2] 1. For the purposes of this Section, 'third parties' means obliged entities listed in Article 2, the member organisations or federations of those obliged entities, or other institutions or persons situated in a Member State or third country that: (a) apply customer due diligence requirements and record-keeping requirements that are consistent with those laid down in this Directive; and (b) have their compliance with the requirements of this Directive supervised in a manner consistent with Section 2 of Chapter VI. 2. Member States shall prohibit obliged entities from relying on third parties established in high-risk third countries. Member States may exempt branches and majority-owned subsidiaries of obliged entities established in the Union from that prohibition where those branches and majority-owned subsidiaries fully comply with the group-wide policies and procedures in accordance with Article 45. (1."第三方"是指本指令第2条所列的义务实体、这些义务实体的成员组织或联合会,或位于成员国或第三国的其他机构或个人:(a)第三方同样适用本指令规定的客户尽职调查要求和记录保存要求;(b)按照第6章第2节规定的方式监督第三方是否符合本指令的要求。2.成员国应禁止义务实体依托在高风险第三国设立的第三方。成员国可以豁免义务实体在欧盟设立的分行和控股子公司,前提是这些分行和控股子公司完全遵守第45条规定的集团范围内整体政策和程序。)

[3] 1. Member States shall ensure that obliged entities obtain from the third party relied upon the necessary information concerning the customer due diligence requirements laid down in points (a), (b) and (c) of the first subparagraph of Article 13 (1). 2. Member States shall ensure that obliged entities to which the customer is referred take adequate steps to ensure that the third party provides immediately, upon request, relevant copies of identification and verification data, including, where available, data obtained through electronic identification means, relevant trust services as set out in Regulation (EU) No 910/2014, or any other secure, remote or electronic, identification process regulated, recognised, approved or accepted by the relevant national authorities. (1.成员国应确保义务实体从第三方获得有关第13条第(1)款第1项第(a)、(b)和(c)点规定的客户尽职调查要求的必要信息。2.成员国应确保客户被推荐至的义务实体采取适当措施,以确保第三方按照要求及时提供身份识别和验证数据的相关副本,包括(在可获取的情况下)通过电子身份识别手段获得的数据、欧盟第910/2014号法规所规定的相关信任服务,或由相关国家当局监管、认可、批准或接受的任何其他安全的远程或电子身份识别流程所产生的数据。)

第三十三条 相关部门支持客户尽职调查

> 金融机构进行客户尽职调查，可以通过反洗钱行政主管部门以及公安、市场监督管理、民政、税务、移民管理、电信管理等部门依法核实客户身份等有关信息，相关部门应当依法予以支持。
>
> 国务院反洗钱行政主管部门应当协调推动相关部门为金融机构开展客户尽职调查提供必要的便利。

❖ 条文内容解读

1. 立法意旨

本条规定旨在明确相关部门支持金融机构进行客户尽职调查的义务和职责。

2. 演变历程

本条规定可追溯至 2006 年《反洗钱法》第 18 条："金融机构进行客户身份识别，认为必要时，可以向公安、工商行政管理等部门核实客户的有关身份信息。"

新《反洗钱法》将条文序号调整为第 33 条，并作如下修改：一是删除"认为必要时"的表述，避免规则模糊性，增强条文客观性。二是拓宽金融机构在进行客户尽职调查时核实信息的部门渠道，将原条文中的"向公安、工商行政管理等部门"修改为"可以通过反洗钱行政主管部门以及公安、市场监督管理、民政、税务、移民管理、电信管理等部门"。三是增加"相关部门应当依法予以支持"的规定，相关部门支持金融机构开展客户尽职调查时应当遵循法律法规规定。四是增加一款规定，即"国务院反洗钱行政主管部门应当协调推动相关部门为金融机构开展客户尽职调查提供必要的便利"，为国务院反洗钱行政主管部门统筹协调各部门依法向金融机构开展客户尽职调查给予必要便利提供制度支撑。五是为适应反洗钱工作需要，将"客户身份识别制度"修改为"客户尽职调查制度"，本条作了相应修改。

3. 内容解读

客户信息是反洗钱工作有效性的关键，客户尽职调查需要大量的相关数据予以支撑。本条规定明确了金融机构在客户尽职调查时可以通过反洗钱行政主管部门以及公安、市场监督管理、民政、税务、移民管理、电信管理等部门依法核实客户身份等有关信息，相关部门应当依法予以支持，拓宽了核实客户信息的政府部门渠道。

❖ 条文实务应用

反洗钱行政主管部门以及公安、市场监督管理、民政、税务、移民管理、电信管理等部门为金融机构核实客户身份提供了多渠道信息。

一是中国反洗钱监测分析中心可以为金融机构提供与客户交易相关的分析结果和可疑线索等信息，帮助金融机构判断客户交易是否存在异常。二是公安部门可提供客户的户籍信息、身份证信息、违法犯罪记录等。在判断客户身份的真实性以及是否存在与违法犯罪活动相关的风险时，金融机构等可通过公安部门核实客户的身份信息是否真实有效，是否为在逃人员，是否有参与洗钱、诈骗等违法犯罪的记录等，帮助识别客户的潜在风险。三是市场监督管理部门可以提供企业的注册登记信息、营业执照信息、经营范围、股权结构、法定代表人信息等，协助金融机构了解企业客户的基本经营状况、市场主体资格是否合法有效，判断企业的经营活动是否与所申报的业务相符，辅助评估企业的洗钱风险。四是民政部门可以提供社会组织、慈善机构等客户的登记注册信息、社会组织资质、非营利性组织的相关认证等，帮助金融机构确认这些组织的合法性和合规性，了解其资金来源和使用目的是否符合相关规定，防止被用于洗钱活动。五是税务部门能提供客户的纳税记录、税务登记信息、财务报表等相关税务资料。金融机构可以据此了解客户的经营业绩、资金流动情况以及纳税合规性，分析客户的财务状况和资金来源是否合理，判断客户是否存在通过虚构交易等方式进行洗钱活动。六是移民管理部门可为涉及跨境业务或外籍客户的尽职调查提供客户的出入境记录、签证信息、移民身份等，帮助金融机构了解客户的跨境活动情况，评估跨境交易的风险，判断客户是否存在利用跨境身份或跨境资金流动进行洗钱活动。七是电信管理部门可提供客户的电话号码登记信息、电信业务使用情况等。金融机构可以通过这些信息核实客户预留的联系方式是否真实有效，是否存在使用异常的电信业务行为，辅助判断客户身份的真实性和交易的合理性，防范洗钱风险。

第三十四条　客户身份资料和交易记录保存制度

金融机构应当按照规定建立客户身份资料和交易记录保存制度。

在业务关系存续期间，客户身份信息发生变更的，应当及时更新。

客户身份资料在业务关系结束后、客户交易信息在交易结束后，应当至少保存十年。

金融机构解散、被撤销或者被宣告破产时，应当将客户身份资料和客户交易信息移交国务院有关部门指定的机构。

条文内容解读

1. 立法意旨

本条规定旨在建立客户身份资料和交易记录保存制度。

2. 演变历程

本条规定可追溯至 2006 年《反洗钱法》第 19 条："金融机构应当按照规定建立客户身份资料和交易记录保存制度。在业务关系存续期间，客户身份资料发生变更的，应当及时更新客户身份资料。客户身份资料在业务关系结束后、客户交易信息在交易结束后，应当至少保存五年。金融机构破产和解散时，应当将客户身份资料和客户交易信息移交国务院有关部门指定的机构。"

新《反洗钱法》将条文序号调整为第 34 条，并作如下修改：一是将第 1 款中的"客户身份资料"修改为"客户身份信息"。在实践中，"客户身份资料"难以涵盖金融机构需要保存的客户各类信息，修改后表述更准确。二是删去第 2 款中"客户身份资料"，精简法条冗余表述。三是延长了客户身份资料和交易记录保存时间，由五年延长至十年。四是将第 4 款中的"破产"修改为"被撤销或者被宣告破产"，与《公司法》和《商业银行法》的有关表述相衔接。

3. 内容解读

一是客户身份信息变更的及时更新。及时更新客户身份资料可以确保客户身份持续准确，有助于金融机构持续关注客户的变化情况，评估客户的洗钱风险是否发生变化。例如，如果客户的职业或收入来源发生重大变化，可能会影响其洗钱风险等级，金融机构可以根据更新后的信息及时调整风险防控措施，确保反洗钱工作的有效性和针对性。

二是延长客户身份资料和客户交易信息的保存期限。保存制度是反洗钱工作的重要基础。客户身份资料和交易记录是金融机构识别客户身份、监测和分析交易活动、发现洗钱线索的重要依据。通过建立保存制度，金融机构能够在需要时及时获取和查阅相关资料，为反洗钱工作提供有力支持，有助于追踪资金来源和去向，发现异常交易和可疑行为，也为执法机关打击洗钱犯罪提供了重要的证据来源。新《反洗钱法》将客户身份资料和交易记录的保存期限由五年修改为十年。这一修订主要是为了更好地适应不断变化的金融犯罪形势，在平衡反洗钱工作实际需要和金融机构保存成本的基础上，实现在较长时间跨度内对可疑交易和活动进行分析，提高反洗钱工作能力和水平，更好地维护金融秩序和保护社会公共利益、国家安全。

三是防止客户身份资料和客户交易信息丢失或泄露。金融机构在解散、被撤销或者被宣告破产时，面临人员变动、业务停滞等情况，容易导致客户身份资料和交易记录丢失、损毁或泄露。通过将这些资料移交国务院有关部门指定的机构，可以确保资料的安全保管和妥善处理，避免因金融机构的变动而影响反洗钱工作的连续性和有效性。

条文实务应用

1. 实务指南

金融机构应围绕健全体制机制、加强内部培训、强化审计监督、注重数据安全等方面推动客户身份资料和交易记录保存制度落实、落地。

一是健全体制机制。制定客户身份资料和交易记录保存制度与程序，明确保存的范围、期限、方式、责任部门和人员等，确保符合相关法规要求。建立内部协调机制，确保不同部门和岗位之间顺畅协作，共同做好保存工作。

二是加强内部培训。定期组织培训，提升员工对保存客户身份资料和交易记录重要性的理解和认识，确保员工熟练掌握保存客户身份资料和交易记录的具体要求和操作流程。

三是强化审计监督。将客户身份资料和交易记录保存情况纳入审计范围，设立专门的监督部门和人员，定期检查和评估，及时发现和纠正存在的问题。

四是注重数据安全。采取加密、访问控制、防火墙等技术措施，保护客户信息和交易记录的安全，防止数据泄露、篡改或丢失。

2. 典型案例

(1) 某支付公司江西分公司被罚案例①

案情简介：

某支付公司江西分公司因未按照规定完整、准确传输有关交易信息，以及未按照规定保存特约商户档案资料，被中国人民银行某省分行没收违法所得482.38万元，并处罚款人民币9万元。

案件评析：

作为支付机构，某支付公司江西分公司有义务按照反洗钱相关规定保存交易记录等资料，以确保在反洗钱调查等工作中有据可查，其违规行为反映出该公司在反洗钱交易记录保存制度执行上存在漏洞，忽视了保存制度对于反洗钱工作的重要性。

(2) 某银行被罚案例②

案情简介：

某银行在2022年7月1日至2023年6月30日，存在"未按规定重新识别客户"行为，违反了《反洗钱法》《金融机构反洗钱规定》《金融机构客户身份识别和客户身份资料及交易记录保存管理办法》等相关规定，被中国人民银行某市分行处以23.3万元的罚款。

案件评析：

重新识别客户是反洗钱工作中确保客户身份持续准确的重要环节，某银行未按规定执行，可能导致交易记录与实际客户情况不符，影响反洗钱监测和调查工作的有效性，反映出其在反洗钱制度落实和执行方面存在不足。

---

① 《中国人民银行江西省分行行政处罚信息公示表（赣银罚决字〔2024〕1号）》，载中国人民银行江西省分行网站，http://nanchang.pbc.gov.cn/nanchang/132372/132390/132397/5501364/5386410/index.html，2025年5月5日访问。

② 《行政处罚信息公示表》，载中国人民银行山西省分行网站，http://taiyuan.pbc.gov.cn/taiyuan/133960/133981/133988/5482413/5281179/2024031911122385559.pdf，2025年5月5日访问。

❉ 条文理论延伸

1. 比较法规定

欧盟《第四号反洗钱指令》[Directive (EU) 2015/849] 第 40 条第（1）款。①

第三十五条　大额交易报告制度和可疑交易报告制度

> 金融机构应当按照规定执行大额交易报告制度，客户单笔交易或者在一定期限内的累计交易超过规定金额的，应当及时向反洗钱监测分析机构报告。
>
> 金融机构应当按照规定执行可疑交易报告制度，制定并不断优化监测标准，有效识别、分析可疑交易活动，及时向反洗钱监测分析机构提交可疑交易报告；提交可疑交易报告的情况应当保密。

---

① 1. Member States shall require obliged entities to retain the following documents and information in accordance with national law for the purpose of preventing, detecting and investigating, by the FIU or by other competent authorities, possible money laundering or terrorist financing: (a) in the case of customer due diligence, a copy of the documents and information which are necessary to comply with the customer due diligence requirements laid down in Chapter II, for a period of five years after the end of the business relationship with their customer or after the date of an occasional transaction; (b) the supporting evidence and records of transactions, consisting of the original documents or copies admissible in judicial proceedings under the applicable national law, which are necessary to identify transactions, for a period of five years after the end of a business relationship with their customer or after the date of an occasional transaction. Upon expiry of the retention periods referred to in the first subparagraph, Member States shall ensure that obliged entities delete personal data, unless otherwise provided for by national law, which shall determine under which circumstances obliged entities may or shall further retain data. Member States may allow or require further retention after they have carried out a thorough assessment of the necessity and proportionality of such further retention and consider it to be justified as necessary for the prevention, detection or investigation of money laundering or terrorist financing. That further retention period shall not exceed five additional years. （成员国应要求义务实体根据国家法律保留以下文件和资料，以防止、侦查和调查可能进行的洗钱或资助恐怖主义的活动：(a) 对于客户尽职调查而言，在与客户业务关系结束或偶然交易日期之后的五年内，提供遵守第二章规定的客户尽职调查要求所必需的文件和信息的副本；(b) 在与客户业务关系结束或偶然交易日期之后的五年内，提供识别交易所必需的证据和交易记录，包括原始文件或在司法程序中可予接收的副本。在第 1 项所述的保留期限届满后，成员国应确保义务实体删除个人数据，除非国家法律另有规定，国家法律应确定在何种情况下义务实体可以或应该进一步保留数据。成员国在对进一步保留的必要性和相称性进行彻底评估后，可以允许或要求进一步保留，并认为这对预防、发现或调查洗钱或恐怖主义融资是必要的。进一步的保留期不得超过五年。）

条文内容解读

1. 立法意旨

本条是关于金融机构大额交易报告制度和可疑交易报告制度的规定。

2. 演变历程

本条可追溯至 2006 年《反洗钱法》第 20 条："金融机构应当按照规定执行大额交易和可疑交易报告制度。金融机构办理的单笔交易或者在规定期限内的累计交易超过规定金额或者发现可疑交易的，应当及时向反洗钱信息中心报告。"

新《反洗钱法》在保留大额交易报告制度和可疑交易报告制度表述的基础上，对两种制度分别作出说明。尤其对于可疑交易报告制度，新增"制定并不断优化监测标准，有效识别、分析可疑交易活动"的内容，要求用更为科学合理的方式对可疑交易活动进行识别分析，充分体现了立法者对可疑交易活动的关注。同时，在末句新增"提交可疑交易报告的情况应当保密"的内容，表明对信息安全保护的重视。

3. 内容解读

（1）"金融机构应当按照规定执行大额交易报告制度"

这里的"规定"通常是指由反洗钱监管部门（如中国人民银行）发布的具体规则和标准，最主要的规定为《金融机构大额交易和可疑交易报告管理办法》。该办法详细说明了何种交易属于大额交易，包括具体的金额界限、交易类型等内容。金融机构必须严格遵守相应规定，不能自行随意设定或更改大额交易的标准。

（2）"客户单笔交易或者在一定期限内的累计交易超过规定金额的，应当及时向反洗钱监测分析机构报告"

这明确了报告的触发条件。"单笔交易"很好理解，就是每一次独立的交易。"一定期限内的累计交易"则是考虑到不法分子可能采用分散交易的策略。例如，在一定的工作日内，客户通过多次小额资金划转，累计金额达到规定的大额交易标准，金融机构同样需要报告。"及时"报告要求金融机构在发现交易符合报告条件后，要在规定的短时间内完成报告流程，以确保反洗钱监测分析机构能够尽快获取信息开展分析。

（3）"金融机构应当按照规定执行可疑交易报告制度，制定并不断优化监测标准"

同大额交易报告制度一样，可疑交易报告也有相应的规定作为依据。金融机构需要根据这些规定来建立自己的可疑交易监测系统。而且，"制定并不断优化监测标准"强调了金融机构的主动性和动态适应性。例如，最初金融机构可能将短期内频繁进行跨境汇款且汇款金额接近但不超过大额交易标准的行为视为可疑交易进行监测，随着洗钱手段的变化，发现有些洗钱分子利用虚拟账户进行多层嵌套的资金转移来躲避监测，金融机构就需要优化监测标准，将涉及虚拟账户的复杂资金转移行为也纳入可疑交易监测范围。

（4）"有效识别、分析可疑交易活动，及时向反洗钱监测分析机构提交可疑交易报告"

"有效识别"要求金融机构利用多种手段来发现可疑交易。这包括但不限于客户的身份信息核实、交易背景调查、交易模式分析等。例如，一个企业客户的经营范围是传统制造业，但却频繁进行金融衍生品交易，且交易金额巨大，这就需要金融机构进一步分析其交易是否具有合理的商业目的。"分析"环节则是对初步识别出的可疑交易进行深入研究，判断其洗钱可能性的大小。"及时提交"和大额交易报告的及时性要求类似，一旦确定为可疑交易，金融机构必须按照规定的时间和方式向反洗钱监测分析机构报告，以便监管机构及时开展调查。

（5）"提交可疑交易报告的情况应当保密"

这一规定主要是为了保护反洗钱工作的有效性。如果金融机构泄露了提交可疑交易报告的情况，可能会导致洗钱嫌疑人警觉。例如，某银行员工向洗钱分子透露银行已经将其交易作为可疑交易上报，洗钱分子可能就会销毁证据、中断洗钱计划或者采取更加隐蔽的手段继续洗钱，这将给后续的反洗钱调查工作带来极大的困难。因此，金融机构有责任对报告情况严格保密，包括对内部无关人员以及外部第三方都要防止信息泄露。

条文实务应用

某证券公司未按规定报送大额交易报告或者可疑交易报告案[①]

案情简介：

2023年2月，某证券公司因为"未按规定履行客户身份识别义务；未按规定报送大额交易报告或者可疑交易报告；与身份不明的客户进行交易或者为客户开立匿名账户、假名账户"等违法行为被中国人民银行罚款1388万元。

裁判要旨：

金融机构应当严格执行大额交易报告制度和可疑交易报告制度，某证券公司的行为违反了《反洗钱法》第35条规定，导致犯罪嫌疑人极有可能利用该漏洞实施洗钱活动，应予以处罚。

案件评析：

某证券公司作为大型金融机构，出现此类违法行为，表明即使是大型金融机构在反洗钱工作中也可能存在疏忽和漏洞。未按规定报送大额交易报告或者可疑交易报告可能导致洗钱行为难以被及时发现和制止，给金融秩序和社会稳定造成潜在风险，因此必须依法严惩，以维护反洗钱法的严肃性和金融市场的健康稳定。

相关法律法规

《金融机构大额交易和可疑交易报告管理办法》

全文（略）

《中国人民银行关于修改〈金融机构大额交易和可疑交易报告管理办法〉的决定》

全文（略）

条文理论延伸

刘天月：《银行业金融机构大额交易报告问题及建议》，载《黑龙江金

[①] 银罚决字（2023）11号，载中国人民银行网站，http://www.pbc.gov.cn/zhengwugongkai/4081330/4081344/4081407/4081705/4790799/index.html，2025年5月15日访问。

融》2022 年第 5 期。

董龙训：《提升可疑交易报告有效性》，载《中国金融》2017 年第 4 期。

第三十六条　金融机构保持动态情形关注的要求

金融机构应当在反洗钱行政主管部门的指导下，关注、评估运用新技术、新产品、新业务等带来的洗钱风险，根据情形采取相应措施，降低洗钱风险。

❋ 条文内容解读

1. 立法意旨

本条是对金融机构保持动态情形关注的要求。

2. 演变历程

2006 年《反洗钱法》并无相关内容。新《反洗钱法》增加该条内容，旨在督促金融机构对新事物保持充分的敏感性，并能及时采取相应措施，发挥主观能动性，避免墨守成规、不思进取，以降低新事物可能带来的洗钱风险。

3. 内容解读

（1）主体与职责

法条中明确规定金融机构是关注、评估和采取措施降低洗钱风险的主体。金融机构作为经济活动的关键环节，直接与各类客户和资金打交道，处于反洗钱的前沿阵地，因此被赋予了这一重要职责。

法条强调金融机构应"在反洗钱行政主管部门的指导下"开展工作。这确立了反洗钱行政主管部门与金融机构之间的指导与被指导关系，反洗钱行政主管部门具有专业的监管能力和丰富的经验，能够为金融机构提供政策解读、风险预警、技术支持等多方面的指导，确保金融机构的反洗钱工作符合法律法规的要求和实际风险防控的需要。

（2）关注与评估对象

在新技术上，随着金融科技的飞速发展，如大数据、人工智能、区块链、云计算等新技术在金融领域的广泛应用，虽然提高了金融服务的效率和便利性，但也为洗钱活动带来了新的契机。例如，虚拟货币利用区块链技术的去中心化和匿名性特点，使得资金来源和去向难以追踪，为洗钱提供了可乘之机。金融机构需要关注这些新技术在业务中的应用可能带来的洗钱风险，如交易的匿名性、资金转移的快速性和跨境交易的便捷性等，及时进行风险评估。

在新产品上，金融市场不断创新推出各种新产品，如新型的理财产品、结构性金融产品、互联网金融产品等。一些复杂的金融产品结构可能被洗钱分子利用来掩盖资金的真实来源和去向。例如，某些高收益的理财产品可能吸引洗钱分子将非法资金混入正常资金流中进行投资，以实现资金的合法化。金融机构必须对新产品的设计、销售和运作过程中可能存在的洗钱风险进行深入评估。

在新业务上，金融机构开展的新业务模式，如跨境金融服务、移动支付业务、网络借贷业务等，也面临着不同程度的洗钱风险。以跨境金融服务为例，由于涉及不同国家和地区的法律法规、监管要求以及金融体系，洗钱分子可能利用跨境业务的复杂性和监管差异进行洗钱活动。金融机构需要关注新业务的各个环节，包括客户准入、交易流程、资金结算等，评估可能出现的洗钱风险点。

（3）措施与目标

金融机构要根据关注和评估的结果，采取"相应措施"。这些措施应具有针对性，根据不同的风险情形，从完善内部控制制度、加强客户尽职调查、优化交易监测系统、强化员工培训等多个方面入手。例如，对于高风险的新技术应用场景，金融机构可能需要加强技术安全防护，设置专门的风险监控指标和预警机制；对于涉及复杂结构的新产品，可能需要进一步细化客户身份识别和交易背景审查的流程；对于跨境新业务，要加强与境外机构的信息共享和合作，防范洗钱分子利用监管差异进行洗钱。

明确规定金融机构采取措施的目标是"降低洗钱风险"。这一目标贯穿于金融机构反洗钱工作的始终，所有的关注、评估和措施的制定与实施都应以有效降低洗钱风险为核心。通过不断优化反洗钱工作流程和机制，提高对洗钱活动的识别、监测和防范能力，最大限度地减少洗钱行为对金融机构和金融体系的危害。

条文实务应用

1. 实务指南

（1）可能遇到的风险

在当今金融行业不断创新发展的背景下，金融机构在新技术、新产品、新业务方面面临着诸多洗钱风险。

新技术层面，大数据与人工智能技术在应用时，数据隐私有泄露风险，洗钱分子可能会通过篡改数据来逃避监管监测，同时复杂的算法模型也存在误判、漏判的隐患；区块链技术中，虚拟货币交易的匿名性以及智能合约的自动执行特性，为洗钱活动创造了便利条件；在云计算技术下，数据存储安全难以保障，云服务提供商的合规情况也不确定。

新产品领域，新型理财产品因收益结构复杂，销售渠道和客户群体具有多样性，容易被洗钱分子盯上；跨境金融产品由于涉及不同国家的法规和监管差异，加大了跨境洗钱的风险。

新业务范畴中，移动支付业务因其便捷性和隐蔽性，让洗钱分子有机会利用虚假交易、购买虚拟商品来转移资金；跨境电商支付业务由于涉及多国交易主体和货币结算，容易被用于洗钱；金融科技服务业务中，金融科技服务提供商存在技术安全与合规风险，如系统遭受攻击导致客户信息泄露。

（2）解决方案

针对上述风险，金融机构可采取一系列针对性措施。

在新技术方面，要评估数据来源的合法性、安全性以及算法的准确性，强化数据加密和访问控制，建立人工复核机制；分析虚拟货币交易规模、频率以及智能合约代码逻辑，按照监管要求管控虚拟货币业务，建立监测机制追踪交易链条；审查云服务提供商的资质，审计自身云端数据访问情况，通过签订安全协议、定期备份加密数据来确保数据安全。

在新产品方面，需分析新型理财产品的收益、投资标的和风险特征，对销售渠道和客户进行分类管理，加强客户身份识别和交易监测；研究各国反洗钱法规和监管政策，分析跨境资金流动状况，加强与境外机构的合作，严格做好客户身份识别和背景调查。

在新业务方面，要分析移动支付交易的规模、频率和类型，要求支付机构完善反洗钱内部控制,对交易进行限额管理并及时报告可疑交易;评估跨境电商支付业务的交易流程、资金结算和风控措施,分析交易数据,加强监管并建立风险监测系统;评估金融科技服务提供商的技术能力、安全资质和合规记录,审查合作协议,加强监督管理。

2. 典型案例

王某某、马某等利用虚拟货币集资诈骗、洗钱案[①]

案情简介:

2020年,王某某等人设计某虚拟货币及"超级钱包"APP,虚构该货币与实体经济挂钩,以拉人头的形式发展下线,实施集资诈骗,致2.9万余名参与者损失17亿余元。王某某将约2.49亿元"某1虚拟货币"转予马某,马某明知钱款非法,仍通过境外外汇平台投资等操作改变虚拟货币性质,并向指定账户转款。

裁判要旨:

王某某等人利用虚拟货币等新技术实施洗钱活动,其行为严重危害社会公共利益,应当予以严惩。

案件评析:

本案为涉虚拟货币、自洗钱等新型犯罪典型案例。反映出区块链技术下虚拟货币犯罪的复杂性,为打击此类犯罪提供了范例,警示利用区块链技术进行非法活动将面临严厉惩处。金融机构需要不断加强对新技术、新产品、新业务的监管。

相关法律法规

《中华人民共和国中国人民银行法》

第四条 中国人民银行履行下列职责:

(一)发布与履行其职责有关的命令和规章;

(二)依法制定和执行货币政策;

(三)发行人民币,管理人民币流通;

[①] 《成都法院2024年度十大典型案例和优秀司法建议发布》,载四川长安网,https://www.sichuanpeace.gov.cn/zdal/20250110/2937874.html,2025年5月15日访问。

（四）监督管理银行间同业拆借市场和银行间债券市场；

（五）实施外汇管理，监督管理银行间外汇市场；

（六）监督管理黄金市场；

（七）持有、管理、经营国家外汇储备、黄金储备；

（八）经理国库；

（九）维护支付、清算系统的正常运行；

（十）指导、部署金融业反洗钱工作，负责反洗钱的资金监测；

（十一）负责金融业的统计、调查、分析和预测；

（十二）作为国家的中央银行，从事有关的国际金融活动；

（十三）国务院规定的其他职责。

中国人民银行为执行货币政策，可以依照本法第四章的有关规定从事金融业务活动。

❀ 条文理论延伸

1. 比较法规定

《欧盟反洗钱第四号指令》第 7 条第 1 款。[①]

2. 学术研究

叶静：《数字藏品洗钱犯罪：运作模式、规制困境与法律应对》，载《中国人民公安大学学报（社会科学版）》2024 年第 5 期。

马永强：《区块链金融的刑法风险与规则之治》，载《重庆大学学报（社会科学版）》2022 年第 5 期。

[①] Each Member State shall take appropriate steps to identify, assess, understand and mitigate the risks of money laundering and terrorist financing affecting it, as well as any data protection concerns in that regard. It shall keep that risk assessment up to date.（每个成员国都应采取适当措施，以识别、评估、理解并减轻影响本国的洗钱和恐怖主义融资风险，以及在这方面涉及的数据保护问题。成员国应及时更新此类风险评估。）

第三十七条　反洗钱工作统筹及信息共享

> 在境内外设有分支机构或者控股其他金融机构的金融机构，以及金融控股公司，应当在总部或者集团层面统筹安排反洗钱工作。为履行反洗钱义务在公司内部、集团成员之间共享必要的反洗钱信息的，应当明确信息共享机制和程序。共享反洗钱信息，应当符合有关信息保护的法律规定，并确保相关信息不被用于反洗钱和反恐怖主义融资以外的用途。

❋ 条文内容解读

1. 立法意旨

本条是关于反洗钱工作统筹及信息共享的规定。

2. 演变历程

2006年《反洗钱法》无相关内容。新《反洗钱法》新增该条内容，要求在总部或集团层面统筹反洗钱工作，并在信息共享中对信息进行有效保护。这既体现出对反洗钱工作的重视，又强调了在工作过程中要注意信息的保密，避免造成信息滥用。

3. 内容解读

（1）"在境内外设有分支机构或者控股其他金融机构的金融机构，以及金融控股公司，应当在总部或者集团层面统筹安排反洗钱工作"：反洗钱工作统筹

这一规定明确了特定金融机构在反洗钱工作中的统筹责任主体。对于那些组织结构复杂、业务范围广泛，涉及境内外分支机构及控股金融机构的大型金融集团和跨国金融机构而言，总部或集团层面的统筹至关重要。它意味着这些机构不能让各分支机构和控股公司各自为政，而是要从整体上制定统一的反洗钱策略、政策和程序，确保整个集团内部反洗钱工作标准一致、资源合理配置、信息有效传递，以形成合力，提高反洗钱工作的效率和效果，避免因内部协调不畅而出现洗钱风险的漏洞或监管空白。

（2）"为履行反洗钱义务在公司内部、集团成员之间共享必要的反洗钱信息的，应当明确信息共享机制和程序"：明确反洗钱信息共享机制与程序

该句强调了在集团内部共享反洗钱信息的必要性和规范性。明确要求金

融机构和金融控股公司需要一套完善的反洗钱信息共享机制和程序，以确保反洗钱信息在公司内部和集团成员之间能够及时、准确、安全地传递。例如，需要规定哪些部门或成员有权发起信息共享请求，哪些具体的反洗钱信息属于可共享的范围，是客户身份信息、交易记录、风险评估结果等，还是其他特定的信息，以及通过何种安全的渠道和方式进行信息传递，如加密的内部网络系统、专门的信息共享平台等，同时还要明确信息共享的审批流程和权限设置等，以防止信息的随意共享和滥用。

（3）"共享反洗钱信息，应当符合有关信息保护的法律规定，并确保相关信息不被用于反洗钱和反恐怖主义融资以外的用途"：反洗钱信息保护及用途限制

该句凸显了对反洗钱信息的保护和对其使用用途的严格限制。一方面，金融机构在共享反洗钱信息时，必须严格遵守国家关于信息保护的法律法规，如《中华人民共和国网络安全法》《中华人民共和国数据安全法》《中华人民共和国个人信息保护法》等，采取有效的技术和管理措施，保障信息的安全性、完整性和保密性，防止信息被非法获取、篡改、泄露或用于其他非法目的，切实保护客户的隐私和商业秘密等合法权益。另一方面，明确限制了共享的反洗钱信息只能用于反洗钱和反恐怖主义融资工作，严禁将这些信息用于其他任何未经授权的商业目的或非反洗钱相关的活动，如市场营销、客户拓展、内部业绩考核等，以确保反洗钱信息的使用严格遵循法律规定的特定目的，防止信息被滥用而给客户和社会带来不必要的风险和损害。

条文实务应用

1. 实务指南

（1）可能遇到的风险

反洗钱工作统筹协调不足：总部或集团层面缺乏有效统筹，导致各部门和分支机构职责不清，反洗钱策略、目标和计划难以有效落实，重大问题无法及时解决。不同地区和业务风险特点考虑不充分，统一的反洗钱政策、制度和流程适应性差。人力、物力和财力资源配置不合理，反洗钱工作人员专业能力不足。

反洗钱信息共享混乱：反洗钱信息共享范围不明确，共享信息内容界定模糊，导致信息不准确、不完整。信息共享渠道不安全，缺乏严格的用户认证、授权管理和数据加密功能，信息在传输和存储过程中存在泄露风险。

（2）解决方案

建立统筹协调机制：在总部或集团层面设立专门的反洗钱工作领导小组或协调部门，如大型银行在总行设立反洗钱工作委员会，由行长担任主任，各相关业务部门和风险管理部门负责人为成员，定期召开会议，明确各部门和分支机构在反洗钱工作中的职责和分工，确保反洗钱工作任务有效落实。总部或集团制定统一的反洗钱政策、内部控制制度和操作流程，并根据不同地区和业务的风险特点，适时调整和完善。合理配置反洗钱工作所需的人力、物力和财力资源。加强对反洗钱工作人员的专业培训，定期组织培训课程、研讨会和案例分析会等，提高其反洗钱意识和业务能力。

明确反洗钱信息共享机制与程序：根据反洗钱工作实际需要，明确规定在公司内部和集团成员之间可以共享的反洗钱信息范围，如客户身份基本信息、交易记录、风险评估结果、可疑交易线索等，并对共享信息的具体内容进行详细界定。搭建安全、高效的反洗钱信息共享平台或利用现有的内部网络系统作为信息共享主要渠道，该平台应具备严格的用户认证、授权管理和数据加密功能。例如，金融控股公司建立统一的反洗钱信息管理系统，各成员公司通过该系统进行信息的上传、查询和共享。

反洗钱信息保护：明确规定共享的反洗钱信息只能用于反洗钱和反恐怖主义融资工作，在内部管理制度中明确对违反信息用途限制行为的处罚措施，对违规使用反洗钱信息的部门和人员进行严肃处理。定期对反洗钱信息的使用情况进行检查和审计，确保信息使用符合法律法规和公司内部规定。建立健全内部监督和审计机制，内部审计部门定期对反洗钱工作统筹安排、信息共享机制及信息保护情况进行独立审计，检查各项反洗钱制度和程序的执行情况，发现问题及时提出整改建议，并跟踪整改情况。

2. 典型案例

某银行某分行被行政处罚案[①]

案情简介：

某银行某分行存在违反个人金融信息保护规定、违反金融消费争议解决的相关规定、涉诈账户管理不到位3项违法行为。涉诈账户管理不到位体现出在反洗钱工作中，对涉及诈骗风险的账户信息管理和共享存在缺陷，致使无法及时察觉并阻止可疑资金流动。

裁判要旨：

在个人金融信息保护方面，未能采取有效措施保障客户信息的保密性、完整性与可用性，严重侵犯客户隐私。而在涉诈账户管理环节，对账户信息的把控和共享存在重大漏洞，给洗钱及诈骗等违法犯罪活动提供了可乘之机，应予以严厉处罚。

案件评析：

从这一案件中可以看出，金融机构在反洗钱及信息管理等多方面的合规运营至关重要。在反洗钱工作中，涉诈账户管理与反洗钱紧密相连，银行对账户信息管理和共享的缺失，会导致严重的风险漏洞。这不仅反映出银行内部管理的松散，也表明其对反洗钱法规的执行不到位。对个人金融信息保护规定的违反，损害了客户的信息安全。此次处罚为各金融机构敲响警钟，强调必须严格落实各项金融法规，强化内部管理与风险防控体系，尤其是在反洗钱工作中，要确保信息管理与共享的高效性、准确性，以防范金融风险，保障金融市场的稳定与安全。

❀ 相关法律法规

《金融机构反洗钱规定》

第七条 中国人民银行及其工作人员应当对依法履行反洗钱职责获得的信息予以保密，不得违反规定对外提供。

中国反洗钱监测分析中心及其工作人员应当对依法履行反洗钱职责获得

[①] 《福州中支行政处罚信息公示表（福银罚决字〔2023〕32—39、41—44号）》，载中国人民银行福建省分行网站，http://fuzhou.pbc.gov.cn/fuzhou/126805/126823/126830/5508082/4963424/index.html，2025年6月5日访问。

的客户身份资料、大额交易和可疑交易信息予以保密；非依法律规定，不得向任何单位和个人提供。

条文理论延伸

1. 比较法规定

英国《2017 年反洗钱条例》第 20 条第 1 款第（a）项。[①]

2. 学术研究

许可：《论反洗钱义务履行中的个人信息处理》，载《中国社会科学院研究生院学报》2022 年第 5 期。

邢会强：《大数据时代个人金融信息的保护与利用》，载《东方法学》2021 年第 1 期。

第三十八条　对客户尽职调查的配合义务

> 与金融机构存在业务关系的单位和个人应当配合金融机构的客户尽职调查，提供真实有效的身份证件或者其他身份证明文件，准确、完整填报身份信息，如实提供与交易和资金相关的资料。
>
> 单位和个人拒不配合金融机构依照本法采取的合理的客户尽职调查措施的，金融机构按照规定的程序，可以采取限制或者拒绝办理业务、终止业务关系等洗钱风险管理措施，并根据情况提交可疑交易报告。

条文内容解读

1. 立法意旨

本条规定了特定单位和个人对金融机构客户尽职调查的具体配合义务，

[①] A relevant parent undertaking must—establish and maintain throughout its group the policies, controls and procedures for data protection and sharing information for the purposes of preventing [money laundering, terrorist financing and proliferation financing] with other members of the group [including policies on the sharing of information about customers, customer accounts and transactions]．（相关母公司必须——在其整个集团范围内制定并维持用于数据保护以及为防范［洗钱、恐怖主义融资及扩散融资］而与集团其他成员共享信息的政策、管控措施和程序［包括有关客户、客户账户及交易的信息共享政策］。）

以及拒不履行配合义务的法律后果。

2. 演变历程

本条可追溯至 2006 年《反洗钱法》第 16 条第 7 款："任何单位和个人在与金融机构建立业务关系或者要求金融机构为其提供一次性金融服务时，都应当提供真实有效的身份证件或者其他身份证明文件。"

本次法律修订后，新《反洗钱法》在吸纳上述规定的基础上，又作出进一步完善：一是将义务主体准确界定为"与金融机构存在业务关系的单位和个人"，不再使用"任何单位和个人在与金融机构建立业务关系或者要求金融机构为其提供一次性金融服务时"的表述，突出体现单位和个人配合客户尽职调查的义务具有持续性，而非仅限于建立业务关系时、提供一次性金融服务时。二是明确规定"应当配合金融机构的客户尽职调查"，鲜明、凝练地指出相关主体配合金融机构客户尽职调查具有义务属性，并且准确顺应了金融机构反洗钱从客户身份识别制度向客户尽职调查制度的转变。三是增加配合客户尽职调查的具体义务内容，新增"准确、完整填报身份信息""如实提供与交易和资金相关的资料"等规定，扩展义务主体提供信息资料的范围，满足金融机构开展尽职调查的信息需求。四是增设拒不履行配合义务的法律后果，即本条第 2 款，对义务主体形成督促、警示，亦为金融机构采取相应措施防范洗钱风险提供法律依据。

3. 内容解读

（1）义务主体："与金融机构存在业务关系的单位和个人"

与金融机构存在业务关系的单位和个人负有配合金融机构客户尽职调查的具体义务。新《反洗钱法》第 10 条规定，任何单位和个人都应当配合客户尽职调查；这是关于配合义务的原则性规定。本条则规定了相关单位和个人对客户尽职调查的具体配合义务。

第一，与金融机构存在业务关系，是单位和个人负有具体配合义务的前提。确定具体配合义务的主体范围，应当紧密结合洗钱行为、洗钱风险以及客户尽职调查制度，保证准确有效。洗钱风险与洗钱行为依托具体的金融活动而存在，客户尽职调查也需要结合业务主体、业务内容等要素来进行。业务关系可以反映上述要素且在实践中易于识别，以此作为义务主体范围的界定标准，具有科学性、合理性。常见的业务关系包括存款贷款、支付结算、资产管理等。

第二，"存在业务关系"表明配合义务具有持续性。配合义务的持续性根源于金融机构履行客户尽职调查等反洗钱义务的持续性。洗钱行为与洗钱风险存在于金融活动全过程，金融机构为保持对洗钱风险的识别与控制，需要持续履行客户尽职调查等反洗钱义务。新《反洗钱法》第30条规定，金融机构在业务关系存续期间，持续关注并评估客户整体状况及交易情况，了解客户的洗钱风险。因此，基于上述客户尽职调查要求与反洗钱工作特点，单位和个人在与金融机构存在业务关系期间，持续负有对尽职调查的配合义务。

（2）配合义务："应当配合金融机构的客户尽职调查，提供真实有效的身份证件或者其他身份证明文件，准确、完整填报身份信息，如实提供与交易和资金相关的资料"

新《反洗钱法》实现了客户身份识别制度向客户尽职调查制度的转变，更全面地贯彻了"了解你的客户"原则；同时，也相应地设定了配合客户尽职调查的义务。

第一，设定配合义务系基于客户尽职调查方式。新《反洗钱法》第29条第2款规定了客户尽职调查的方式，包括识别并采取合理措施核实客户及其受益所有人身份，了解客户建立业务关系和交易的目的，涉及较高洗钱风险的，还应当了解相关资金来源和用途。可见，获取相关信息是金融机构尽职调查的关键。从信息来源角度看，客户直接、真实地掌握自身交易目的、资金用途等信息，金融机构需要以客户提供的信息作为参考，或对此加以核实。从获取信息成本看，金融机构为客户尽职调查担负成本，由客户配合提供信息，优于金融机构自行主动通过查询、监测获取信息；这在较低洗钱风险情况下尤其明显。因此，基于客户尽职调查方式，新《反洗钱法》对与金融机构存在业务关系的单位和个人，设定配合金融机构客户尽职调查的义务。

第二，提供所需信息是履行配合义务的主要形式。在客户尽职调查过程中，义务主体应当配合金融机构采取的合法合理的尽职调查措施，按照真实有效、准确完整的要求，向其提供或填报本条第1款规定的身份证明文件、身份信息、与交易和资金相关的资料。

第三，根据洗钱风险状况，合理界定具体义务。新《反洗钱法》第29条第2款和第3款规定，金融机构应当根据洗钱风险状况等因素开展客户尽职调查；涉及较高洗钱风险的，应当了解相关资金来源及用途；涉及较低洗钱风险的，应当根据情况简化客户尽职调查。按照该规定，具体业务关系中的配合义务，也应当根据洗钱风险状况等因素，合理地作出差异化界定，使配合义务与洗钱风险状况相适应，避免不当加重义务主体负担。

（3）拒不履行配合义务的情形："单位和个人拒不配合金融机构依照本法采取的合理的客户尽职调查措施"

认定义务主体拒不履行配合义务，需要首先保证客户尽职调查措施合法、合理，并且正确判断是否具有"拒不配合"的情形。

第一，义务主体应当配合的客户尽职调查措施，必须具有合法性。新《反洗钱法》第29条第1款、第2款分别是关于客户尽职调查适用情形、措施类型的规定，金融机构必须严格遵守，在具有法定情形时开展尽职调查，采取法律规定的尽职调查措施。对于金融机构违法采取的尽职调查措施，相对方不应负有配合义务，亦不应承担拒不履行配合义务的法律后果。

第二，义务主体应当配合的客户尽职调查措施，必须具有合理性。这是指，金融机构采取的尽职调查措施应当与洗钱风险状况相适应，平衡好防范洗钱风险与优化金融服务的关系，根据洗钱风险具体状况差异化确定客户尽职调查措施的程度和方式方法，不应当采取与风险状况明显不符的尽职调查措施。

第三，义务主体"拒不配合"，则需承担法律后果。本条采用了"拒不配合"的表述。这表明，义务主体未履行配合义务，并不必然导致其承担法律后果；当其行为达到"拒不配合"程度时，则需承担法律后果。金融机构应当告知义务主体需要配合的内容以及拒不配合的法律后果。如果义务主体经提示、告知后，明确表示拒绝配合，或虽然没有明确表示但是在规定期限内仍未予以配合的，可以认定存在"拒不配合"的情形。

（4）拒不履行配合义务的法律后果："金融机构按照规定的程序，可以采取限制或者拒绝办理业务、终止业务关系等洗钱风险管理措施，并根据情况提交可疑交易报告"

与金融机构存在业务关系的单位和个人，对金融机构开展的客户尽职调查拒不配合的，需要承担相应法律后果。

第一，金融机构可以采取洗钱风险管理措施、提交可疑交易报告。采取洗钱风险管理措施、提交可疑交易报告是贯彻"风险为本"原则的有效举措。金融机构依法开展客户尽职调查，旨在获取相关信息、评估洗钱风险、防范洗钱活动。如果义务主体拒不履行尽职调查配合义务，将导致客户身份不明，洗钱嫌疑无法合理排除，身份资料真实性、有效性、完整性存疑，致使洗钱风险明显高于正常水平。此种情况下，金融机构按照新《反洗钱法》第 28 条、第 30 条、第 35 条的规定，采取洗钱风险管理措施、提交可疑交易报告，是防范和控制洗钱风险的有效举措。

第二，金融机构采取洗钱风险管理措施，应当遵守程序要求以及权限要求。本次修法过程中，本条专门增加"按照规定的程序"的表述，强调金融机构采取措施的程序性要求。此外，新《反洗钱法》第 30 条第 2 款也规定了采取洗钱风险管理措施的权限要求、程序要求、合理性要求。金融机构应当严格按照上述要求采取措施，避免对单位和个人的正常金融活动造成影响。

条文实务应用

1. 实务指南

金融机构在实务中可能面临客户不了解具体要求、配合程度偏低等情形。对此，一是可以结合客户特征、风险状况等因素，细化客户尽职调查中需要单位与个人配合提供的信息要求，为负有配合义务的主体提供明确具体、便于理解的指引；二是可以在业务合同中对单位和个人配合客户尽职调查的义务作出专门约定，并提示对方予以充分关注；三是应当确保其采取的洗钱风险管理措施合法、合理，与洗钱风险状况相匹配。

负有配合客户尽职调查义务的单位和个人在实务中可能面临被金融机构采取洗钱风险管理措施的情形。对此，一是应当积极履行配合义务，根据法律规定，结合客户尽职调查措施，提供身份证件、身份信息以及有关交易和资金的资料；二是如被采取洗钱风险管理措施，可以根据法律规定，判断金融机构采取措施是否合法、合理，是否与洗钱风险状况相匹配，依法维护自身的合法权益。

2. 典型案例

宣某与某证券公司营业部证券交易代理合同案[①]

案情简介：

宣某与某证券公司营业部签订《证券交易委托代理协议》，其中约定客户重要资料变更时应当及时书面通知证券公司、特定风险情形下某证券公司可以要求客户限期纠正、客户未按期纠正或拒不纠正时证券公司可以终止委托代理关系或暂停账户使用等内容。此后，该证券公司通过网站、移动客户端通知客户按期参加身份信息核实工作，逾期存在身份信息不完整、不真实等情况的，将对其名下账户中止提供金融服务。上述核实期限届满后，该证券公司营业部以宣某身份信息不完整为由中止提供金融服务，对其股票交易账户进行冻结。两周后，该营业部解除上述冻结，由工作人员远程指导宣某更新身份信息，但又于同日以宣某未更新电话号码、职业代码为由冻结账户。次日，宣某向该营业部工作人员提出，冻结股票交易账户构成违约，要求营业部支付本金、违约金、利息及交通费。后，该营业部仍未解除冻结，宣某遂将该营业部诉至人民法院。

裁判要旨：

一审法院认为，第一，该营业部以宣某未更新电话号码、职业代码为由冻结其股票交易账户，不属于双方签订的《证券交易委托代理协议》约定的情形，也不属于2006年《反洗钱法》规定的情形，应当予以解除。第二，鉴于宣某股票交易账户被冻结后，客观上造成其无法使用该账户进行交易，故酌情确定该营业部以第二次冻结之日账户中总资产为基数，按年利率4.35%支付宣某自第二次冻结之日起至解除冻结之日止的利息损失。

二审法院认为，第一，该营业部有权依法开展客户身份信息核实工作，但是就需要核实的信息内容以及拒不配合的行为后果，负有以合理方式向客户提前告知的义务。本案中，该营业部在未告知宣某的情况下径行采取账户限制措施，违反了合同约定。第二，待第二次冻结账户时，该营业部已远程指导宣某更新身份信息，可推定其知晓身份核实需求及拒不提供的后果；在

[①] 浙江省杭州市中级人民法院（2020）浙01民终696号民事判决书，载中国裁判文书网，2025年5月19日访问。

宣某未提供相关信息的情况下，该营业部对其账户采取限制措施符合相关规定。第三，该营业部已在一审审理过程中获知宣某相应身份信息，但账户限制措施仍然延续实施数月，违反合同约定。第四，考虑到案涉账户采取限制措施后对客户所造成的损失以及宣某账户内的证券市值情况，以及该营业部二审过程中才解除限制措施，法院酌情确定该营业部应向宣某支付赔偿金10000元。

案件评析：

本案中，某证券公司即在客户拒不配合身份识别的情况下，采取了洗钱风险管理措施，对其名下股票交易账户实施冻结。但是，金融机构采取限制账户等洗钱风险管理措施时，负有以合理方式向客户提前告知的义务。因此，二审法院对某证券公司两次冻结行为具有不同的认定结果：某证券公司首次实施冻结，系在未告知宣某的情况下径行采取账户限制措施，法院认为该行为违反合同约定；某证券公司第二次实施冻结，系在宣某已经接受工作人员远程指导、可以推定其知悉身份核实需求及拒不提供的后果后，法院认为本次冻结符合规定。此外，本案也表明，金融机构采取的措施，应当与洗钱风险状况相适应；在洗钱风险降低后，应当及时解除相应措施。金融机构未合法、合理采取洗钱风险管理措施的，对其行为为客户造成的损失，负有赔偿责任。

相关法律法规

《证券公司反洗钱工作指引》

第十条 在与客户的业务关系存续期间，证券公司应当采取持续的客户身份识别措施，关注客户及其日常交易情况，及时提示客户更新资料信息。客户先前提交的身份证件或者身份证明文件已过有效期的，应当要求客户进行更新。客户没有在合理期限内更新且没有提出合理理由的，应当按照法律规定或与客户事先约定，对客户采取限制办理新业务、限制撤销指定交易、限制转托管或者限制资金转出等措施。

条文理论延伸

蔡宁伟：《从客户身份识别向客户尽职调查的转型——兼评反洗钱"四

大核心义务"的传承与发展》，载《征信》2023 年第 4 期。

包明友、张怡、刘潋：《完善我国客户尽职调查制度》，载《中国金融》2020 年第 16 期。

第三十九条　洗钱风险管理措施的救济

> 单位和个人对金融机构采取洗钱风险管理措施有异议的，可以向金融机构提出。金融机构应当在十五日内进行处理，并将结果答复当事人；涉及客户基本的、必需的金融服务的，应当及时处理并答复当事人。相关单位和个人逾期未收到答复，或者对处理结果不满意的，可以向反洗钱行政主管部门投诉。
>
> 前款规定的单位和个人对金融机构采取洗钱风险管理措施有异议的，也可以依法直接向人民法院提起诉讼。

❖ 条文内容解读

1. 立法意旨

本条规定了单位和个人对金融机构采取洗钱风险管理措施有异议时的救济方式，以及金融机构处理异议的时限要求。

2. 演变历程

洗钱风险管理措施及其救济是本次法律修订新增加的内容，在 2006 年《反洗钱法》中没有相应规定。

3. 内容解读

新《反洗钱法》新增洗钱风险管理措施的规定，此类措施对单位和个人实施交易、办理业务具有一定限制，如果未能依法、合理适用，将会影响正常金融活动乃至基本的、必需的金融服务，损害单位和个人的合法权益。本条设立了单位和个人针对洗钱风险管理措施的事后救济途径，规定了金融机构答复异议的时限要求，为单位和个人开展救济提供了法律依据，是新《反洗钱法》第 4 条在洗钱风险管理措施方面的具体落实。

(1) 向金融机构提出异议:"单位和个人对金融机构采取洗钱风险管理措施有异议的,可以向金融机构提出"

本条首先规定向金融机构提出异议的救济途径。第一,该途径与民事法律关系相对应,具有合理性。金融机构与单位和个人之间存在业务关系,在法律层面即存在民事法律关系,双方享有相应的民事权利和义务。当金融机构采取洗钱风险管理措施时,将对客户的民事权利形成限制;客户提出异议,就是认为金融机构的行为侵害了自身合法权利。金融机构应当对其采取措施行为负责。第二,该途径具有效率优势。金融机构是采取洗钱风险管理措施的主体,了解洗钱风险状况与措施影响,根据经营规模和洗钱风险状况配备相应人员,具有信息优势、专业优势、人员优势。由金融机构处理异议,有利于提升答复效率、效果。此外,由金融机构处理异议,能够节约行政和司法资源。

(2) 向行政机关提出投诉:"相关单位和个人逾期未收到答复,或者对处理结果不满意的,可以向反洗钱行政主管部门投诉"

本条规定了附条件向反洗钱行政主管部门投诉的救济途径。所附条件为,单位和个人需要先行向金融机构提出异议,未按期收到答复或对答复不满意。换言之,金融机构处理异议位于行政机关处理投诉的前置环节。这一规定能够节约反洗钱行政主管部门的资源,避免行政资源消耗于数量繁多的投诉中。此外,反洗钱行政主管部门接受并处理单位和个人提出的投诉,能够监督金融机构是否合法、合理采取措施。需要注意的是,新《反洗钱法》尚未明确规定反洗钱行政主管部门处理投诉的办理时限、具体程序,还需其他规范性文件作出进一步规定。

(3) 向人民法院提起诉讼:"前款规定的单位和个人对金融机构采取洗钱风险管理措施有异议的,也可以依法直接向人民法院提起诉讼"

本条规定了司法救济途径,为单位和个人提供更权威、全面的保护方式。第一,司法裁判具有权威性等特征,能够实现定分止争、权利救济的法律效果和社会效果。生效司法判决对诉讼双方产生拘束力,其认定的事实与责任具有确定性,可以在法律层面终局性解决争议纠纷。此外,生效司法判决以国家强制力为保障,其作出的判决结果能够得到有效执行。上述特点是司法救济途径的特有优势。

第二，司法救济途径可以使单位和个人的经济损失得到赔偿。金融机构采取洗钱风险管理措施，将会限制单位和个人的金融活动，也可能给单位和个人造成经济损失。因此，对单位和个人有效的救济方式，既要让金融机构停止实施不当的洗钱风险管理措施，取消对交易方式、金额、频次或业务类型的限制，恢复单位和个人相应权利；也要让单位和个人受到的经济损失得到赔偿。通过司法救济途径，当事人可以提出损害赔偿的诉讼请求，由人民法院判定金融机构是否应承担赔偿责任，保障当事人得到全面、有效的救济。

第三，司法救济途径未设定前置要求。单位和个人对金融机构洗钱风险管理措施存在异议的，可以直接向人民法院提起诉讼，不需要先行向金融机构提出异议或向反洗钱行政主管部门提出投诉。这一规定保障单位和个人能够及时、直接寻求司法救济。

（4）金融机构处理异议的时限要求："金融机构应当在十五日内进行处理，并将结果答复当事人；涉及客户基本的、必需的金融服务的，应当及时处理并答复当事人"

金融机构应当在规定时限内对当事人提出的异议作出答复。第一，金融机构处理异议并答复结果的时限最多为 15 天，应当按期作出答复。第二，当事人异议涉及基本的、必需的金融服务时，金融机构应当以更快的速度处理并作出答复。基本的、必需的金融服务，主要与客户依法享有的医疗、社会保障、公用事业服务等相关。本条虽然未明确规定更短的时限，但是要求金融机构更快处理异议的含义不言而喻。这一规定体现出立法对客户基本的、必需的金融服务予以重点保护，具体落实了新《反洗钱法》第 30 条的相关要求。

条文实务应用

1. 实务指南

单位和个人如果对洗钱风险管理措施有异议的，可以对照法律规定和合同约定，判断金融机构采取措施的合法性、合理性，针对性梳理异议理由。如果向人民法院提起诉讼的，要判断是否属于适格当事人，提出具体的诉讼请求和事实、理由；如果具有经济损失的，可以提出损害赔偿的诉讼请求，分析金融机构洗钱风险管理措施的违法性及其与经济损失之间的因果关系。

金融机构处理单位和个人提出的异议时，应当按照时限要求进行处理并作出答复。对于涉及基本的、必需的金融服务的，应当在更短时间内及时处理并作出答复。反洗钱行政主管部门处理单位和个人提出的投诉时，可以首先了解其是否已经向金融机构提出异议，并且逾期未收到答复或对答复不满意。

2. 典型案例

靳某等 5 人与某银行储蓄存款合同案[①]

案情简介：

靳某等 5 人系李某的法定继承人。李某生前在某银行使用其第一代身份证开设银行账户。李某去世后，靳某等人取款时，因提供的李某身份证与该银行留存的身份证证件不符，导致未能及时取出存款。靳某等 5 人遂将该银行支行诉至人民法院，请求法院判决该支行支付此笔存款。该支行辩称，根据 2006 年《反洗钱法》第 16 条以及其他相关规定，对留存身份信息不完整、不真实的客户名下账户中止提供金融服务；李某生前未更新身份信息，故账户被锁定，无法支取。

裁判要旨：

法院认为，李某生前在该银行开设账户并存有款项，双方形成储蓄存款合同关系；靳某等 5 人作为李某的法定继承人，以法定继承的形式继承该笔存款，要求该银行支行支付款项，法院予以支持。法院判令，该支行将李某账户内的存款支付给原告。

案件评析：

本案中，因李某留存身份信息不完整、不真实，银行对其名下账户中止提供金融服务，属于新《反洗钱法》规定的洗钱风险管理措施。该措施限制了相关主体支取存款的权利。靳某等 5 人作为法定继承人，与本案有直接

[①] 参见河南省汝州市人民法院（2021）豫 0482 民初 1661 号民事判决书，载中国裁判文书网，2025 年 5 月 19 日访问。

利害关系，对银行采取措施导致无法支取存款具有异议，遂向人民法院提起诉讼，最终通过司法途径维护了自身的合法权益。

相关法律法规

《金融机构反洗钱和反恐怖融资监督管理办法》

第二十一条　中国人民银行及其分支机构应当根据执法检查有关程序规定，规范有效地开展执法检查工作，重点加强对以下机构的监督管理：

（一）涉及洗钱和恐怖融资案件的机构；

（二）洗钱和恐怖融资风险较高的机构；

（三）通过日常监管、受理举报投诉等方式，发现存在重大违法违规线索的机构；

（四）其他应当重点监管的机构。

条文理论延伸

王运慧：《我国金融消费者的合法权益及其法律保护》，载《金融理论与实践》2011年第11期。

孔令学：《论公私权视角下的金融消费者权利保护与限制——从〈反洗钱法〉颁行说起》，载《济南金融》2007年第4期。

第四十条　反洗钱特别预防措施

任何单位和个人应当按照国家有关机关要求对下列名单所列对象采取反洗钱特别预防措施：

（一）国家反恐怖主义工作领导机构认定并由其办事机构公告的恐怖活动组织和人员名单；

（二）外交部发布的执行联合国安理会决议通知中涉及定向金融制裁的组织和人员名单；

（三）国务院反洗钱行政主管部门认定或者会同国家有关机关认定的，具有重大洗钱风险、不采取措施可能造成严重后果的组织和人员名单。

> 对前款第一项规定的名单有异议的，当事人可以依照《中华人民共和国反恐怖主义法》的规定申请复核。对前款第二项规定的名单有异议的，当事人可以按照有关程序提出从名单中除去的申请。对前款第三项规定的名单有异议的，当事人可以向作出认定的部门申请行政复议；对行政复议决定不服的，可以依法提起行政诉讼。
>
> 反洗钱特别预防措施包括立即停止向名单所列对象及其代理人、受其指使的组织和人员、其直接或者间接控制的组织提供金融等服务或者资金、资产，立即限制相关资金、资产转移等。
>
> 第一款规定的名单所列对象可以按照规定向国家有关机关申请使用被限制的资金、资产用于单位和个人的基本开支及其他必需支付的费用。采取反洗钱特别预防措施应当保护善意第三人合法权益，善意第三人可以依法进行权利救济。

条文内容解读

1. 立法意旨

本条是关于反洗钱特别预防措施的规定。

2. 演变历程

新《反洗钱法》第 40 条的规定首次在法律层面引入"反洗钱特别预防措施"的概念，2006 年《反洗钱法》中并无类似规定。本条详细规定了可以采取反洗钱特别预防措施的名单类别以及具体的预防措施。

3. 内容解读

新《反洗钱法》第 6 条首次在法律层面引入"反洗钱特别预防措施"的概念，第 40 条进一步明确了其适用范围和措施类型。这一制度创新是利用金融手段打击洗钱和恐怖主义融资的重要举措，相较于 2006 年《反洗钱法》具有重要意义。

（1）适用范围

本条规定适用于所有单位和个人，不仅限于金融机构和特定非金融机构，与第 54 条关于"未按规定采取反洗钱特别预防措施"的处罚情形相呼应。这意味着，执行反恐黑名单、联合国制裁名单、中国反洗钱黑名单等筛查工作不仅是金融机构的义务，也是各类公司和个人的责任。对于普通企业而言，建立交易对手尽职调查程序和名单筛查流程将成为一项基本要求，这对社会公众来说是一项全新的挑战。

（2）可以采取反洗钱特别预防措施的名单类别

本条规定的"黑名单"包括三类：一是中国认定的恐怖活动组织和人员名单；二是联合国安理会定向金融制裁的组织和人员名单；三是中国监管部门认定的具有重大洗钱风险的组织和人员名单。这些措施旨在预防和遏制恐怖主义活动、防止大规模杀伤性武器扩散，维护国家安全和社会公共利益，同时也是履行国际义务的体现。

此外，被列入"黑名单"的组织或个人可依据本条规定申请复核、除名、行政复议或提起行政诉讼。其中，对被认定为恐怖活动组织和人员有异议的，可依据《中华人民共和国反恐怖主义法》的相关规定申请复核。

值得注意的是，反洗钱"黑名单"机制目前尚不包括商务部负责实施的不可靠实体清单以及外交部决定的反制清单内容。

（3）特别预防措施的类型

针对第 40 条第 1 款规定的三类"黑名单"，可采取的特别预防措施包括：立即停止提供金融服务或资金、资产，以及限制相关资金、资产的转移等。这些措施不仅针对"黑名单"上的组织和个人，还涵盖其代理人、受其指使的组织和个人，以及其直接或间接控制的组织。立法者通过扩大措施对象范围，呼应了国家强化金融安全的主题。

（4）例外说明

本条规定允许名单所列对象在符合规定的情况下，向国家有关机关申请使用被限制的资金、资产，用于基本开支及其他必须支付的费用。同时，采取特别预防措施时应保护善意第三人的合法权益。预计人民银行将在后续行政规章中明确"善意第三人"的定义和范围。

条文实务应用

反洗钱义务机构应当及时获取并更新上述三类"黑名单",应立即对现有客户及其交易对象进行核查,确认是否存在名单内对象。反洗钱义务机构一旦发现客户或其交易对象在名单内,应立即停止向其提供金融服务、资金或资产,对涉及名单对象的资金或资产,应立即采取限制措施,防止其转移,在采取上述特别预防措施后,还需及时向反洗钱行政主管部门报告。未按规定采取特别预防措施,或采取措施与风险状况不匹配的,可能面临警告、罚款,甚至被限制或禁止开展相关业务。此外,在共享反洗钱信息时,应符合《中华人民共和国个人信息保护法》等相关法律规定,确保信息不被用于反洗钱和反恐怖主义融资以外的用途。

相关法律法规

《中华人民共和国反恐怖主义法》

第十五条 被认定的恐怖活动组织和人员对认定不服的,可以通过国家反恐怖主义工作领导机构的办事机构申请复核。国家反恐怖主义工作领导机构应当及时进行复核,作出维持或者撤销认定的决定。复核决定为最终决定。

国家反恐怖主义工作领导机构作出撤销认定的决定的,由国家反恐怖主义工作领导机构的办事机构予以公告;资金、资产已被冻结的,应当解除冻结。

《中华人民共和国个人信息保护法》

全文(略)

条文理论延伸

1. 比较法规定

（1）40项建议，第一项建议、第十九项建议。[①]

[①] FATF, 40 Recommendations（October 2003）（国际反洗钱组织——金融行动特别工作组《四十项建议》）Chapter A Recommendation 1: Assessing risks and applying a risk-based approachCountries should identify, assess, and understand their money laundering and terrorist financing risks and take appropriate measures, including designating an authority or establishing a mechanism for coordinating the assessment of risks. On the basis of their risk assessment, countries should apply a risk-based approach to ensure that measures to prevent or mitigate money laundering and terrorist financing are commensurate with the identified risks. The risk-based approach should be a fundamental principle for the effective allocation of resources within the AML/CFT system and the implementation of risk-based measures under the FATF Recommendations. In areas identified as higher risk, countries should ensure that their AML/CFT mechanisms effectively address the risks. In areas identified as lower risk, countries may decide to allow and encourage simplified measures in accordance with the FATF Recommendations.

（第一项建议 评估风险与运用风险为本的方法

"为确保有效控制风险，各国应当识别、评估和了解本国的洗钱与恐怖融资风险，并采取相应措施，包括指定某一部门或建立相关机制负责统筹风险评估配置资源。在风险评估的基础上，各国应当采取风险为本的方法以确保防范和降低洗钱与恐怖融资风险的措施与已识别的风险相匹配。风险为本方法应当作为在反洗钱与反恐怖融资机制内有效配置资源、实施 FATF 各项建议中风险为本措施的基础性原则。在识别为较高风险的领域，各国应确保其反洗钱机制有效应对该风险。在识别为较低风险的领域，各国可决定在满足一定条件时，对某些 FATF 建议采取简化措施。各国应当要求金融机构和特定非金融行业与职业（DNFBPS）识别、评估并采取有效措施以降低其洗钱与恐怖融资风险。"）

Recommendation 19: High-risk countries

Countries should require financial institutions to apply enhanced customer due diligence measures when establishing business relationships or conducting transactions with natural persons, legal persons, or other financial institutions from countries for which the FATF calls for enhanced due diligence. The enhanced measures should be effective and proportionate to the risk.

Countries should have the ability to apply appropriate counter-measures in response to calls from the FATF. Countries should also have the ability to apply counter-measures independently in response to calls from the FATF. The counter-measures applied by countries should be effective and proportionate to the risk

（第十九项建议 高风险国家

"各国应当要求金融机构在与自然人、法人、其他金融机构建立业务关系或交易时，如其来自 FATF 要求采取强化客户尽职调查措施的国家，则应对其采取强化的客户尽职调查措施。所采取的强化措施应有效并与风险相匹配。各国应当有能力应 FATF 要求，运用适当的反制措施。各国也应当有能力应 FATF 要求，独立运用反制措施。各国采取的反制措施应有效并与风险相匹配。"）

（2）欧盟《第六项反洗钱指令》（AMLD 6）第31条。[①]

2. 学术研究

王茜：《反洗钱"新法"如何"硬刚"新犯罪业态 专访参与制定反洗钱法（修订草案）专家王新教授》，载《法人》2024年第9期。

戴宇倩：《域外反洗钱法律制度考察》，载《人民法院报》2024年12月6日。

第四十一条　识别、评估相关风险并制定相应的制度

> 金融机构应当识别、评估相关风险并制定相应的制度，及时获取本法第四十条第一款规定的名单，对客户及其交易对象进行核查，采取相应措施，并向反洗钱行政主管部门报告。

条文内容解读

1. 立法意旨

本条是旨在完善金融机构反洗钱义务。

[①] EU, AMLD 6, Directive (EU) 2024/1640 (19 Jun. 2024)（欧盟《第六项反洗钱指令》）

(31) Entities in charge of central registers are well placed to identify, in a rapid and efficient manner, the individuals who ultimately own or control legal entities and arrangements, including individuals designated in relation to targeted financial sanctions. Timely detection of ownership and control structures contributes to improving the understanding of the exposure to risks of non-implementation and evasion of targeted financial sanctions, and to the adoption of mitigating measures to reduce such risks. It is therefore important that entities in charge of central registers be required to screen the beneficial ownership information they hold against designations in relation to targeted financial sanctions, both immediately upon such designation and regularly thereafter, in order to detect whether changes in the ownership or control structure of the legal entity or legal arrangement are conducive to risks of evasion of targeted financial sanctions. An indication in the central registers that legal entities or legal arrangements are associated with persons or entities subject to targeted financial sanctions should contribute to the activities of competent authorities and of the authorities in charge of implementing Union restrictive measures.（负责中央登记的实体能够迅速有效地查明最终拥有或控制法律实体和安排的个人，包括因定向金融制裁而被指认的个人。及时发现所有权和控制结构有助于更好地了解不执行和逃避有针对性的金融制裁的风险，并有助于采取缓解措施来减少这种风险。因此，重要的是，应要求负责中央登记册的实体在被点名后立即并在其后定期对其持有的实益拥有权信息进行筛选，以防范与定向金融制裁有关的点名，以便查明法律实体或法律安排的所有权或控制结构的变化是否有助于规避定向金融制裁的风险。在中央登记册中注明法律实体或法律安排与受定向金融制裁的个人或实体有关联，应有助于主管当局和负责执行联盟限制措施的当局的活动。）

2. 演变历程

本条可追溯至2006年《反洗钱法》第15条"金融机构应当依照本法规定建立健全反洗钱内部控制制度，金融机构的负责人应当对反洗钱内部控制制度的有效实施负责。金融机构应当设立反洗钱专门机构或者指定内设机构负责反洗钱工作。"

相较于2006年《反洗钱法》第3章有关金融机构反洗钱义务的规定新《反洗钱法》第41条贯彻了"风险为本"的构监管原则，要求金融机构履行风险识别与评估义务，并及时获取相关名单（包括恐怖活动组织和人员名单、联合国安理会制裁名单及其他高风险名单），对客户及其交易对象进行核查若发现客户或交易对象涉及名单内对象，金融机构需采取相应措施（如停止服务、限制资金转移等）并及时向反洗钱行政主管部门报告。

3. 内容解读

本条明确了金融机构在反洗钱工作中的风险识别、评估和防控的具体义务，进一步完善了反洗钱监管体系。

（1）贯彻"风险为本"的监管原则

本条要求金融机构识别和评估洗钱风险，并制定相应制度，体现了从"规则为本"向"风险为本"监管理念的转变。这一转变旨在使金融机构根据自身业务特点和风险状况，灵活采取反洗钱措施。

（2）完善金融机构的反洗钱义务

本条进一步细化了金融机构的反洗钱义务，要求其及时获取《反洗钱法》第40条第1款规定的名单（包括恐怖活动组织和人员名单、联合国安理会制裁名单及其他高风险名单），并对客户及其交易对象进行核查。金融机构一旦发现客户或交易对象涉及名单内的对象，需采取相应措施（如停止服务、限制资金转移等），并及时向反洗钱行政主管部门报告。这一规定旨在通过明确金融机构的责任，提升反洗钱工作的主动性和有效性。

（3）加强金融机构的动态管理

本条强调金融机构需对客户及其交易对象进行持续监测，动态调整风险评估和管理措施。具体来说，金融机构应建立全面的洗钱风险评估体系，明确评估目的、范围、流程、方法和频率。评估体系应涵盖客户、业务、地域、行业等多个维度，通过固有风险和管控措施有效性的评估，确定整体洗钱风险水平。这有助于金融机构及时应对洗钱风险的变化，确保反洗钱措施与风险状况相匹配。

随着洗钱手段日益复杂，特别是互联网金融和跨境业务的兴起，第 41 条的出台旨在帮助金融机构更好地应对新型洗钱风险，确保反洗钱措施的有效性和适应性。

（4）履行反洗钱义务的金融机构

本条所称需履行反洗钱义务的金融机构以列举性的方式规定在新《反洗钱法》第 63 条中。

条文实务应用

金融机构识别洗钱风险需结合法律法规、监管要求及自身业务特点，采取系统化的风险评估与管理措施。以下建议可作为建立洗钱风险识别体系的参考。

第一，明确评估目的、范围、流程、方法和频率，全面涵盖客户、业务、地域、行业等多维度因素。

第二，依据新《反洗钱法》第 29 条建立并完善机构内部的客户尽职调查制度。

第三，合理选取风险评估指标，结合客户特征、业务类型、行业风险、地域风险等因素进行设计。例如，现金密集型行业（如餐饮）或与高风险国家有业务往来的客户，洗钱风险较高。

第四，针对跨境业务，金融机构需特别关注跨境资金流动风险，强化尽职调查，核实交易背景真实性，并监测跨境交易的资金流向与用途。

条文理论延伸

1. 比较法规定

欧盟《第六项反洗钱指令》（AMLD 6）第 31 条[①]

2. 学术研究

张维炜：《筑牢反洗钱法治"新防线"》，载《中国人大》2024 年第 22 期。

冯怡：《跨境洗钱风险及其监管措施建议》，载《国际金融》2021 年第 2 期。

第四十二条　特定非金融机构反洗钱义务

> 特定非金融机构在从事规定的特定业务时，参照本章关于金融机构履行反洗钱义务的相关规定，根据行业特点、经营规模、洗钱风险状况履行反洗钱义务。

---

① EU, AMLD 6, Directive (EU) 2024/1640 (19 Jun. 2024)（欧盟《第六项反洗钱指令》）

(31) Entities in charge of central registers are well placed to identify, in a rapid and efficient manner, the individuals who ultimately own or control legal entities and arrangements, including individuals designated in relation to targeted financial sanctions. Timely detection of ownership and control structures contributes to improving the understanding of the exposure to risks of non-implementation and evasion of targeted financial sanctions, and to the adoption of mitigating measures to reduce such risks. It is therefore important that entities in charge of central registers be required to screen the beneficial ownership information they hold against designations in relation to targeted financial sanctions, both immediately upon such designation and regularly thereafter, in order to detect whether changes in the ownership or control structure of the legal entity or legal arrangement are conducive to risks of evasion of targeted financial sanctions. An indication in the central registers that legal entities or legal arrangements are associated with persons or entities subject to targeted financial sanctions should contribute to the activities of competent authorities and of the authorities in charge of implementing Union restrictive measures. （负责中央登记的实体能够迅速有效地查明最终拥有或控制法律实体和安排的个人，包括因定向金融制裁而被指认的个人。及时发现所有权和控制结构有助于更好地了解不执行和逃避有针对性的金融制裁的风险，并有助于采取缓解措施来减少这种风险。因此，重要的是，应要求负责中央登记册的实体在被点名后立即并在其后定期对其持有的实益拥有权信息进行筛选，以防范与定向金融制裁有关的点名，以便查明法律实体或法律安排的所有权或控制结构的变化是否有助于规避定向金融制裁的风险。在中央登记册中注明法律实体或法律安排与受定向金融制裁的个人或实体有关联，应有助于主管当局和负责执行联盟限制措施的当局的活动。）

条文内容解读

1. 立法意旨

本条规定了特定非金融机构反洗钱义务。

2. 演变历程

本条可追溯至2006年《反洗钱法》第35条"应当履行反洗钱义务的特定非金融机构的范围、其履行反洗钱义务和对其监督管理的具体办法，由国务院反洗钱行政主管部门会同国务院有关部门制定。"但对非金融机构反洗钱义务的具体规定是新《反洗钱法》新增的内容。

3. 内容解读

本条要求特定非金融机构在从事特定业务时，参照金融机构的反洗钱规定，根据自身行业特点、经营规模和洗钱风险灵活调整义务履行。新《反洗钱法》实际上提升了特定非金融机构的反洗钱义务，使其与金融机构的义务几乎一致，但同时可以"根据行业特点、经营规模、洗钱风险状况"进行灵活调整。

然而，特定非金融机构在客户尽职调查中常依赖公开信息，缺乏与政府部门的信息共享机制，难以获取全面准确的客户信息。本条通过要求特定非金融机构参照金融机构的反洗钱规定，有助于解决这一问题。

特定非金融机构在评估洗钱风险时，可借鉴金融机构的风险评估和客户分类管理原则。机构应根据风险评估结果合理分配反洗钱资源，对高风险领域采取强化措施，对低风险领域采取简化措施。此外，机构还需全面评估客户及相关地域、业务、行业的风险状况，为每个客户确定科学合理的风险等级，并建立风险等级与评级的映射规则，以指导资源配置。

此外，本条所称需履行反洗钱义务的特定非金融机构以列举性的方式规定在新《反洗钱法》第64条中，包括房地产开发企业或中介机构、贵金属交易商、特定的会计师事务所和律师事务所等。

条文实务应用

特定非金融机构在处理特定业务时，应遵循金融机构的反洗钱规定，根据自身行业特点、经营规模和洗钱风险灵活调整义务履行。具体而言，新《反洗钱法》对特定非金融机构提出了以下要求：

一是特定非金融机构需要对客户进行身份识别和验证，了解客户建立业务关系和交易的目的，并在涉及较高洗钱风险时了解相关资金来源和用途。二是需妥善保存客户资料和交易记录，以便未来审查和调查。三是监测大额交易和可疑交易并负有及时向有关当局报告的义务。四是与本法第 40 条相呼应，在必要时，采取特别预防措施来防止洗钱活动。五是应当积极配合反洗钱调查，在规定时限内如实提供有关文件、资料。

条文理论延伸

1. 比较法规定

（1）墨西哥《防止和识别非法资金操作联邦法》。①

（2）新加坡《反洗钱和其他事项法案》（Anti-Money Laundering and Other Matters Act 2024）。②

2. 学术研究

王茜：《特定非金融机构也要履行反洗钱义务》，载《法人》2024 年第 12 期。

李纪建：《国际反洗钱立法的最新进展及其对我国的借鉴》，载《金融理论与实践》2006 年第 8 期。

---

① 墨西哥《防止和识别非法资金操作联邦法》
要求货币兑换所及非银行金融机构（如投资公司、保险公司、经纪公司、退休基金管理者及货币传输服务机构）执行与银行相同的反洗钱规定。

② 新加坡《反洗钱和其他事项法案》（Anti-Money Laundering and Other Matters Act 2024）
为了符合金融行动特别工作组（FATF）的标准，该法案将修订《赌场管制法》（CCA），要求赌场经营者在交易时对顾客进行更严格的客户尽职调查（CDD）。客户尽职调查的现有门槛（单笔现金交易金额达到 10000 新元或以上，或存款账户存款金额达到 5000 新元或以上）将会降低，以涵盖单笔现金交易或存款金额达到 4000 新元或以上的情况。

第四章　反洗钱调查

第四十三条　调查程序

> 国务院反洗钱行政主管部门或者其设区的市级以上派出机构发现涉嫌洗钱的可疑交易活动或者违反本法规定的其他行为，需要调查核实的，经国务院反洗钱行政主管部门或者其设区的市级以上派出机构负责人批准，可以向金融机构、特定非金融机构发出调查通知书，开展反洗钱调查。
>
> 反洗钱行政主管部门开展反洗钱调查，涉及特定非金融机构的，必要时可以请求有关特定非金融机构主管部门予以协助。
>
> 金融机构、特定非金融机构应当配合反洗钱调查，在规定时限内如实提供有关文件、资料。
>
> 开展反洗钱调查，调查人员不得少于二人，并应当出示执法证件和调查通知书；调查人员少于二人或者未出示执法证件和调查通知书的，金融机构、特定非金融机构有权拒绝接受调查。

❖ 条文内容解读

1. 立法意旨

本条是关于反洗钱调查程序的规定。

2. 演变历程

本条可追溯至 2006 年《反洗钱法》第 23 条："国务院反洗钱行政主管部门或者其省一级派出机构发现可疑交易活动，需要调查核实的，可以向金融机构进行调查，金融机构应当予以配合，如实提供有关文件和资料。调查可疑交易活动时，调查人员不得少于二人，并出示合法证件和国务院反洗钱行政主管部门或者其省一级派出机构出具的调查通知书。调查人员少于二人或者未出示合法证件和调查通知书的，金融机构有权拒绝调查。"

本次修法，将反洗钱调查的主体调整为"国务院反洗钱行政主管部门或者其设区的市级以上派出机构"，并且将反洗钱调查的被调查对象的范围扩大至特定非金融机构，并要求金融机构、特定非金融机构在规定时限内如实提供有关文件、资料。此外，本次修改扩大了反洗钱调查启动的情形，即不仅限于"发现可疑交易活动"，而是"发现涉嫌洗钱的可疑交易活动或者违反本法规定的其他行为"。当出现这些情形，需要调查核实的，经过特定程序，便可以启动反洗钱调查。

3. 内容解读

本条明确了反洗钱调查启动的批准主体、调查事项范围、被调查对象及其配合义务等内容。

第一，规定了反洗钱调查启动的批准主体。本条规定，国务院反洗钱行政主管部门或者其设区的市级以上派出机构发现涉嫌洗钱的可疑交易活动或者违反本法规定的其他行为，需要调查核实的，经国务院反洗钱行政主管部门或者其设区的市级以上派出机构负责人批准。由此，涉嫌洗钱的可疑交易活动或者违反本法规定的其他行为，需要调查核实的，必须事前进行批准，并且反洗钱调查的批准主体为国务院反洗钱行政主管部门或者其设区的市级以上派出机构负责人，以此严格把控反洗钱调查核实权限，防止该权力的滥用，降低反洗钱调查的频率。《中国人民银行法》第4条规定，中国人民银行履行的职责包括指导、部署金融业反洗钱工作，负责反洗钱的资金监测。《金融机构反洗钱和反恐怖融资监督管理办法》第3条规定，中国人民银行及其分支机构依法对金融机构反洗钱和反恐怖融资工作进行监督管理。由此，国务院反洗钱行政主管部门为中国人民银行。涉嫌洗钱的可疑交易活动或者违反本法规定的其他行为，需要调查核实的，需经中国人民银行及其设区的市级以上派出机构的负责人批准。

第二，规定了调查事项范围。相对于2006年《反洗钱法》的规定，新《反洗钱法》增加调查事项范围。主要表现为：一是将"可疑活动"调整为"可疑交易活动或者违反本法规定的其他行为"，由此将反洗钱调查的启动情形进一步扩大。二是增加了"可以对非金融机构进行反洗钱调查"的规定。新《反洗钱法》第42条规定特定非金融机构反洗钱义务，要求其在从事规定的特定业务时，参照金融机构履行反洗钱义务的相关规定，根据行业特点、经营规模、洗钱风险状况履行反洗钱义务。也就是说，新《反洗钱法》将特定非金融机构的反洗钱义务上升到了和金融机构几乎一致的程度。相对应地，本条增加了对特定非金融机构进行反洗钱调查的规定。

第三，明确了被调查对象的配合义务。本条第3款规定，金融机构、特定非金融机构应当配合反洗钱调查，在规定时限内如实提供有关文件、资料，明确了被调查对象的配合义务。首先，被调查对象包括金融机构和特定非金融机构。由于实践中，洗钱犯罪分子为了逃避监管，逐渐将洗钱的视角投向安全监管措施相对薄弱的特定非金融机构，使洗钱犯罪活动隐秘性更强，犯罪手段日趋多样性、复杂化，因此，相对于2006年《反洗钱法》，本次修法增加特定非金融机构的配合调查义务；其次，其配合义务主要体现为如实提供有关文件、资料；最后，被调查对象的配合义务必须在规定的时限内作出。

第四，规定反洗钱调查的具体程序及被调查对象的权利。国务院反洗钱行政主管部门或者其设区的市级以上派出机构的反洗钱调查本质上是行政机关行使行政权力的行为。而行政权的行使应当受到严格限制。因此，本条第4款规定："开展反洗钱调查，调查人员不得少于二人，并应当出示执法证件和调查通知书；调查人员少于二人或者未出示执法证件和调查通知书的，金融机构、特定非金融机构有权拒绝接受调查。"首先，反洗钱调查的人员数量为不少于两人；其次，调查人员在调查过程中必须出示执法证件和调查通知书，以表明身份及告知调查人员调查的事项等；最后，被调查人员在此过程中，如发现调查人员出现违反调查程序规定的，有权拒绝调查。本条款的目的在于规范国务院反洗钱行政主管部门或者其设区的市级以上派出机构的反洗钱调查工作，防止出现侵害被调查人权利的情况出现。

条文实务应用

1. 实务指南

第43条是关于反洗钱调查程序的规定。调查是国务院反洗钱行政主管部门或者其设区的市级以上派出机构处理可疑交易活动案件中常用到的一种工作手段，目的是对涉嫌洗钱的可疑交易活动进行核实和查证。2023年，人民银行各分支机构共接收重点可疑交易线索1.3万余份，筛选后对需要进一步查深查透的线索开展反洗钱调查6200余次。①该条款在金融监管实践中经常被适用，国务院反洗钱行政主管部门或者其设区的市级以上派出机构需要将该条款作为启动反洗钱调查程序并要求金融机构、特定非金融机构履行配合义务的法律依据。并且，该条款也对反洗钱调查程序中调查人员数量等进行了规定，当国务院反洗钱行政主管部门或者其设区的市级以上派出机构在进行反洗钱调查时调查人数不足两人，或者未出示执法证件和调查通知书的，被调查人可以依据该条款拒绝接受调查。

2. 典型案例

中国人民银行对某银行股份有限公司行政处罚案②

案情简介：

某银行股份有限公司在日常经营中，未按规定履行客户身份识别义务、未按规定保存客户身份资料和交易记录、未按规定报送大额交易报告或者可疑交易报告，存在违法行为。2023年11月29日，中国人民银行向其出具银罚决字（2023）93号行政处罚决定书，对其处以警告、没收违法所得37.340315万元、罚款3664.2万元的行政处罚。

案件评析：

按照《反洗钱法》第43条规定，金融机构、特定非金融机构应当配合反洗钱调查，在规定时限内如实提供有关文件、资料。因此，金融机构在日常经营过程中应当履行客户身份识别义务、保存客户身份资料和交易记录，以便于国务院反洗钱行政主管部门或者其设区的市级以上派出机构实施调查程序时，能够及时配合该反洗钱调查措施，及时、如实提供有关文件、资料。本案中，某银行股份有限公司由于未履行反洗钱配合调查义务而被中国人民银行采取行政处罚。

---

① 参见《2023年反洗钱调查协查总体情况》，载中国人民银行网站，http://www.pbc.gov.cn/fanxiqianju/135153/135178/135227/5306076/index.html，2025年5月19日访问。

② 银罚决字（2023）93号，载中国人民银行网站，http://www.pbc.gov.cn/zhengwugongkai/4081330/4081344/4081407/4081705/5156761/index.html，2025年5月19日访问。

相关法律法规

《金融机构反洗钱规定》

第二十二条 中国人民银行或者其省一级分支机构调查可疑交易活动，可以询问金融机构的工作人员，要求其说明情况；查阅、复制被调查的金融机构客户的账户信息、交易记录和其他有关资料；对可能被转移、隐藏、篡改或者毁损的文件、资料，可以封存。

调查可疑交易活动时，调查人员不得少于2人，并出示执法证和中国人民银行或者其省一级分支机构出具的调查通知书。查阅、复制、封存被调查的金融机构客户的账户信息、交易记录和其他有关资料，应当经中国人民银行或者其省一级分支机构负责人批准。调查人员违反规定程序的，金融机构有权拒绝调查。

询问应当制作询问笔录。询问笔录应当交被询问人核对。记载有遗漏或者差错的，被询问人可以要求补充或者更正。被询问人确认笔录无误后，应当签名或者盖章；调查人员也应当在笔录上签名。

调查人员封存文件、资料，应当会同在场的金融机构工作人员查点清楚，当场开列清单一式二份，由调查人员和在场的金融机构工作人员签名或者盖章，一份交金融机构，一份附卷备查。

条文理论延伸

1. 比较法规定

欧盟《防止利用金融系统进行洗钱或恐怖主义融资的条例》第32条第4款。[①]

[①] Directive (EU) 2015/849 of the European Parliament and of the Council of 20 May 2015 on the prevention of the use of the financial system for the purposes of money laundering or terrorist financing, amending Regulation (EU) No 648/2012 of the European Parliament and of the Council, and repealing Directive 2005/60/EC of the European Parliament and of the Council and Commission Directive 2006/70/EC, Article 32 (4). Member States shall ensure that their FIUs have access, directly or indirectly, in a timely manner, to the financial, administrative and law enforcement information that they require to fulfil their tasks properly. FIUs shall be able to respond to requests for information by competent authorities in their respective Member States when such requests for information are motivated by concerns relating to money laundering, associated predicate offences or terrorist financing. The decision on conducting the analysis or dissemination of information shall remain with the FIU. （欧盟《防止利用金融系统进行洗钱或恐怖主义融资的条例》第32条第4款：会员国应确保其金融情报单位能够直接或间接及时获得其正确履行任务所需的财务、行政和执法信息。金融情报机构应能够回应各自会员国主管当局的信息请求，前提是此类信息请求是出于与洗钱、相关上游犯罪或恐怖主义融资有关的担忧。是否进行信息分析或传播的决定权应由FIU决定。）

2. 学术研究

唐超、蔡义博：《行政调查适用问题研究——以人民银行工作履职为视角》，载《北京金融评论》2019 年第 3 期，中国金融出版社 2019 年版。

赵永林：《论我国特定非金融机构反洗钱监管》，载《河北法学》2014 年第 12 期。

第四十四条 调查措施

> 国务院反洗钱行政主管部门或者其设区的市级以上派出机构开展反洗钱调查，可以采取下列措施：
>
> （一）询问金融机构、特定非金融机构有关人员，要求其说明情况；
>
> （二）查阅、复制被调查对象的账户信息、交易记录和其他有关资料；
>
> （三）对可能被转移、隐匿、篡改或者毁损的文件、资料予以封存。
>
> 询问应当制作询问笔录。询问笔录应当交被询问人核对。记载有遗漏或者差错的，被询问人可以要求补充或者更正。被询问人确认笔录无误后，应当签名或者盖章；调查人员也应当在笔录上签名。
>
> 调查人员封存文件、资料，应当会同金融机构、特定非金融机构的工作人员查点清楚，当场开列清单一式二份，由调查人员和金融机构、特定非金融机构的工作人员签名或者盖章，一份交金融机构或者特定非金融机构，一份附卷备查。

✦ 条文内容解读

1. 立法意旨

本条是关于反洗钱法调查措施的规定。

2. 演变历程

本条可追溯至 2006 年《反洗钱法》第 24 条以及第 25 条。其中，第 24

条规定："调查可疑交易活动，可以询问金融机构有关人员，要求其说明情况。询问应当制作询问笔录。询问笔录应当交被询问人核对。记载有遗漏或者差错的，被询问人可以要求补充或者更正。被询问人确认笔录无误后，应当签名或者盖章；调查人员也应当在笔录上签名。"第 25 条规定："调查中需要进一步核查的，经国务院反洗钱行政主管部门或者其省一级派出机构的负责人批准，可以查阅、复制被调查对象的账户信息、交易记录和其他有关资料；对可能被转移、隐藏、篡改或者毁损的文件、资料，可以予以封存。调查人员封存文件、资料，应当会同在场的金融机构工作人员查点清楚，当场开列清单一式二份，由调查人员和在场的金融机构工作人员签名或者盖章，一份交金融机构，一份附卷备查。"

本次修法，将 2006 年《反洗钱法》第 24 条和第 25 条合并到一起，调整为第 44 条。将原 24 条第 1 款修改为第 44 条第 1 款："国务院反洗钱行政主管部门或者其设区的市级以上派出机构开展反洗钱调查，可以采取下列措施：（一）询问金融机构、特定非金融机构有关人员，要求其说明情况；（二）查阅、复制被调查对象的账户信息、交易记录和其他有关资料；（三）对可能被转移、隐匿、篡改或者毁损的文件、资料予以封存。"并且将第 25 条修改为第 44 条第 3 款："调查人员封存文件、资料，应当会同金融机构、特定非金融机构的工作人员查点清楚，当场开列清单一式二份，由调查人员和金融机构、特定非金融机构的工作人员签名或者盖章，一份交金融机构、特定非金融机构，一份附卷备查"。

3. 内容解读

本条主要规定了反洗钱调查措施的种类、采取询问措施的程序、采取封存措施的程序。该条款将反洗钱调查措施的规定提升到法律的位阶，早在 2021 年中国人民银行发布的《金融机构反洗钱和反恐怖融资监督管理办法》第 22 条中，即规定了"中国人民银行及其分支机构进入金融机构现场开展反洗钱和反恐怖融资检查的，按照规定可以询问金融机构工作人员，要求其对监管事项作出说明；查阅、复制文件、资料，对可能被转移、隐匿或者销毁的文件、资料予以封存"。本次修法，将《金融机构反洗钱和反恐怖融资监督管理办法》第 22 条规定的内容规定在法律中，以强化该条款的约束力，促进该条款的严格执行。法律位阶越高，其权威性越强，对社会成员的约束力也就越大。提高反洗钱调查措施规定的法律位阶意味着该规定在国家法律体系中占据更重要的地位，其规定的内容更具有普遍性和强制性，社会成员对高位阶法律的遵守意识会更强，从而促使该条款的内容得到更有效的实施。

第一，规定了反洗钱调查措施的种类。按照本条规定，反洗钱调查措施包括三类：第一类为询问，包括询问金融机构、特定非金融机构的有关人员；第二类为查阅、复制，包括查阅、复制金融机构和特定非金融机构有关人员的账户、交易记录等；第三类为封存，封存主要针对可能被转移、隐匿、篡改或者毁损的文件和资料所采取的调查措施。

第二，规定了询问措施的详细程序。即询问应当制作笔录，并交被询问人核对，当笔录中有遗漏或者差错时，被询问人可以要求补充或者更正，以保证笔录真实、准确地反映被询问人的意思表示。此外，被询问人员应当签名或者盖章，调查人员应当签名，以此保证询问人员及被询问人员对该笔录内容予以认可。总之，对询问措施的实施程序进行详细规定，有利于保证询问过程的客观性、真实性，也便于后续将询问笔录作为定案和处罚的依据。

第三，规定了封存的详细程序。首先，规定了封存的范围，封存措施仅针对文件、资料；其次，封存文件、资料时，调查人员应当会同金融机构、特定非金融机构的工作人员查点清楚，开列清单，避免错误封存，以此确保封存过程有见证人。

✱ 条文实务应用

1. 实务指南

询问、查询、复制、封存是国务院反洗钱行政主管部门或者其设区的市级以上派出机构进行反洗钱调查经常采取的调查措施，《反洗钱法》第44条在反洗钱调查监管实践中及与反洗钱相关的司法实践中不乏被适用。其适用主要包括两种情况：第一，作为国务院反洗钱行政主管部门或者其设区的市级以上派出机构进行反洗钱调查的法律依据；第二，作为被调查对象主张国务院反洗钱行政主管部门或者其设区的市级以上派出机构违法采取调查措施的依据。如当询问笔录未交被询问人核对或者未经签名，则被调查对象即可主张该调查程序违反法律规定。

2. 典型案例

曹某某与中国人民银行某分行行政处理案①

案情简介：

2023年3月19日，原告曹某某向被告中国人民银行某分行举报某银行股份有限公司某支行（以下简称某银行某支行）涉嫌违规提供支付结算服务、存在违反反洗钱义务的问题，被告对某银行某分行进行了询问，核查了相关证据。经核查，案涉付款指令为原告发送，某公司根据该指令，将相关款项经由某公司备付金账户，划付至某公司支付账户，根据现有证据，某银行某分行在交易资金划转前，已经履行了对支付指令的审核义务，按照反洗钱的要求进行客户身份识别、风险等级划分、按要求报告大额交易和可疑交易，保存了公司身份资料和相关交易记录。

裁判要旨：

法院认为，针对原告举报的某银行某支行涉嫌违规提供支付结算服务、未严格落实《支付机构客户备付金存管办法》、违反《非金融机构支付服务管理办法》以及违反反洗钱义务的事项，被告依法采取了核查措施，未发现某银行某支行存在曹某某举报的情形。

案件评析：

本案中，被告作为国务院反洗钱行政主管部门设区的市级以上派出机构在开展反洗钱调查时，依照《反洗钱法》第44条规定，采取了询问的反洗钱调查措施，核查金融机构是否按照反洗钱的要求进行客户身份识别、风险等级划分、按要求报告大额交易和可疑交易等。

相关法律法规

《金融机构反洗钱规定》

第十八条 中国人民银行及其分支机构根据履行反洗钱职责的需要，可以采取下列措施进行反洗钱现场检查：

（一）进入金融机构进行检查；

---

① 参见北京金融法院（2024）京74行终68号行政判决书，载中国裁判文书网，2025年5月19日访问。

（二）询问金融机构的工作人员，要求其对有关检查事项作出说明；

（三）查阅、复制金融机构与检查事项有关的文件、资料，并对可能被转移、销毁、隐匿或者篡改的文件资料予以封存；

（四）检查金融机构运用电子计算机管理业务数据的系统。

中国人民银行或者其分支机构实施现场检查前，应填写现场检查立项审批表，列明检查对象、检查内容、时间安排等内容，经中国人民银行或者其分支机构负责人批准后实施。

现场检查时，检查人员不得少于2人，并应出示执法证和检查通知书；检查人员少于2人或者未出示执法证和检查通知书的，金融机构有权拒绝检查。

现场检查后，中国人民银行或者其分支机构应当制作现场检查意见书，加盖公章，送达被检查机构。现场检查意见书的内容包括检查情况、检查评价、改进意见与措施。

《金融机构反洗钱和反恐怖融资监督管理办法》

第二十二条　中国人民银行及其分支机构进入金融机构现场开展反洗钱和反恐怖融资检查的，按照规定可以询问金融机构工作人员，要求其对监管事项作出说明；查阅、复制文件、资料，对可能被转移、隐匿或者销毁的文件、资料予以封存；查验金融机构运用信息化、数字化管理业务数据和进行洗钱和恐怖融资风险管理的系统。

条文理论延伸

周海：《人民银行反洗钱调查手段创新研究》，载《黑龙江金融》2018年第7期。

王新、安汇玉：《欧盟反洗钱指令研究及其启示》，载《人民检察》2024年第3期。

第四十五条　冻结措施

> 经调查仍不能排除洗钱嫌疑或者发现其他违法犯罪线索的，应当及时向有管辖权的机关移送。接受移送的机关应当按照有关规定反馈处理结果。
>
> 客户转移调查所涉及的账户资金的，国务院反洗钱行政主管部门认为必要时，经其负责人批准，可以采取临时冻结措施。
>
> 接受移送的机关接到线索后，对已依照前款规定临时冻结的资金，应当及时决定是否继续冻结。接受移送的机关认为需要继续冻结的，依照相关法律规定采取冻结措施；认为不需要继续冻结的，应当立即通知国务院反洗钱行政主管部门，国务院反洗钱行政主管部门应当立即通知金融机构解除冻结。
>
> 临时冻结不得超过四十八小时。金融机构在按照国务院反洗钱行政主管部门的要求采取临时冻结措施后四十八小时内，未接到国家有关机关继续冻结通知的，应当立即解除冻结。

条文内容解读

1. 立法意旨

本条是关于反洗钱法冻结措施的规定。

2. 演变历程

本条可追溯至 2006 年《反洗钱法》第 26 条："经调查仍不能排除洗钱嫌疑的，应当立即向有管辖权的侦查机关报案。客户要求将调查所涉及的账户资金转往境外的，经国务院反洗钱行政主管部门负责人批准，可以采取临时冻结措施。侦查机关接到报案后，对已依照前款规定临时冻结的资金，应当及时决定是否继续冻结。侦查机关认为需要继续冻结的，依照刑事诉讼法的规定采取冻结措施；认为不需要继续冻结的，应当立即通知国务院反洗钱行政主管部门，国务院反洗钱行政主管部门应当立即通知金融机构解除冻结。临时冻结不得超过四十八小时。金融机构在按照国务院反洗钱行政主管部门的要求采取临时冻结措施后四十八小时内，未接到侦查机关继续冻结通知的，应当立即解除冻结。"

3. 内容解读

本条的主要内容包括移送程序、冻结的条件、冻结程序、冻结的时间等。

第一，本条规定了移送的程序。国务院反洗钱行政主管部门进行反洗钱调查的目的只是确定可疑交易活动是否属实。[①] 因此，如果经调查仍不能排除洗钱嫌疑或者发现其他违法犯罪线索的，应当进行移送处理。移送需要遵循一定的程序：首先，移送的启动条件为经调查仍不能排除洗钱嫌疑或者发现其他违法犯罪线索。此时，被调查对象涉嫌洗钱犯罪或者其他违法犯罪行为，需要移交侦查等机关进行后续处理，国务院反洗钱行政主管部门即需要将相关案件进行移交。其次，国务院反洗钱行政主管部门或者其设区的市级以上派出机构将相关的案件移送之后，接受移送的机关在处理本案之后，需要将处理结果反馈给移送的机关。

第二，规定了冻结的条件。采取冻结措施的条件包括：首先，客户得转移本次调查所涉及的账户资金。如果客户并未进行账户资金移动，并无冻结的必要。并且客户转账的账户必须是与本次调查相关的账户。其次，国务院反洗钱行政主管部门认为必要的。冻结是对客户资金使用自主权的限制，因此，采取冻结措施不应当是随意而为之，必须是必要时才可以采取，至于何为必要，在很大程度上有赖于国务院反洗钱行政主管部门的自由裁量；最后，必须经过国务院反洗钱行政主管部门负责人的批准。冻结措施的采取需要负责人进行最后把关，以防止权力滥用。

第三，规定了移送后的冻结。对于移送后的案件，接受移送的机关应当及时决定是否冻结，如果需要冻结的，依法采取冻结措施。如果认为不需要冻结的，则不能直接采取解冻措施，而是通知国务院反洗钱行政主管部门，由其通知金融机构进行解冻。

第四，规定了临时冻结的时间。临时冻结的时间不得超过48小时，如果金融机构在采取冻结措施后48小时内未接到继续冻结通知的，应当立即解除冻结。这里的立即解除冻结是为了维护当事人的利益，对于被冻结主体而言，资金的冻结即意味着其支付权利和支付能力受限。

---

① 严立新：《反洗钱理论与实务》，复旦大学出版社2019年版，第3~4页。

条文实务应用

1. 实务指南

冻结措施是国务院反洗钱行政主管部门在进行反洗钱调查过程中常用的措施，因此，第45条作为冻结措施的相关规定，在反洗钱监管实践中不乏适用的空间。首先，国务院反洗钱行政主管部门可以适用该条款将经调查仍不能排除洗钱嫌疑或者发现其他违法犯罪线索的案件进行移送；其次，作为法院审查国务院反洗钱行政主管部门采取的临时冻结措施或者金融机构所实施的临时冻结措施是否符合法定程序的依据。

2. 典型案例

某银行股份有限公司某支行与刘某侵权责任案[①]

案情简介：

原告刘某于2015年11月3日在被告某银行股份有限公司某支行办理银行卡一张；2016年9月9日，在某银行股份有限公司某支行办理银行卡一张。2018年8月，原告刘某办理相关业务时，知悉上述两张银行卡收付控制状态为"只收不付，不允许支取"，经原告刘某与被告某银行股份有限公司某支行交涉未果。被告某银行股份有限公司某支行提供原告银行卡明细、《某银行借记卡章程》，证明原告账户存在多次、频繁、异常、可疑交易行为，故对原告刘某的银行卡采取银行内部控制措施，即"只收不付，不允许支取"的收付控制状态。被告某银行股份有限公司某支行认为其对原告刘某银行账户采取的内部控制措施是金融机构履行法定反洗钱义务与监管规定的行为。原告认为被告以《反洗钱法》之规定，冻结个人账户，侵犯了个人的合法权利。根据金融机构反洗钱规定，对客户要求将调查所涉及资金转往境外的，金融机构应当立即向中国人民银行报告，经批准，才能冻结并书面通知，临时冻结的时间不得超过48小时。

裁判要旨：

一审法院认为，金融机构及其工作人员发现其他交易的金额、频率、流向、性质等有异常情形，经分析认为涉嫌洗钱的，应当向中国反洗钱监测分

[①] 山西省忻州市中级人民法院（2020）晋09民终830号民事判决书，载中国裁判文书网，2025年5月19日访问。

析中心提交可疑交易报告。金融机构对按照本办法向中国反洗钱监测分析中心提交的所有可疑交易报告涉及的交易，应当进行分析、识别，有合理理由认为该交易或者客户与洗钱、恐怖主义活动及其他违法犯罪活动有关的，应当同时报告中国人民银行当地分支机构，并配合中国人民银行的反洗钱行政调查工作。被告某银行股份有限公司某支行以原告刘某交易频繁、异常、可疑，便对原告的银行账户实施内部控制措施，但未能提供任何证据材料，证明其对原告银行账户采取内部控制措施的合理性与合法性，故被告对原告的银行账户进行内部风险控制无事实和法律依据。

二审法院认为，本案的争议焦点是某银行股份有限公司某支行冻结刘某的银行账户是否适当。上诉人称刘某涉案银行账户交易存在明显异常，其冻结刘某银行账户是依据《某银行借记卡章程》第18条，《反洗钱法》第3条，《金融机构大额交易和可疑交易报告管理办法》第11条、第12条等相关规定，上述规定并不能证明某银行股份有限公司某支行可冻结刘某个人储蓄存款符合法定要件，某银行股份有限公司某支行亦未提供其他证据予以佐证，故一审法院判决某银行股份有限公司某支行解除对刘某银行卡的冻结并无不当。

案件评析：

按照《反洗钱法》第45条的规定，银行等金融机构不可以直接以反洗钱为由冻结银行卡，只有经国务院反洗钱行政主管部门负责人批准，方可以冻结。因此，金融机构在采取临时冻结措施时，不能仅证明其客户存在涉嫌洗钱的可疑交易活动或者违反本法规定的其他行为，还要证明其采取冻结措施是经过国务院反洗钱行政主管部门负责人批准的，以保证其采取临时冻结措施符合法定程序要件。

相关法律法规

《中华人民共和国商业银行法》

第三十条　对单位存款，商业银行有权拒绝任何单位或者个人查询，但法律、行政法规另有规定的除外；有权拒绝任何单位或者个人冻结、扣划，但法律另有规定的除外。

《金融机构反洗钱规定》

第二十三条　经调查仍不能排除洗钱嫌疑的，应当立即向有管辖权的侦查机关报案。对客户要求将调查所涉及的账户资金转往境外的，金融机构应当立即向中国人民银行当地分支机构报告。经中国人民银行负责人批准，中国人民银行可以采取临时冻结措施，并以书面形式通知金融机构，金融机构接到通知后应当立即予以执行。

侦查机关接到报案后，认为需要继续冻结的，金融机构在接到侦查机关继续冻结的通知后，应当予以配合。侦查机关认为不需要继续冻结的，中国人民银行在接到侦查机关不需要继续冻结的通知后，应当立即以书面形式通知金融机构解除临时冻结。

临时冻结不得超过 48 小时。金融机构在按照中国人民银行的要求采取临时冻结措施后 48 小时内，未接到侦查机关继续冻结通知的，应当立即解除临时冻结。

✦ 条文理论延伸

1. 比较法规定

越南《预防与反洗钱法》第 6 条第 2 款①、第 45 条②。

2. 学术研究

葛力伟、段维明、吴中明等：《析反洗钱法临时冻结权适用的矛盾悖论》，载《金融论坛》2007 年第 6 期。

刘少军：《金融性财产冻结的权益冲突与分配研究》，载《中国政法大学学报》2017 年第 3 期。

---

① 越南《预防与反洗钱法》第 6 条第 2 款：国家职能机关在自身职责范围内开展预防与反洗钱国际合作，内容如下：（1）查明并冻结洗钱犯罪分子的资产；（2）进行司法互助；（3）向外国职能机关提供、传递并与之交换有关预防与反洗钱的信息；（4）进行预防与反洗钱有关的信息研究、培训、支持，技术支持，资金援助和经验交流；（5）法律规定的其他预防与反洗钱合作内容。参见冯超：《预防和打击洗钱法中文版》，载上海外国语大学官网，https://vie.shisu.edu.cn/resources/category2151/content13902，2025 年 3 月 21 日访问。)

② 越南《预防与反洗钱法》第 45 条：冻结账户以及查封、冻结或暂时扣押财产。报告方必须执行国家职能机关依法对机构和个人作出的冻结账户以及查封、冻结或暂时扣押财产的决定。参见冯超：《预防和打击洗钱法中文版》，载上海外国语大学官网，https://vie.shisu.edu.cn/resources/category2151/content13902，2025 年 3 月 21 日访问。

第五章　反洗钱国际合作

第四十六条　反洗钱国际合作的基本依据和基本原则

中华人民共和国根据缔结或者参加的国际条约，或者按照平等互惠原则，开展反洗钱国际合作。

条文内容解读

1. 立法意旨

本条是关于我国开展反洗钱国际合作的基本依据和基本原则。

2. 演变历程

本条可追溯至 2006 年《反洗钱法》第 27 条："中华人民共和国根据缔结或者参加的国际条约，或者按照平等互惠原则，开展反洗钱国际合作。"本次修订保留了 2006 年《反洗钱法》的内容。

3. 内容解读

洗钱活动具有跨境的特性，遏制和打击跨国洗钱活动有必要规范和协调国内、国际立法，加强反洗钱国际合作。同时，反洗钱对我国经济社会健康有序发展意义重大，参与国际反洗钱合作，有利于彰显大国担当，维护我国良好的国际形象。

本条指出我国开展反洗钱合作的基本依据是我国缔结或者参加的国际公约，即我国签署、批准的联合国公约，以及我国与其他国际组织、国家或地区缔结的双边或多边协定或条约等。我国缔结或者参加的国际条约有规定的，根据该规定开展反洗钱国际合作，但我国声明保留的条款除外。

对于国际条约无相关规定，或者我国与其他国家或地区暂未缔结双边或多边协定、条约的，按照平等互惠原则办理。

我国目前已经缔结或参加的国际条约包括：《联合国禁止非法贩运麻醉

药品和精神药物公约》《禁止洗钱法律范本》《联合国打击跨国有组织犯罪公约》《联合国反腐败公约》《制止向恐怖主义提供资助的国际公约》等，其中都明确要求各成员国建立健全反洗钱法律制度。2024年，中国反洗钱监测分析中心与巴哈马国金融情报机构完成了《关于反洗钱和反恐怖融资金融情报交流合作谅解备忘录》的签署工作。这是中国反洗钱监测分析中心与境外金融情报机构签署的第63份合作文件。根据该谅解备忘录，双方将基于互惠原则在涉嫌洗钱、恐怖融资及其他相关犯罪的信息收集、使用和分析方面开展合作。[①]

中国作为联合国安理会常任理事国，认真执行联合国有关反恐决议，履行国际义务，积极参加反洗钱国际组织活动，2004年与有关国家一起创立区域反洗钱国际组织——欧亚反洗钱与反恐怖融资组织（EAG），2007年成为全球反洗钱国际组织——金融行动特别工作组（FATF）的正式成员。

平等互惠原则是我国对外交往所遵循的基本原则，也是国际法上的基本原则，由国家主权原则引申而来。平等互惠原则包括两个方面内容：一是法律上的互惠。双方根据相互签订或者缔结的国际条约，相互给予对方以同等的待遇；二是无条约情况下的互惠，是指在没有条约义务的情况下，国家间在进行协助过程中，请求方向被请求方郑重作出承诺，表明将来在相同情况下为对方提供类似的司法协助行为。这也是通常意义上的互惠。

从某种意义上来说，在国际合作过程中，互惠原则可以看成条约义务的一项补充。平等互惠原则有着十分明确的适用对象和范围，在所提供协助的案件中是协助调查，还是协助采取强制措施，都有着明确的限定性，一方就某一类案件提供协助，另一方亦就类似案件提供类似的协助，体现出十分明显的对等性和互利性。

❀ 条文实务应用

第46条关于反洗钱国际合作的基本依据的规定，在实务中起到指引性作用。关于反洗钱国际合作的基本原则的规定，在与反洗钱国际合作规则一

[①] 《中国反洗钱监测分析中心与巴哈马国金融情报机构签署反洗钱和反恐怖融资金融情报交流合作谅解备忘录》，载中国人民银行网站，http://www.pbc.gov.cn/fxqzhongxin/3558093/3558105/5487383/index.html，2025年6月6日访问。

致的情形下，作为规则的基础和指引；在反洗钱国际合作规则未作具体规定的情况下，适用原则作为补充；当反洗钱合作规则相冲突的情况下，作为权衡参照和指南。

条文理论延伸

吕行：《〈FATF建议〉的主要内容与立法启示——兼评〈反洗钱法（修订草案）〉相关立法条款》，载《新疆财经大学学报》2023年第2期。

王新元、申韬、刘卓鑫：《菲律宾反洗钱监管探究》，载《区域金融研究》2016年第2期。

第四十七条 中国人民银行履行反洗钱国际合作职责

> 国务院反洗钱行政主管部门根据国务院授权，负责组织、协调反洗钱国际合作，代表中国政府参与有关国际组织活动，依法与境外相关机构开展反洗钱合作，交换反洗钱信息。
>
> 国家有关机关依法在职责范围内开展反洗钱国际合作。

条文内容解读

1. 立法意旨

本条是关于国务院反洗钱行政主管部门即中国人民银行履行反洗钱国际合作职责的规定。

2. 演变历程

本条可追溯至2006年《反洗钱法》第28条："国务院反洗钱行政主管部门根据国务院授权，代表中国政府与外国政府和有关国际组织开展反洗钱合作，依法与境外反洗钱机构交换与反洗钱有关的信息和资料。"

本次修订在2006年《反洗钱法》的基础上：一是明确国务院反洗钱行政主管部门即中国人民银行负责组织、协调反洗钱国际合作的职责。二是将开展反洗钱合作的主体由"境外反洗钱机构"修改为"境外相关机构"，即扩大了反洗钱合作的主体，换言之，将涉及反洗钱的相关机构纳入国际合作的范围，有利于反洗钱国际合作的开展，加强国际社会关于反洗钱工作的协同。三是优化相关表述，即与境外相关机构"交换与反洗钱有关的信息和资料"修改为"交换反洗钱信息"，删减重复内容，简化表述。四是增加一款规定，明确国家有关机关依法在职责范围内开展国际合作。洗钱行为存在跨国、跨境的情况，涉及主体多，关系复杂，除了需要国务院反洗钱行政主管部门的合作以外，还需要外交部门、司法机关等部门开展司法协助等国际合作。

3. 内容解读

国务院反洗钱行政主管部门即中国人民银行，反洗钱国际合作的职责包括：一是负责全国的反洗钱工作的组织与协调；二是代表中国政府参与有关国际组织活动；三是依法与境外相关机构开展反洗钱合作，交换反洗钱信息。中国人民银行内设部门22个，其中包括反洗钱局，职责包括承担反洗钱和反恐怖融资国际合作工作，反洗钱局下设5个处室，其中包括国际处。

对比新《反洗钱法》第48条，如涉及反洗钱司法协助事宜，则应由司法机关依法办理，即新《反洗钱法》第47条关于中国人民银行履行的反洗钱合作职责是指代表中国政府参与有关国际组织活动，依法与境外相关机构开展关于反洗钱相关的合作，不包括司法协助。

条文实务应用

新《反洗钱法》关于中国人民银行履行反洗钱国际合作职责的规定，为中国人民银行根据授权开展反洗钱国际合作提供了法律依据。

条文理论延伸

宜昌能：《以制度创新推动新时代反洗钱事业高质量发展》，载《中国金融》2024年第24期。

陈捷、刘瑞倩、陈兆康等：《"一带一路"中巴反洗钱金融情报机构合作的重要性》，载《北方金融》2019年第9期。

第四十八条 洗钱犯罪司法协助

> 涉及追究洗钱犯罪的司法协助，依照《中华人民共和国国际刑事司法协助法》以及有关法律的规定办理。

条文内容解读

1. 立法意旨

本条是关于洗钱犯罪司法协助的规定。

2. 演变历程

本条可追溯至 2006 年《反洗钱法》第 29 条："涉及追究洗钱犯罪的司法协助，由司法机关依照有关法律的规定办理。"

相较于 2006 年《反洗钱法》，新《反洗钱法》一是删去了"司法机关"，因为开展国际刑事司法协助的主管机关，不仅包括司法机关，即最高人民法院和最高人民检察院，还包括国家监察委员会、公安部、国家安全部等部门。从国际刑事司法协助的实践来看，对外联系机关除外交部外，还包括国家监察委员会、最高人民法院、最高人民检察院、公安部等部门。换言之，涉及追究洗钱犯罪的司法协助，不仅涉及司法机关的职责管辖，还涉及其他有关主管机关的职责管辖，若规定只由司法机关依照有关法律规定办理，则难以满足实践需求。同时，扩大司法协助主体，更有利于反洗钱国际合作的开展和落实。二是增加依据即《中华人民共和国国际刑事司法协助法》等有关法律的规定。此处修改主要根据惩治洗钱犯罪实际并与国际刑事司法协助法律相衔接。涉及追究洗钱犯罪的司法协助，主要依照《中华人民共和国国际刑事司法协助法》、《中华人民共和国引渡法》、《中华人民共和国刑事诉讼法》等有关规定办理。

3. 内容解读

本条指出，反洗钱国际刑事司法协助立足于中国的法律法规，其他的国际条约、国际惯例等，并非洗钱犯罪国际司法协助的基础。

反洗钱司法协助区别于一般的反洗钱国际合作，它是一国针对具体案件的诉讼程序有关的行为，协助结果具有法律上的权威性并在诉讼中产生法律效果。反洗钱司法协助通常包括使用强制性措施的请求，如搜查和查封、冻结及扣押犯罪所得、暂停没收执行及执行请求国已作出的没收和罚款决定等方面的内容，还包括对洗钱犯罪嫌疑人的引渡。因此，反洗钱司法协助是较高层次的法律合作。

在我国国际司法合作实践中，司法部是中国缔结或参加的含有刑事司法协助内容的国际条约指定的国务院部门，负责接收外国向我国提出的刑事司法协助请求。在接到他国的刑事司法请求后，由司法部依据相关条约对该请求进行形式审查。符合条约规定条件的请求，司法部将及时根据案件的性质和国内相关部门的职能转往相关主管机关予以执行。

但对于请求国和我国之间没有缔结或共同参加的含有刑事司法协助内容的国际条约，则请求国需通过外交途径向中国提出请求，由中国外交部负责审查并转往有关司法机关办理。上述刑事司法协助的办理原则，同样适用于涉及追究洗钱犯罪的司法协助。

❖ 条文实务应用

1. 实务指南

第 48 条洗钱犯罪司法协助的规定属于准用性规范，即没有直接转述行为规则的内容，而是规定洗钱犯罪司法协助的问题上依照《中华人民共和国国际刑事司法协助法》以及有关法律的规定办理。

2. 典型案例

彭某受贿，贾某受贿、洗钱违法所得没收案[①]

案情简介：

2012 年至 2017 年，贾某将彭某受贿犯罪所得人民币 4299 万余元通过"地下钱庄"或者借用他人账户转移至境外。

2014 年至 2017 年，彭某、贾某先后安排彭某 1 等人将彭某受贿款兑换成外币后，转至贾某在其他国家开设的银行账户，先后用于在 4 个国家购买房产、国债及办理移民事宜等。应中华人民共和国刑事司法协助请求，相关国家对涉案房产、国债、资金等依法予以监管和控制。

2017 年 4 月 1 日，湖南省岳阳市人民检察院以涉嫌受贿罪对彭某立案侦查，查明彭某已于同年 3 月 24 日逃匿境外。同年 4 月 25 日，湖南省人民检察院对彭某决定逮捕，同年 5 月 10 日，国际刑警组织对彭某发布红色通报。

2017 年 4 月 21 日，湖南省岳阳市人民检察院以涉嫌受贿罪、洗钱罪对贾

[①] 彭某受贿、贾某受贿、洗钱违法所得没收案（检例第 128 号），载最高人民检察院网站，https://www.spp.gov.cn/spp/jczdal/202112/t20211209_538468.shtml，2025 年 5 月 20 日访问。

某立案侦查，查明贾某已于同年3月10日逃匿境外。同年4月25日，湖南省人民检察院对贾某决定逮捕，同年5月10日，国际刑警组织对贾某发布红色通报。

裁判要旨：

2018年9月5日，湖南省岳阳市人民检察院将本案移交岳阳市监察委员会办理。湖南省岳阳市监察委员会对彭某、贾某涉嫌职务犯罪案件立案调查，并向湖南省岳阳市人民检察院移送没收违法所得意见书。2019年6月22日，湖南省岳阳市人民检察院向湖南省岳阳市中级人民法院提出没收违法所得申请。利害关系人贾某1、蔡某、邱某某在法院公告期间申请参加诉讼。其中，贾某1、蔡某对在案扣押的38万元提出异议，认为在案证据不能证明该38万元属于违法所得，同时提出彭某、贾某的未成年儿子在国内由其夫妇抚养，请求法庭从没收财产中为其预留生活、教育费用；邱某某对检察机关没收违法所得申请无异议，建议司法机关在执行时将冻结的某商业有限公司40%的股份变卖后，扣除7500万元违法所得，剩余部分返还给其公司。2020年1月3日，湖南省岳阳市中级人民法院作出违法所得没收裁定，依法没收彭某实施受贿犯罪、贾某实施受贿、洗钱犯罪境内违法所得共计人民币1亿余元、黄金制品，以及境外违法所得共计5处房产、250万欧元国债及孳息、50余万美元及孳息。同时对贾某1、蔡某提出异议的38万元解除扣押，予以返还；对邱某某所提意见予以支持，在执行程序中依法处置。

案例评析：

一是提前介入完善证据体系。本案涉嫌受贿、洗钱犯罪数额特别巨大，涉案境外财产分布在4个国家，涉及大量通过刑事司法协助获取的境外证据。

二是依法加大对跨境转移贪污贿赂所得的洗钱犯罪打击力度。犯罪嫌疑人、被告人逃匿境外的贪污贿赂犯罪案件，一般均已先期将巨额资产转移至境外，我国《中华人民共和国刑法》第191条明确规定此类跨境转移资产行为属于洗钱犯罪。《最高人民法院、最高人民检察院关于适用犯罪嫌疑人、被告人逃匿、死亡案件违法所得没收程序若干问题的规定》明确规定对于洗钱犯罪案件，可以适用特别程序追缴违法所得及其他涉案财产。检察机关在办理贪污贿赂犯罪案件中，应当加大对涉嫌洗钱犯罪线索的审查力度，对于符合法定条件的，应积极适用违法所得没收程序追缴违法所得。

条文理论延伸

杨雪钰、程聪聪：《虚拟货币洗钱犯罪案件侦查难点及对策初探》，载《网络安全技术与应用》2025 年第 1 期。

王新、雷昌宇：《反洗钱视野中地下钱庄的刑事法律规制》，载《政法论坛》2025 年第 1 期。

第四十九条 境外金融机构配合调查

> 国家有关机关在依法调查洗钱和恐怖主义融资活动过程中，按照对等原则或者经与有关国家协商一致，可以要求在境内开立代理行账户或者与我国存在其他密切金融联系的境外金融机构予以配合。

条文内容解读

1. 立法意旨

本条旨在明确境外金融机构配合调查的规定。

2. 演变历程

2006 年《反洗钱法》中，并未对境外金融机构配合调查作出规定。然而，随着时代的发展和反洗钱工作的不断深入，相关法律也在逐步完善。

3. 内容解读

（1）"按照对等原则"

对等原则是国际交往中的重要准则之一，它要求在国际关系中，各国应相互给予平等的待遇和权利。在反洗钱和反恐融资领域，这一原则尤为重要。在实际操作中，对等原则的应用需要各国之间保持良好的沟通和协商。具体而言，如果我国的金融机构在境外开展业务时，能够得到当地国家机关在调查相关犯罪活动时的配合，那么我国也应相应地在本国境内为境外金融机构提供类似的配合机会。这种相互配合的机制，不仅有助于提高反洗钱和反恐融资调查的效率，还能增强各国之间的信任和合作。这种做法不仅体现了国家间相互尊重和平等合作的精神，而且有助于各国在反洗钱和反恐融资工作中形成良性互动，共同打击跨国犯罪行为。对等原则在反洗钱和反恐融资领域的应用，是维护国际金融安全和稳定的重要手段。

（2）"经与有关国家协商一致"

"经与有关国家协商一致"这一表述，体现了我国在反洗钱和反恐融资国际合作中的灵活与开放态度。具体而言，我国在与相关国家进行充分沟通和协商的基础上，达成共识后，可以要求境外金融机构予以配合。这种协商机制的灵活性主要体现在能够根据不同国家的法律制度、监管要求以及双方的具体合作意向，制订出切实可行的合作方案。例如，不同国家在反洗钱和反恐融资的法律框架、监管重点、执法程序等方面存在差异，通过协商一致的方式，找到双方都能接受的合作模式，从而有效避免因法律差异或理解分歧而导致的合作障碍，确保反洗钱和反恐融资调查工作的顺利进行，确保在尊重各自法律制度的基础上，实现有效的国际合作。

此外，"经与有关国家协商一致"还包括两种情况：一是与外国对我国采取的措施对等，即如果外国在我国金融机构境外业务中给予配合，我国也应在境内给予相应配合；二是通过双边或多边协商达成一致意见后，我国可以要求境外金融机构予以配合。这两种情况都体现了维护我国国家主权和利益，同时尊重国际法原则的精神。

（3）"在境内开立代理行账户的境外金融机构"

"在境内开立代理行账户的境外金融机构"是指那些在境内银行开设了用于资金结算、清算等业务的账户的金融机构。这类金融机构与我国境内金融体系有着直接的业务往来和资金联系，因此在反洗钱和反恐融资调查中，其掌握的信息对于我国国家有关机关来说具有重要价值。例如，根据《跨境贸易人民币结算试点管理办法》的规定，境外银行需要在境内代理行开设人民币同业往来账户，并准备资金，以便进行人民币清算和结算。这种直接的金融联系使得境外金融机构在跨境资金流动中扮演着关键角色，其账户活动可能涉及大量的资金交易，其中不排除存在洗钱和恐怖主义融资的风险。因此，我国在反洗钱和反恐融资工作中，需要与这些境外金融机构进行密切合作。通过要求这些金融机构提供必要的信息和协助，我国国家有关机关可以更有效地追踪和打击洗钱和恐怖主义融资活动。

（4）"与我国存在其他密切金融联系的境外金融机构"

与我国存在其他密切金融联系的境外金融机构，其与我国金融市场的联系体现在多个方面，如跨境投资、融资、贸易结算、金融衍生品交易等。这些金融机构在我国金融市场的参与度较高，其业务活动可能涉及大量的资金流动，其中不排除存在洗钱和恐怖主义融资的风险。因此，要求这些境外金融机构配合我国国家有关机关的调查，对于及时发现和遏制洗钱和恐怖主义融资活动具有重要意义。通过与这些金融机构的合作，我国可以更有效地追踪和打击洗钱和恐怖主义融资活动。这种合作不仅有助于维护我国金融市场的稳定和安全，同时，这也体现了我国在国际金融监管中积极履行责任，推动建立更加公平、透明和有效的国际金融秩序。

条文实务应用

1. 实务指南

新《反洗钱法》第 49 条在实施过程中可能涉及包括金融安全风险、数据安全与隐私保护风险、国际合作风险、法律适用风险。在金融安全方面，境外金融机构涉及复杂的跨境洗钱活动，导致跨境洗钱风险向境内传导，同时境外金融机构可能因内部管理不善或外部压力无法有效配合我国国家机关的调查，影响反洗钱工作的效率。在数据安全与隐私保护方面，跨境信息共享过程中涉及重要数据和个人信息的传输，存在信息泄露和隐私保护的风险。在国际合作方面，如果对方国家不遵循对等原则，导致我国国家机关在调查过程中面临不对等的合作条件，同时跨境合作中涉及不同国家的法律和国际条约，存在法律冲突和适用问题。在法律适用方面，跨境反洗钱调查中涉及不同国家的法律适用问题，导致法律适用的不确定性，而在涉及追究洗钱犯罪的司法协助中，需遵循《中华人民共和国国际刑事司法协助法》及相关法律规定。

对于新《反洗钱法》第 49 条可能涉及的风险，根据具体风险类型提出以下相应解决方案。在金融安全方面，可通过建立跨境合作机制，加强信息共享与监测，利用智能分析技术实时监测跨境资金流动，及时发现和预警高风险交易。在数据安全与隐私保护方面，解决方案包括采用区块链等技术手段确保数据传输的安全性和隐私保护，以及明确法律框架，确保信息共享符合相关法律法规，保护客户隐私。在国际合作方面，可通过严格按照对等原则开展国际合作，加强国际条约的协调与适用，确保在跨境反洗钱调查中法律适用的一致性。在法律适用方面，可通过国际刑事司法协助机制明确法律适用规则，加强与相关国家的法律协调，确保反洗钱调查的顺利进行。

2. 典型案例

陈某洗钱案[①]

案情简介：

2015年8月至2018年10月，陈某注册成立意某金融信息服务公司，未经国家有关部门批准，以公司名义向社会公开宣传定期固定收益理财产品，自行决定涨跌幅，资金主要用于兑付本息和个人挥霍，后期拒绝兑付。此外，陈某还开设数字货币交易平台发行虚拟货币，通过虚假宣传诱骗客户在该平台上充值、交易，虚构平台交易数据，并通过限制大额提现提币、谎称黑客盗币等方式掩盖资金缺口，拖延甚至拒绝投资者提现。2018年11月3日，公安机关对陈某以涉嫌集资诈骗罪立案侦查，涉案金额达1200余万元，陈某潜逃境外。2018年年中，陈某将非法集资款中的300万元转账至陈某1（系陈某妻子）个人银行账户。2018年8月，为转移财产，掩饰、隐瞒犯罪所得，陈某1、陈某二人离婚。2018年10月底至11月底，陈某1明知陈某因涉嫌集资诈骗罪被公安机关调查、立案侦查并逃往境外，仍将上述300万元转至陈某个人银行账户，供陈某在境外使用。另外，陈某1按照陈某指示，将陈某用非法集资款购买的车辆以90余万元的低价出售，随后在陈某组建的微信群中联系某虚拟货币"矿工"，将卖车款全部转账给"矿工"换取比特币密钥，并将密钥发送给陈某，供其在境外兑换使用。

裁判要旨：

上海市浦东新区人民检察院经审查认为，陈某1以银行转账、兑换某虚拟货币等方式帮助陈某向境外转移集资诈骗款，构成洗钱罪。2019年12月23日，上海市浦东新区人民法院作出判决，认定陈某1犯洗钱罪，判处有期徒刑二年，并处罚金20万元。陈某1未提出上诉，判决已生效。

[①] 《最高人民检察院、中国人民银行惩治洗钱犯罪典型案例》，载最高人民检察院网站，https：//www.spp.gov.cn/xwfbh/wsfbt/202103/t20210319_513155.shtml#2，2025年6月5日访问。

案件评析：

洗钱罪的构成要件包括主观方面，如陈某 1 明知陈某涉嫌集资诈骗被调查仍帮助其转移资产，显示掩饰隐瞒犯罪所得的主观故意；客观方面，陈某 1 通过银行转账、兑换某虚拟货币等方式帮助陈某转移集资诈骗款，符合洗钱罪的客观行为要件；客体方面，其行为侵犯了国家金融管理秩序，符合洗钱罪的客体要件；主体方面，陈某 1 作为自然人，符合洗钱罪的主体要件。虚拟货币的法律属性方面，某虚拟货币等虽不具备货币合法性，但应视为具有价值性、稀缺性和可支配性的虚拟财产或商品。我国禁止代币发行融资和兑换活动，但其他国家和地区对比特币等虚拟货币的监管政策不同，可通过境外服务商实现自由兑换，监管政策存在差异。国际上，中国人民银行将本案作为成功打击利用虚拟货币洗钱的案例提供给金融行动特别工作组（FATF）。洗钱数额的计算以兑换虚拟货币实际支付的资金数额为准，本案中，陈某 1 帮助转移的 300 万元及卖车所得的 90 余万元均计入洗钱数额。法律适用上，根据我国《中华人民共和国刑法》第 191 条的规定，明知是特定犯罪的违法所得及其收益，为掩饰、隐瞒其来源和性质，提供资金账户等行为，构成洗钱罪。

相关法律法规

《金融机构反洗钱和反恐怖融资监督管理办法》

第十六条　在境外设有分支机构或控股附属机构的，境内金融机构总部应当按年度向中国人民银行或者所在地中国人民银行分支机构报告境外分支机构或控股附属机构接受驻在国家（地区）反洗钱和反恐怖融资监管情况。

《受益所有人信息管理办法》

第十二条　国家有关机关为履行职责需要，可以依法向中国人民银行获取受益所有人信息。

金融机构、特定非金融机构履行反洗钱和反恐怖主义融资义务时，可以通过中国人民银行查询受益所有人信息。

国家有关机关以及金融机构、特定非金融机构对依法获得的受益所有人信息应当予以保密。

条文理论延伸

王雨欢：《"风险为本"理念下反洗钱合规制度建设的路径研究——以〈反洗钱法（修订草案）〉为视角》，载《社会科学动态》2023 年第 7 期。

张阳：《反洗钱法中的国际合作原则》，载《太原教育学院学报》2004 年第 S1 期。

第五十条　境外执法要求的处理

> 外国国家、组织违反对等、协商一致原则直接要求境内金融机构提交客户身份资料、交易信息，扣押、冻结、划转境内资金、资产，或者作出其他行动的，金融机构不得擅自执行，并应当及时向国务院有关金融管理部门报告。
>
> 除前款规定外，外国国家、组织基于合规监管的需要，要求境内金融机构提供概要性合规信息、经营信息等信息的，境内金融机构向国务院有关金融管理部门和国家有关机关报告后可以提供或者予以配合。
>
> 前两款规定的资料、信息涉及重要数据和个人信息的，还应当符合国家数据安全管理、个人信息保护有关规定。

条文内容解读

1. 立法意旨

本条规定旨在明确境外执法要求的处理。

2. 演变历程

2006 年《反洗钱法》国际合作内容相对简单，主要强调与反洗钱国际公约的对接。并未对我国金融机构如何与外国国家，组织展开反洗钱合作提供进一步的法律指引。新《反洗钱法》第 50 条则进一步细化了国际合作的具体要求，强调对等原则和协商一致，提升了国际合作的法律保障。此外，第 50 条呼应了《中华人民共和国数据安全法》和《中华人民共和国个人信息保护法》的要求，明确了跨境信息共享的法律边界，确保反洗钱活动中的数据安全和个人信息保护。此外，还明确了金融机构在违反规定时的法律责任，进一步强化了法律的执行力。

3. 内容解读

（1）外国不当要求的禁止与报告义务

第 1 款明确，外国国家、组织若违反对等、协商一致原则直接要求境内金融机构提交客户身份资料、交易信息，扣押、冻结、划转境内资金、资产，或者作出其他类似行动的，境内金融机构不得擅自执行。这一规定的核心在于维护我国的司法主权和金融监管自主权，防止外国以反洗钱等名义对我国境内金融机构进行不当干涉。同时，要求金融机构在面对此类要求时，必须及时向国务院有关金融管理部门报告，以便我国相关部门能够及时掌握情况，采取相应的应对措施，确保我国金融市场的稳定和金融机构的合法权益不受侵害。

如金融机构违反本条规定擅自采取行动的，由国务院有关金融管理部门依照本法第 57 条的规定，处 50 万元以下罚款；情节严重的，处 50 万元以上 500 万元以下罚款；造成损失的，并处所造成直接经济损失一倍以上五倍以下罚款。对负有责任的董事、监事、高级管理人员或者其他直接责任人员，可以由国务院有关金融管理部门给予警告或者处 50 万元以下罚款。

这一条款是新《反洗钱法》中对跨境金融监管合作的重要规范，体现了我国在反洗钱领域对国际合作的开放态度，同时也强调了在合作中必须遵循对等、协商一致的原则。这不仅有助于提升我国在国际反洗钱领域的影响力和话语权，还为我国金融机构在面对外国不当要求时提供了明确的法律依据和行动指南。

首先，该条款起到了保护我国金融机构和客户合法权益的作用，避免因境外不当要求导致金融机构违规操作，从而面临法律风险和声誉损失。其次，通过要求金融机构及时报告，增强了我国金融管理部门对跨境金融活动的监管能力，有助于及时发现和防范潜在的金融风险。此外，该条款还强化了我国在反洗钱国际合作中的自主性和主导权，确保我国在国际合作中能够维护自身的国家利益和金融安全。

（2）基于平等原则下的反洗钱合作

第 2 款则是在第 1 款的基础上，对外国国家、组织基于合规监管需要提出的信息要求进行了适度放开。若外国国家、组织要求境内金融机构提供概要性合规信息、经营信息等，境内金融机构在向国务院有关金融管理部门和国家有关机关报告后，可以提供或予以配合。这体现了我国在反洗钱领域秉持开放合作的态度，愿意在符合我国法律法规和监管要求的前提下，与国际社会共同打击洗钱等违法犯罪活动，推动建立公平、合理、有效的国际反洗钱合作秩序。但这种合作是有条件的，即必须以我国相关部门的同意为前提，确保我国在合作中的自主性和主导权，避免因过度合作而损害我国的国家利益和金融机构的合法权益。

该条款是 2006 年《反洗钱法》中对国际合作机制的重要补充，明确了我国在反洗钱国际合作中的基本原则和操作流程。它不仅为我国金融机构在国际反洗钱合作中提供了明确的法律依据，还为我国金融管理部门在国际合作中提供了必要的监管手段和决策依据。这一条款的设置，使得我国在反洗钱国际合作中既有开放的姿态，又有自主的把控，体现了我国在国际事务中的独立自主和平等合作的外交原则。首先，该条款有助于提升我国在国际反洗钱领域的合作水平和影响力。通过适度放开信息提供和合作范围，我国能够更积极地参与到国际反洗钱行动中，与各国共享信息资源，共同打击跨国洗钱犯罪。其次，该条款为我国金融机构提供了一个安全、合规的合作框架，使其在面对外国合规监管要求时，能够在合法合规的前提下进行必要的信息交流和合作。

（3）数据安全与个人信息保护的强化要求

第 3 款进一步强调，前两款规定的资料、信息若涉及重要数据和个人信息，还应当符合国家数据安全管理、个人信息保护有关规定。该条款是新《反洗钱法》中对数据安全和个人信息保护的重要补充，明确了在反洗钱工作中数据安全和个人信息保护的基本原则和具体要求。同时，这也是对金融机构在信息提供和合作过程中的数据安全与个人信息保护责任的重申。它不仅为金融机构在反洗钱工作中提供了明确的法律依据，还为金融管理部门在监管中提供了必要的法律支持，确保反洗钱工作在合法合规的框架内进行。

在当今数字化时代，数据和信息的安全至关重要，不仅关系到国家的安全和稳定，也直接关乎个人的隐私和权益。因此，金融机构在履行反洗钱义务、开展国际合作时，必须严格遵守我国的数据安全和个人信息保护法律法规，采取有效的技术措施和管理手段，确保所涉及的重要数据和个人信息不被泄露、滥用或非法传输，切实保护客户的隐私和数据安全。该条款有助于提升我国在数据安全和个人信息保护方面的法律水平，与国际通行标准接轨。

条文实务应用

新《反洗钱法》第50条在实施过程中，金融机构可能面临多方面的风险。首先，在合规风险方面，金融机构可能因对法律理解不充分或内部管理不完善，擅自执行外国国家或组织的不当要求，违反第50条的规定；或者因内部流程不完善或对法规理解不足，未能及时向国务院有关金融管理部门报告境外要求，从而面临处罚。其次，在数据安全与信息保护方面，金融机构在跨境业务中处理大量客户身份资料和交易信息，若保密措施不到位，很有可能导致信息泄露，违反信息保密规定；同时，若数据安全管理制度不完善，无法有效保护重要数据和个人信息，将面临数据安全风险。在国际合作中，金融机构可能因对跨境信息共享机制理解不充分，在提供信息时违反对等、协商一致原则，引发国际合作中的法律风险；也可能因缺乏对境外要求性质的准确判断，误将不当要求视为合规要求，导致违规操作。在监管与处罚方面，根据新《反洗钱法》，金融机构违反第50条及相关规定，可能面临更高的处罚力度，包括警告、罚款，甚至限制或禁止相关业务；同时，随着反洗钱调查权下放至设区的市一级，金融机构面临的反洗钱调查频率增加，被处罚的风险也随之提高。

金融机构可以采取以下具体措施，避免实践中可能面临的风险。首先，在合规风险方面，金融机构应定期组织员工进行反洗钱法律法规的培训，确保员工充分理解第50条及相关法规的要求；同时，建立健全内部管理制度，明确在面对境外要求时的审批和报告流程，防止擅自执行境外不当要求；此外，通过案例教学和互动式培训，提高员工的反洗钱合规意识，确保其在日常工作中严格遵守法规。其次，针对数据安全与信息保护风险，金融机构应采用先进的数据加密和访问控制技术，确保客户身份资料和交易信息安全；

建立完善的数据安全管理制度，定期进行数据安全审计，确保数据的完整性和保密性；加强对员工的数据安全培训，提高其对数据保护重要性的认识，防止因人为失误导致信息泄露。在国际合作风险方面，金融机构应深入学习国际反洗钱规则和跨境信息共享机制，确保在国际合作中遵循对等、协商一致原则；对境外要求进行风险评估，准确判断其性质，避免将不当要求误认为合规要求；加强与国务院有关金融管理部门的沟通，及时报告境外要求，获取指导和支持。面对监管与处罚风险，金融机构应积极配合反洗钱调查，如实提供相关资料，避免因不配合调查而受到处罚；完善反洗钱内部控制制度，确保各项反洗钱措施落实到位，降低因内部控制不完善而被处罚的风险；建立合规管理机制，定期进行内部审计和合规检查，及时发现并整改问题。通过以上措施，金融机构可以有效应对新《反洗钱法》第 50 条实施过程中可能面临的风险，确保反洗钱工作的合规性和有效性。

相关法律法规

《金融机构大额交易和可疑交易报告管理办法》

第十一条　金融机构发现或者有合理理由怀疑客户、客户的资金或者其他资产、客户的交易或者试图进行的交易与洗钱、恐怖融资等犯罪活动相关的，不论所涉资金金额或者资产价值大小，应当提交可疑交易报告。

第二十三条　金融机构及其工作人员应当对依法履行大额交易和可疑交易报告义务获得的客户身份资料和交易信息，对依法监测、分析、报告可疑交易的有关情况予以保密，不得违反规定向任何单位和个人提供。

条文理论延伸

严立新主编：《反洗钱理论与实务》，复旦大学出版社 2024 年版。

宋之远：《数字货币反洗钱的法律应对》，载《数字法治评论》2023 年第 2 期，中国社会科学出版社 2023 年版。

第六章　法律责任

第五十一条　监管机构责任

> 反洗钱行政主管部门和其他依法负有反洗钱监督管理职责的部门从事反洗钱工作的人员有下列行为之一的，依法给予处分：
> （一）违反规定进行检查、调查或者采取临时冻结措施；
> （二）泄露因反洗钱知悉的国家秘密、商业秘密或者个人隐私、个人信息；
> （三）违反规定对有关机构和人员实施行政处罚；
> （四）其他不依法履行职责的行为。
> 其他国家机关工作人员有前款第二项行为的，依法给予处分。

条文内容解读

1. 立法意旨

本条是关于反洗钱行政主管部门和其他依法负有反洗钱监督管理职责的部门及其工作人员在反洗钱工作中应遵守的行为规范及其法律责任的规定。

2. 演变历程

2006年《反洗钱法》第30条规定了反洗钱行政主管部门和其他依法负有反洗钱监督管理职责的部门、机构从事反洗钱工作的人员的法律责任，新《反洗钱法》与2006年《反洗钱法》相比变化不大，主要体现在以下方面。一是扩大了依法履行反洗钱监管义务的主体需要保密的信息范围，在第1款第2项中，根据2021年实施的《中华人民共和国个人信息保护法》第32条、第68条的规定，新增了"个人信息"作为反洗钱行政主管部门和其他依法负有反洗钱监督管理职责的部门从事反洗钱工作的人员不得泄露的信息。二是扩大了履行反洗钱保密义务的主体范围，新《反洗钱法》新增第 2 款，明确将保守因反洗钱知悉的国家秘密、商业秘密或者个人隐私、个人信息的义务主体范围扩大至所有国家机关工作人员，构建起了全周延的义务主体范围，体现了立法体系化的思维。三是新《反洗钱法》进一步精准化了文字表述。

3. 内容解读

本条旨在规范反洗钱行政主管部门及其工作人员的行为，确保反洗钱工作的合法性和正当性，保护国家秘密、商业秘密和个人隐私、个人信息。具体来讲，该条要求反洗钱行政主管部门及其工作人员在进行检查、调查或采取临时冻结措施时，必须严格遵守法定程序和权限，不得滥用职权。此外，反洗钱工作涉及大量敏感信息，工作人员必须严格保密，不得泄露。行政处罚必须依法进行，不得随意扩大处罚范围或加重处罚力度。本条还在第 1 款第 4 项中兜底规定了其他不依法履行职责的行为，如怠于履行职责、滥用职权等行为等也可能受到处分。

本条明确要求提供反洗钱服务的机构及其工作人员、其他从事反洗钱工作的国家工作人员依法保护个人信息，体现出了与时俱进的要求和立法技术的进步，能够在保障反洗钱监管工作有效开展的同时，尽可能减少对公民个人权利的侵害。

第五十二条 内控管理之责

> 金融机构有下列情形之一的，由国务院反洗钱行政主管部门或者其设区的市级以上派出机构责令限期改正；情节较重的，给予警告或者处二十万元以下罚款；情节严重或者逾期未改正的，处二十万元以上二百万元以下罚款，可以根据情形在职责范围内或者建议有关金融管理部门限制或者禁止其开展相关业务：
> （一）未按照规定制定、完善反洗钱内部控制制度规范；
> （二）未按照规定设立专门机构或者指定内设机构牵头负责反洗钱工作；
> （三）未按照规定根据经营规模和洗钱风险状况配备相应人员；

（四）未按照规定开展洗钱风险评估或者健全相应的风险管理制度；

（五）未按照规定制定、完善可疑交易监测标准；

（六）未按照规定开展反洗钱内部审计或者社会审计；

（七）未按照规定开展反洗钱培训；

（八）应当建立反洗钱相关信息系统而未建立，或者未按照规定完善反洗钱相关信息系统；

（九）金融机构的负责人未能有效履行反洗钱职责。

条文内容解读

1. 立法意旨

本条是关于金融机构在反洗钱工作中应遵守的内部控制和管理义务及其法律责任的规定。

2. 演变历程

新《反洗钱法》第52条在多个方面对金融机构的反洗钱义务进行了细化和强化，与2006年《反洗钱法》相比，主要包括以下变化。

一是细化与全面化反洗钱内部控制要求：新《反洗钱法》明确要求金融机构建立健全反洗钱内部控制制度，包括内控制度和流程、负责部门、人员配备、风险评估、可疑交易监测、专门审计、反洗钱培训、信息系统建设等多个方面。相比之下，2006年《反洗钱法》仅规定了建立内控制度、设立专门机构或者指定内设机构、反洗钱培训三项内控要求。新《反洗钱法》相较于2006年《反洗钱法》第31条中较为笼统、简单的要求，结合实践发展和国际反洗钱最新发展，全面系统地完善了金融机构的内控要求。

二是新《反洗钱法》第52条第9项还增加了"金融机构的负责人未能有效履行反洗钱职责"作为违规的情形之一。对负责人个人进行责任规定，旨在通过明确责任主体，强化金融机构负责人在反洗钱工作中的责任落实。近年来，洗钱手段日益复杂，涉及领域不断扩大，金融机构面临的洗钱风险显著增加。通过明确负责人职责，能够推动金融机构从高层到基层全面加强反洗钱管理，提升整体风险防控能力。在反洗钱工作中，金融机构负责人作为关键决策者和管理者，其履职情况直接影响机构反洗钱工作的整体效果。通过法律明确其责任，能够有效避免因管理层不作为或疏忽导致的反洗钱漏洞。

三是从处罚措施来看。2006年《反洗钱法》仅规定责令限期改正、纪律处分；而新《反洗钱法》新增情节较重情形，处以警告或20万元以下罚款；情节严重或逾期未改正的，处20万元以上200万元以下罚款，限制或者禁止其开展相关业务等严格处罚。此外，新《反洗钱法》将"逾期未改正"明确列出并与"情节严重"并列，单独作为量罚提升档位的理由，为反洗钱主管部门督促反洗钱改正义务的落实提供了抓手。

3. 内容解读

新《反洗钱法》第52条在2006年《反洗钱法》的基础上，结合国际标准和国内实践，对金融机构的反洗钱义务进行了全面细化和强化。新《反洗钱法》在义务要求、监管措施和处罚力度等方面均进行了进一步完善，体现了我国反洗钱工作向"风险为本"监管理念的转变，有助于提升金融机构的反洗钱工作水平，维护金融秩序和社会公共利益，同时新《反洗钱法》力求均衡好"提高执法震慑"与保障反洗钱义务主体稳定、明确行为预期，将"内部控制制度"的模糊要求明确为具体要求，虽然扩充了义务的具体内容，但是删除了模糊以及兜底的规定。

下放调查权限，监管密度显著提高。一方面，对于金融机构和特定非金融机构，新《反洗钱法》将开展反洗钱调查的级别由"反洗钱行政主管部门或者其省级派出机构"调整为"反洗钱行政主管部门或者其设区的市级以上派出机构"，降低启动反洗钱"调查核实"程序机构的级别，有利于减轻反洗钱调查压力，推动反洗钱调查顺利实施。另一方面，此变化势必会增加地方反洗钱行政主管部门的反洗钱调查频率，各反洗钱义务机构面临的被调查概率与被处罚风险大大提高。又因中小金融机构和特定非金融机构更有可能存在反洗钱内部控制制度不完善、反洗钱义务认识不充分等问题，可以预见此变化势必将对中小金融机构和特定非金融机构产生较大影响。

内部控制制度要求增多。新《反洗钱法》对反洗钱内部控制制度的处罚范围和处罚措施提出更高标准的要求。处罚情形从三项增加至九项，内部控制制度规范、牵头部门，以及人员配备、风险评估与风险管理制度、可疑交易监测标准、内部审计或社会审计、反洗钱培训、反洗钱相关信息系统、负责人职责等方面不完善的，均将受到反洗钱行政主管部门的处罚。

处罚幅度显著提高。从处罚措施来看，2006 年《反洗钱法》仅规定责令限期改正；而新《反洗钱法》新增情节较重情形，处以警告或 20 万元以下罚款；情节严重或逾期未改正的，处 20 万元以上 200 万元以下罚款，限制或者禁止其开展相关业务。

风险本位，对标国际。在风险本位方法的指引下，反洗钱工作要求以客户尽职调查与可疑交易报告为核心。客户尽职调查的程度分级及其记录保存。在与客户建立业务关系或进行特定类型交易时，义务实体应采取有效措施来识别并核实客户身份，基于风险本身可变性对客户尽职调查，这是反洗钱合规的基本要求。可疑交易的强制性报告制度，要求反洗钱义务主体确保信息有效传达给监管部门，通过在可疑交易和潜在犯罪活动之间建立联系来预防和打击洗钱活动。

❋ 条文实务应用

1. 实务指南

从反洗钱义务主体（金融机构）的角度，应当从以下几个方面落实新《反洗钱法》第 52 条相关要求：（1）完善反洗钱内部控制制度，义务机构需建立健全反洗钱内部控制制度，确保制度与洗钱风险相适应。具体措施包括制定和完善客户尽职调查、洗钱风险管理、可疑交易监测等制度。（2）定期开展内部审计或社会审计，确保反洗钱制度的有效执行。（3）加强洗钱风险管理，根据经营规模和洗钱风险状况，配备相应人员，确保反洗钱工作与业务发展相匹配。对洗钱高风险情形采取限制交易、拒绝业务或终止业务关系等措施，平衡风险管理与业务发展的需求。（4）优化可疑交易监测与报告，细化可疑交易报告要求，根据新《反洗钱法》第 23 条的相关要求，在反洗钱行政主管部门等发布的发布洗钱风险指引的指导下，持续关注新型洗钱风险，特别是利用新技术（如虚拟货币、网络支付）带来的洗钱风险。建立健全可疑交易监测标准，确保监测系统的有效性。（5）提升反洗钱培训与宣传，加强对一线业务人员和反洗钱合规人员的培训，确保全员了解新法要求和机构的反洗钱政策。通过内部宣传和外部教育活动，提升员工和客户的反洗钱意识。(6) 适应技术创新与数字化转型，利用大数据、人工智能等技术提升反洗钱监测水平，如基于机器学习的行为分析、区块链应用等。在数字化转型过程中，确保数据安全和客户隐私保护。(7) 明确责任落实，金融机构负责人需有效履行反洗钱职责，确保反洗钱工作从顶层设计到具体执行的连贯性和有效性。

2. 典型案例

某支付公司违反反洗钱业务管理规定案[①]

案情简介：

中国人民银行广东省分行公开行政处罚信息显示，某支付公司因违反反洗钱业务管理规定，被中国人民银行广东省分行处罚款 90 万元，时任董事长兼总经理谭某某被处以 3 万元罚款。该公司曾多次因反洗钱不力受罚，2019 年因违反支付结算管理规定被罚没 350 万元；2021 年因未按规定履行客户身份识别义务及未按规定报送可疑交易报告被罚 257 万元；2023 年因违反支付账户管理规定等被罚没 695 万元。

本案要旨：

金融机构未按规定履行反洗钱业务管理规定，包括客户身份识别、可疑交易报告等义务，将面临严厉处罚，相关责任人也将被追究责任。

案件评析：

该案例表明，反洗钱工作不仅是金融机构的合规要求，更是其必须履行的法律责任。某支付公司多次受罚，反映出其在反洗钱内控制度建设与执行方面的严重不足，监管部门的处罚彰显了对反洗钱违规行为的零容忍态度，也提醒其他支付机构必须高度重视反洗钱工作，尤其是在新《反洗钱法》对内部控制制度提出了更高要求后，相关反洗钱义务主体一定要建立健全合规管理体系。

[①] 银京罚决字（2024）36 号，载中国人民银行北京市分行网站，http://beijing.pbc.gov.cn/beijing/132030/132052/132059/5556707/index.html，2025 年 5 月 20 日访问。

❀ 条文理论延伸

李晓明、汪鸿哲、李晓晟:《反洗钱和反恐怖融资合规的评估指标体系》，载《犯罪研究》2023 年第 3 期。

王新、安汇玉:《欧盟反洗钱指令研究及其启示》，载《人民检察》2024 年第 3 期。

第五十三条　金融机构具体反洗钱义务之一

> 金融机构有下列行为之一的，由国务院反洗钱行政主管部门或者其设区的市级以上派出机构责令限期改正，可以给予警告或者处二十万元以下罚款；情节严重或者逾期未改正的，处二十万元以上二百万元以下罚款:
>
> （一）未按照规定开展客户尽职调查；
>
> （二）未按照规定保存客户身份资料和交易记录；
>
> （三）未按照规定报告大额交易；
>
> （四）未按照规定报告可疑交易。

❀ 条文内容解读

1. 立法意旨

本条是关于金融机构在反洗钱工作中应遵守的具体操作义务及其法律责任的规定。

2. 演变历程

新《反洗钱法》第 53 条是在 2006 年《反洗钱法》第 32 条的基础上修订而来的，2006 年《反洗钱法》对金融机构及人员的具体反洗钱义务及责任作了全面规定，但对不同的具体义务没有根据性质、严重程度作出区分，新《反洗钱法》将 2006 年《反洗钱法》第 32 条拆分为第 53 条、第 54 条、第 55 条、第 56 条，根据违反的具体义务的性质、严重程度或主体分别进行了规定。相关修改既是对近年来反洗钱工作一系列重大进展要求的总结，也反映了与国际反洗钱实践对接。

在具体内容上，新《反洗钱法》第 53 条规定了未按照规定开展客户尽职调查、未按照规定保存客户身份资料和交易记录、未按照规定报告大额交易、未按照规定报告可疑交易四类违规行为及其处罚措施，该四类违法行为与 2006 年《反洗钱法》第 32 条第 1 款第 1 项至第 3 项对应。同时，新《反洗钱法》根据我国实践并结合 FATF 最新参考进行优化。一是更新修订具体义务内容。新《反洗钱法》第 53 条将 2006 年《反洗钱法》第 32 条第 1 款第 1 项"未按照规定履行客户身份识别义务"修改为"未按照规定开展客户尽职调查"；考虑到报送报告的性质不同，新《反洗钱法》将 2006 年《反洗钱法》第 32 条第 1 款第 3 项中"未按照规定报送大额交易报告或者可疑交易报告的"，拆分规定为新《反洗钱法》第 53 条中的第 3 项、第 4 项独立的两项。二是从处罚措施来看。2006 年《反洗钱法》第 32 条罚款上限为 50 万元；而新《反洗钱法》第 53 条新增情节较重情形，处以警告或 20 万元以下罚款；情节严重或逾期未改正的，处 20 万元以上 200 万元以下罚款。且将"逾期未改正"明确列出并与"情节严重"并列，单独作为量罚提升档位的理由，为反洗钱主管部门督促金融机构落实改正义务提供了抓手。

在对日常交易的监测活动中，金融机构识别和设计可疑交易的相应监测标准本身就与机构本身的业务和交易复杂程度有关，很难用其他机构的成熟标准来衡量行业内业务较为单一机构的有关实践。也就是说，所谓"明显可疑"的标准是相对的，该条若不修改，则可能带来过多的非客观执法。若需要处罚可疑交易的监测指标不足以防控风险的情况，也可以适用新《反洗钱法》第 52 条第 5 项关于"未按照规定制定、完善可疑交易监测标准"的规定。

3. 内容解读

首次将"开展客户尽职调查"写入法律。"未按照规定履行客户身份识别义务"修改为"未按照规定开展客户尽职调查"，充分尊重反洗钱国际要求。此外也是对我国既有的反洗钱实践法律化，本次新《反洗钱法》第 53 条首次将"未按照规定开展客户尽职调查"写入法律。

客户尽职调查制度不仅包括客户身份识别，还涵盖对客户的交易背景和风险状况进行调查。具体而言，包括识别并采取合理措施核实客户及其受益所有人身份，了解客户建立业务关系和交易的目的，涉及较高洗钱风险时了解相关资金来源和用途，扩大原有客户身份识别制度的义务范围。此外，新《反洗钱法》第 29 条详细规定了客户尽职调查的要求。在金融机构与客户建立业务关系，或怀疑客户身份，或有合理理由怀疑客户及其交易涉嫌洗钱时，应开展尽职调查。尽职调查的工作内容包括识别并采取合理措施核实客户及其受益所有人身份，了解客户建立业务关系和交易的目的，涉及较高洗钱风险的，还应当了解相关资金来源和用途。在开展客户尽职调查信息来源上，新《反洗钱法》第 33 条还规定了，客户尽职调查可以通过反洗钱行政主管部门以及公安、市场监督管理、民政、税务、移民管理、电信管理等部门依法核实客户身份等有关信息，扩展 2006 年《反洗钱法》规定的公安、工商行政管理等部门，加强反洗钱机构的合作和信息共享能力。

条文实务应用

1. 实务指南

金融机构应严格按照本条规定及相关配套规则，结合新《反洗钱法》第 29 条、第 33 条的相关规定开展客户尽职调查，保存客户身份资料和交易记录，报告大额交易和可疑交易，确保反洗钱工作的有效实施。

2. 典型案例

某支付公司未按规定履行客户身份识别等义务案[①]

案情简介：

中国人民银行北京市分行行政处罚信息显示，2025 年 1 月 3 日，某支付公司因未按照规定履行客户身份识别义务，未按规定报送大额交易报告或者可疑交易报告，被罚款 186.57 万元。时任某支付公司的总经理孟某对上述行为负有直接责任，被罚款 9.53 万元。

本案要旨：

金融机构未按规定履行客户尽职调查、保存客户身份资料和交易记录、

---

① 银京罚决字（2024）37 号，载中国人民银行北京市分行网站，http://beijing.pbc.gov.cn/beijing/132030/132052/132059/5556707/index.html，2025 年 5 月 20 日访问。

报告大额交易和可疑交易的，情节严重的，将面临高额罚款及对直接责任人的处罚。

案件评析：

某支付公司的违规行为表明，部分支付机构在反洗钱工作中存在管理漏洞，未能有效落实反洗钱义务。此外，在市场竞争激烈的背景下，当前也有部分支付机构为了获取更多的市场份额和利润，进而放松反洗钱监管要求。在新《反洗钱法》落地生效的背景下，金融机构是否制定并严格执行内控制度，必然继续是反洗钱监管的重点。相关义务主体必须加强内部管理，完善反洗钱内控制度，确保各项义务落实到位。

条文理论延伸

蔡军、潘智源：《反有组织犯罪洗钱的模式转型及义务履行》，载《河南大学学报（社会科学版）》2023年第6期。

李晓明、汪鸿哲、李晓晟：《反洗钱和反恐怖融资合规的评估指标体系》，载《犯罪研究》2023年第3期。

第五十四条　其他违反反洗钱义务的处罚

金融机构有下列行为之一的，由国务院反洗钱行政主管部门或者其设区的市级以上派出机构责令限期改正，处五十万元以下罚款；情节严重的，处五十万元以上五百万元以下罚款，可以根据情形在职责范围内或者建议有关金融管理部门限制或者禁止其开展相关业务：

（一）为身份不明的客户提供服务、与其进行交易，为客户开立匿名账户、假名账户，或者为冒用他人身份的客户开立账户；

（二）未按照规定对洗钱高风险情形采取相应洗钱风险管理措施；

（三）未按照规定采取反洗钱特别预防措施；

（四）违反保密规定，查询、泄露有关信息；

（五）拒绝、阻碍反洗钱监督管理、调查，或者故意提供虚假材料；

（六）篡改、伪造或者无正当理由删除客户身份资料、交易记录；

（七）自行或者协助客户以拆分交易等方式故意逃避履行反洗钱义务。

条文内容解读

1. 立法意旨

本条是关于金融机构违反除本法第 52 条、第 53 条规定的落实内部控制制度义务、落实反洗钱核心制度义务外的其他反洗钱义务的法律责任规定。

2. 演变历程

本条可追溯至 2006 年《反洗钱法》第 32 条第 1 款："金融机构有下列行为之一的，由国务院反洗钱行政主管部门或者其授权的设区的市一级以上派出机构责令限期改正；情节严重的，处二十万元以上五十万元以下罚款，并对直接负责的董事、高级管理人员和其他直接责任人员，处一万元以上五万元以下罚款：（一）未按照规定履行客户身份识别义务的；（二）未按照规定保存客户身份资料和交易记录的；（三）未按照规定报送大额交易报告或者可疑交易报告的；（四）与身份不明的客户进行交易或者为客户开立匿名账户、假名账户的；（五）违反保密规定，泄露有关信息的；（六）拒绝、阻碍反洗钱检查、调查的；（七）拒绝提供调查材料或者故意提供虚假材料的。"

3. 内容解读

（1）加大处罚力度

近年来，我国大幅提升了对金融机构反洗钱行政执法与处罚力度，大额罚单也屡见不鲜，处罚形式基本采用了"双罚制"。本条的修订与第六章法律责任其他条文的修订思路相同，在增加处罚方式的基础上，加大了处罚力度，适应了司法实践的需要。修订后，处罚方式根据违法行为情节的严重程度主要包括：责令期限改正、罚款、限制或禁止其开展相关业务，同时，2006年《反洗钱法》第32条第1款规定的对金融机构相关责任人员的处罚方式也可以根据新《反洗钱法》第56条进行援用。

（2）新增处罚行为

本次修订对2006年《反洗钱法》第32条第1款第4项至第7项作了修改或完善，形成了本条第1项、第4项、第5项，并新增四类处罚情形：未按照规定对洗钱高风险情形采取相应洗钱风险管理措施；未按照规定采取反洗钱特别预防措施；篡改、伪造或者无正当理由删除客户身份资料、交易记录；自行或者协助客户以拆分交易等方式故意逃避履行反洗钱义务，形成七项金融机构违反反洗钱义务的行为类型。

其一，未按照规定对洗钱高风险情形采取相应洗钱风险管理措施。"近年来，国内外反洗钱形势和风险挑战不断变化。"全国人大财经委在立法调研中了解到，电信网络诈骗、"地下钱庄"、非法集资等跨行业、涉众型洗钱相关犯罪持续高发，金融新产品、新技术、新业态层出不穷，一些新业态，如区块链、贵金属、网络直播平台、虚拟货币等被用于洗钱活动，不法分子利用虚拟开户、空壳公司、层层嵌套等多种方式实施洗钱等犯罪活动，对经济金融安全、社会稳定造成严重影响[1]，这要求新《反洗钱法》在制度层面上对此进行回应。因此，本条在第52条第4项要求金融机构开展洗钱风险评估和健全相应的风险管理制度的基础上，进一步要求金融机构对具体的洗钱高风险情形采取风险防控措施。

其二，未按照规定采取反洗钱特别预防措施。同样地，为加强对高风险领域的监管，金融机构应当按规定采取业务特别措施。针对特定高风险客户或业务，如跨境交易、涉及特定国家或地区的交易、涉及特定非金融行业的业务等，需采取的额外反洗钱措施。

其三，篡改、伪造或者无正当理由删除客户身份资料、交易记录。本条在第53条第2项"未按照规定保存客户身份资料和交易记录"的基础上进

---

[1] 参见张维炜：《反洗钱法迎来首次大修：加强新型洗钱风险防控》，载中国人大网，http://www.npc.gov.cn/npc/c2/c30834/202405/t20240529_437243.html，2025年5月20日访问。

行了细化，对违法行为进行了正面列举。通过明确禁止这些行为，法律确保了反洗钱工作基础数据的真实性和完整性，为反洗钱监测和执法提供了有力支持。同时，这一条款也为金融机构提供了明确的合规指引，有助于反洗钱工作有效落实。

其四，自行或者协助客户以拆分交易等方式故意逃避履行反洗钱义务。拆分交易是指将一笔大额交易故意拆分成多笔小额交易，以逃避反洗钱监测和报告义务。这种行为通常表现为：金额拆分，将大额资金拆分成多笔小额资金，分别进行交易；时间拆分，在短时间内频繁进行小额交易，以掩盖资金的真实流向；主体拆分，通过多个账户或多个客户进行交易，以规避单一账户或客户的交易限额。同样地，本条也是对第 53 条反洗钱核心义务规则的具体化。

（3）本条与前两条的关系

相较于新《反洗钱法》第 52 条规定的金融机构基本义务，即确保金融机构在制度、人员、技术和管理等方面具备履行反洗钱义务的基本条件，第 53 条规定的金融机构核心业务规范，第 54 条侧重于规定金融机构的严重违规的行为，并设置了比前两条更严重的罚款金额，确保金融机构不敢触碰底线。第 52 条、第 53 条和第 54 条共同构成了一个层次化、递进式的反洗钱义务和处罚体系，确保了金融机构在反洗钱工作中的全面合规，有利于金融机构在反洗钱有效性促进中发挥核心作用，顺应了 FATF 反洗钱国际标准建议的要求。金融机构是反洗钱运行体系的核心，金融机构反洗钱有效性决定国家反洗钱的总体成效。[①] 本条是反洗钱有效性评价指标中的核心义务指标的行为具体化，即客户尽职调查；可疑交易、大额交易的监测与报告；高风险客户、业务特别措施；信息保密与数据安全。[②]

条文实务应用

本条明确列举了七种特别严重违规行为，要求金融机构不得违反。为避

[①] 王宝运：《金融机构反洗钱有效性评价指标体系构建研究》，载《金融理论与实践》2018 年第 3 期。

[②] 王宝运：《金融机构反洗钱有效性评价指标体系构建研究》，载《金融理论与实践》2018 年第 3 期。

免触碰红线，金融机构应当从多方面入手，降低违法风险。其一，健全内部制度，包括客户尽职调查、风险评估和防范机制、反洗钱特别预防措施、信息保密与数据安全；其二，积极配合反洗钱监管与调查；其三，规范员工行为，进行员工培训，增强合规意识；加强交易监测，及时报告可疑、大额交易。

相关法律法规

《金融机构反洗钱和反恐怖融资监督管理办法》

第三十六条　金融机构违反本办法有关规定的，由中国人民银行或者其地市中心支行以上分支机构按照《中华人民共和国反洗钱法》第三十一条、第三十二条的规定进行处理；区别不同情形，建议国务院金融监督管理机构依法予以处理。

中国人民银行县（市）支行发现金融机构违反本规定的，应报告其上一级分支机构，由该分支机构按照前款规定进行处理或提出建议。

《金融机构反洗钱规定》

第二十五条　金融机构违反本规定的，由中国人民银行或者其地市中心支行以上分支机构按照《中华人民共和国反洗钱法》第三十一条、第三十二条的规定进行处罚；区别不同情形，建议中国银行业监督管理委员会、中国证券监督管理委员会或者中国保险监督管理委员会采取下列措施：

（一）责令金融机构停业整顿或者吊销其经营许可证；

（二）取消金融机构直接负责的董事、高级管理人员和其他直接责任人员的任职资格、禁止其从事有关金融行业工作；

（三）责令金融机构对直接负责的董事、高级管理人员和其他直接责任人员给予纪律处分。

中国人民银行县（市）支行发现金融机构违反本规定的，应报告其上一级分支机构，由该分支机构按照前款规定进行处罚或者提出建议。

《金融机构客户身份识别和客户身份资料及交易记录保存管理办法》

第三十一条　金融机构违反本办法的，由中国人民银行按照《中华人民共和国反洗钱法》第三十一条、第三十二条的规定予以处罚；区别不同情形，向中国银行业监督管理委员会、中国证券监督管理委员会或者中国保险监督管理委员会建议采取下列措施：

（一）责令金融机构停业整顿或者吊销其经营许可证。

（二）取消金融机构直接负责的董事、高级管理人员和其他直接责任人员的任职资格、禁止其从事有关金融行业的工作。

（三）责令金融机构对直接负责的董事、高级管理人员和其他直接责任人员给予纪律处分。

中国人民银行县（市）支行发现金融机构违反本办法的，应当报告上一级中国人民银行分支机构，由上一级分支机构按照前款规定进行处罚或者提出建议。

《金融机构大额交易和可疑交易报告管理办法》

第二十四条　金融机构违反本办法的，由中国人民银行或者其地市中心支行以上分支机构按照《中华人民共和国反洗钱法》第三十一条、第三十二条的规定予以处罚。

《涉及恐怖活动资产冻结管理办法》

第十九条　金融机构及其工作人员违反本办法的，由中国人民银行及其地市中心支行以上分支机构按照《中华人民共和国反洗钱法》第三十一条、第三十二条以及中国人民银行有关规定处罚；涉嫌构成犯罪的，移送司法机关依法追究刑事责任。

《证券期货业反洗钱工作实施办法》

第十七条　证券期货经营机构不遵守本办法有关报告、备案或建立相关内控制度等规定的，证监会及其派出机构可采取责令改正、监管谈话或责令参加培训等监管措施。

条文理论延伸

1. 比较法规定

《打击洗钱、恐怖融资与扩散融资的国际标准：FATF建议》第10条第

1 款①，第 16 条第 1 款、第 2 款②。

欧盟《反洗钱指令》第 55 条第 1 款。③

2. 学术研究

王宝运：《金融机构反洗钱有效性评价指标体系构建研究》，载《金融理论与实践》2018 年第 3 期。

张合金、甘力：《金融机构反洗钱成本分析及对反洗钱监管的启示》，载西南民族大学学报（人文社科版）2010 年第 4 期。

---

① INTERNATIONAL STANDARDS ON COMBATING MONEY LAUNDERING AND THE FINANCING OF TERRORISM & PROLIFERATION: The FATF Recommendations, Article 10 Paragraph 1, The Financial Action Task Force (FATF), updated November 2023, Financial institutions should be prohibited from keeping anonymous accounts or accounts in obviously fictitious names. （各国应当禁止金融机构持有匿名账户或明显以假名开立的账户。）

② INTERNATIONAL STANDARDS ON COMBATING MONEY LAUNDERING AND THE FINANCING OF TERRORISM & PROLIFERATION: The FATF Recommendations, Article 16 Paragraph 1, 2, The Financial Action Task Force (FATF), updated November 2023, Countries should ensure that financial institutions include required and accurate originator information, and required beneficiary information, on wire transfers and related messages, and that the information remains with the wire transfer or related message throughout the payment chain; Countries should ensure that financial institutions monitor wire transfers for the purpose of detecting those which lack required originator and/or beneficiary information, and take appropriate measures. （各国应当确保金融机构在办理电汇和处理相关信息时，按规定准确填写汇款人及受益人信息，并确保支付链条的每一个环节都保留这些信息。各国应当确保金融机构对电汇进行监控，对电汇交易中缺乏汇款人和受益人信息的情形，采取适当的措施。）

③ DIRECTIVE (EU) 2024/1640 (on the mechanisms to be put in place by Member States for the prevention of the use of the financial system for the purposes of money laundering or terrorist financing), Article 55 Paragraph 1 The European Parliament and the Council, Member States shall ensure that pecuniary sanctions are imposed on obliged entities for serious, repeated or systematic breaches, whether committed intentionally or negligently, of the requirements laid down in the following provisions of Regulation (EU) 2024/1624: (a) Chapter II (Internal policies, procedures and controls of obliged entities); (b) Chapter III (Customer due diligence); (c) Chapter V (Reporting obligations); (d) Article 77 (Record retention). Member States shall also ensure that pecuniary sanctions can be imposed where obliged entities have not complied with administrative measures applied to them pursuant to Article 56 of this Directive or for breaches that are not serious, repeated or systematic. （各成员国应确保对义务主体因故意或过失严重、重复或系统性违反以下条款所规定的义务时，施加罚金制裁：(a) 第二章（义务主体的内部政策、程序和控制）；(b) 第三章（客户尽职调查）；(c) 第五章（报告义务）；(d) 第 77 条（记录保存）。各成员国还应确保，当义务主体未遵守根据本指令第 56 条所适用的行政措施，或违反规定的行为不属于严重、重复或系统性违规时，也可对其施加罚金制裁。）

第五十五条 致使发生洗钱或恐怖融资后果的处罚

金融机构有本法第五十三条、第五十四条规定的行为，致使犯罪所得及其收益通过本机构得以掩饰、隐瞒的，或者致使恐怖主义融资后果发生的，由国务院反洗钱行政主管部门或者其设区的市级以上派出机构责令限期改正，涉及金额不足一千万元的，处五十万元以上一千万元以下罚款；涉及金额一千万元以上的，处涉及金额百分之二十以上二倍以下罚款；情节严重的，可以根据情形在职责范围内实施或者建议有关金融管理部门实施限制、禁止其开展相关业务，或者责令停业整顿、吊销经营许可证等处罚。

条文内容解读

1. 立法意旨

本条是关于金融机构因未履行主要反洗钱义务导致洗钱或恐怖主义融资后果发生时的法律责任规定。其立法旨在通过明确和加重处罚措施，强化金融机构的反洗钱责任，确保其在预防和打击洗钱及恐怖融资活动中发挥关键作用。

2. 演变历程

本条可追溯至 2006 年《反洗钱法》第 32 条第 2 款："金融机构有前款行为，致使洗钱后果发生的，处五十万元以上五百万元以下罚款，并对直接负责的董事、高级管理人员和其他直接责任人员处五万元以上五十万元以下罚款；情节特别严重的，反洗钱行政主管部门可以建议有关金融监督管理机构责令停业整顿或者吊销其经营许可证。"

3. 内容解读

（1）"金融机构有本法第 53 条、第 54 条规定的行为"

本次修法，明确将适用范围限定在第 53 条和第 54 条所列举的具体违规行为上，避免了法律适用的模糊性。第 53 条和第 54 条所列举的行为，如未按规定报告可疑交易、未按规定进行客户尽职调查，都是反洗钱工作中最核心的义务，将第 55 条的适用范围限定在这些行为上，这表明立法者希望将最严厉的处罚措施集中于那些可能导致洗钱或恐怖融资后果的特定行为，而不是泛化到所有违反反洗钱法的行为。这种调整有助于合理分配监管资源，将重点放在高风险和高危害的行为上，也增强了法律的可操作性。此外，这也与原《反洗钱法》的内容保持了连贯统一。

（2）"犯罪所得及其收益通过本机构得以掩饰、隐瞒的，或者致使恐怖主义融资后果发生"

首先，"犯罪所得及其收益通过本机构得以掩饰、隐瞒"是对2006年《反洗钱法》第32条第2款"洗钱"一词的具体化、明确化，直接指向金融机构在洗钱过程中所扮演的角色和具体行为，防止了实践过程中可能的行为认定模糊。

其次，"恐怖主义融资后果"是指金融机构因未履行反洗钱义务，导致恐怖主义活动获得资金支持或恐怖组织得以实施其计划的直接结果。根据新《反洗钱法》第40条"任何单位和个人应当按照国家有关机关要求对下列名单所列对象采取反洗钱特别预防措施：（一）国家反恐怖主义工作领导机构认定并由其办事机构公告的恐怖活动组织和人员名单"，金融机构有义务采取措施防止恐怖主义融资。通过明确金融机构造成恐怖主义融资的法律后果，可以威慑金融机构严格履行反洗钱义务，防止因疏忽或故意违规导致恐怖主义融资活动得逞。同时，可以强化金融机构在反恐融资中的责任，确保其建立健全的反洗钱内部控制机制，加强对高风险客户的尽职调查和交易监测。此外，有利于开展反洗钱和反恐的国际合作，维护国家的安全和社会稳定。

（3）加大罚款处罚力度，增加行政处罚种类

新《反洗钱法》提高原《反洗钱法》规定的罚款标准。涉及金额不足1000万元的，处50万元以上1000万元以下罚款；涉及金额1000万元以上的，处涉及金额20%以上二倍以下罚款。同时，情节严重的，可以处以限制、禁止其开展相关业务，或者责令停业整顿、吊销经营许可证等处罚。修法后的处罚方式根据情节严重程度主要包括：责令限期改正、罚款、限制、禁止开展相关业务、责令停业整顿、吊销经营许可证。

除秉持本章修订时需统一增加的处罚的严厉性外，本条集中体现了本次修法的灵活性，加大惩罚力度的同时适应了司法实践不同情况的需要。首先，新《反洗钱法》根据涉及金额的大小设定了不同的罚款标准，体现了

"过罚相当"的原则。对于涉及金额较大的洗钱行为，处罚力度显著增加，新《反洗钱法》在设定罚款比例时，允许根据具体情节在20%到200%之间进行调整。其次，在责任方式方面，新《反洗钱法》在旧《反洗钱法》责令停业、吊销经营许可、罚款三种处罚方式的基础上，增加了限制或禁止开展相关业务，如跨境业务、特定金融产品等，为执法机构提供了更大的灵活性，使其能够根据具体情节调整处罚措施，确保反洗钱措施的有效实施。

条文实务应用

本条是对违反本法第53条、第54条规定造成严重后果的法律责任的规定，因此，金融机构若想避免本条的相关处罚，应当严格履行第53条、第54条规定的金融机构反洗钱义务，如建立健全反洗钱内部控制制度、加强高风险业务管理、加强内部审计与合规检查等。

相关法律法规

《金融机构反洗钱和反恐怖融资监督管理办法》

第三十六条　金融机构违反本办法有关规定的，由中国人民银行或者其地市中心支行以上分支机构按照《中华人民共和国反洗钱法》第三十一条、第三十二条的规定进行处理；区别不同情形，建议国务院金融监督管理机构依法予以处理。

中国人民银行县（市）支行发现金融机构违反本规定的，应报告其上一级分支机构，由该分支机构按照前款规定进行处理或提出建议。

《金融机构反洗钱规定》

第二十五条　金融机构违反本规定的，由中国人民银行或者其地市中心支行以上分支机构按照《中华人民共和国反洗钱法》第三十一条、第三十二条的规定进行处罚；区别不同情形，建议中国银行业监督管理委员会、中国证券监督管理委员会或者中国保险监督管理委员会采取下列措施：

（一）责令金融机构停业整顿或者吊销其经营许可证；

（二）取消金融机构直接负责的董事、高级管理人员和其他直接责任人员的任职资格、禁止其从事有关金融行业工作；

（三）责令金融机构对直接负责的董事、高级管理人员和其他直接责任人员给予纪律处分。

中国人民银行县（市）支行发现金融机构违反本规定的，应报告其上一级分支机构，由该分支机构按照前款规定进行处罚或者提出建议。

《金融机构客户身份识别和客户身份资料及交易记录保存管理办法》

第三十一条　金融机构违反本办法的，由中国人民银行按照《中华人民共和国反洗钱法》第三十一条、第三十二条的规定予以处罚；区别不同情形，向中国银行业监督管理委员会、中国证券监督管理委员会或者中国保险监督管理委员会建议采取下列措施：

（一）责令金融机构停业整顿或者吊销其经营许可证。

（二）取消金融机构直接负责的董事、高级管理人员和其他直接责任人员的任职资格、禁止其从事有关金融行业的工作。

（三）责令金融机构对直接负责的董事、高级管理人员和其他直接责任人员给予纪律处分。

中国人民银行县（市）支行发现金融机构违反本办法的，应当报告上一级中国人民银行分支机构，由上一级分支机构按照前款规定进行处罚或者提出建议。

《金融机构大额交易和可疑交易报告管理办法》

第二十四条　金融机构违反本办法的，由中国人民银行或者其地市中心支行以上分支机构按照《中华人民共和国反洗钱法》第三十一条、第三十二条的规定予以处罚。

《涉及恐怖活动资产冻结管理办法》

第十九条　金融机构及其工作人员违反本办法的，由中国人民银行及其地市中心支行以上分支机构按照《中华人民共和国反洗钱法》第三十一条、第三十二条以及中国人民银行有关规定处罚；涉嫌构成犯罪的，移送司法机关依法追究刑事责任。

《证券期货业反洗钱工作实施办法》

第十七条　证券期货经营机构不遵守本办法有关报告、备案或建立相关内控制度等规定的，证监会及其派出机构可采取责令改正、监管谈话或责令参加培训等监管措施。

条文理论延伸

1. 比较法规定

《打击洗钱、恐怖融资与扩散融资的国际标准：FATF 建议》第 6 条[①]、第 26 条第 1 款[②]、第 27 条[③]。

[①] INTERNATIONAL STANDARDS ON COMBATING MONEY LAUNDERING AND THE FINANCING OF TERRORISM & PROLIFERATION：The FATF Recommendations, Article 6, The Financial Action Task Force (FATF), updated November 2023, Countries should implement targeted financial sanctions regimes to comply with United Nations Security Council resolutions relating to the prevention and suppression of terrorism and terrorist financing. The resolutions require countries to freeze without delay the funds or other assets of, and to ensure that no funds or other assets are made available, directly or indirectly, to or for the benefit of, any person or entity either (i) designated by, or under the authority of, the United Nations Security Council under Chapter VII of the Charter of the United Nations, including in accordance with resolution 1267 (1999) and its successor resolutions; or (ii) designated by that country pursuant to resolution 1373 (2001). （各国应实施定向金融制裁制度，以遵守联合国安理会关于防范和制止恐怖主义及恐怖融资的决议。这些决议要求各国毫不延迟地冻结被列名个人或实体的资金或其他资产，并确保没有任何资金或其他资产被直接或间接地提供给列名个人或实体，或使其受益。这些个人或实体指：(i) 根据《联合国宪章第七章》，由联合国安理会列名，或者由其授权列名的个人或实体，包括根据第1267 (1999) 号决议及其后续决议作出的指定；(ii) 根据第 1373 (2001) 号决议，由该国列名的个人或实体。)

[②] INTERNATIONAL STANDARDS ON COMBATING MONEY LAUNDERING AND THE FINANCING OF TERRORISM & PROLIFERATION：The FATF Recommendations, Article 26 paragraph1, The Financial Action Task Force (FATF), updated November 2023, Countries should ensure that financial institutions are subject to adequate regulation and supervision and are effectively implementing the FATF Recommendations. Competent authorities or financial supervisors should take the necessary legal or regulatory measures to prevent criminals or their associates from holding, or being the beneficial owner of, a significant or controlling interest, or holding a management function in, a financial institution. Countries should not approve the establishment, or continued operation, of shell banks. （各国应当确保金融机构受到充分的监督和管理，并且有效地执行 FATF 建议。主管部门或金融监管部门应当采取必要的法律或监管措施，防止犯罪分子或其同伙持有金融机构的重要或多数股权，或成为金融机构重要或多数股权的受益所有人，或掌握金融机构实际管理权。各国不应当批准设立空壳银行或允许其持续运营。)

[③] INTERNATIONAL STANDARDS ON COMBATING MONEY LAUNDERING AND THE FINANCING OF TERRORISM & PROLIFERATION：The FATF Recommendations, Article 27, The Financial Action Task Force (FATF), updated November 2023, Supervisors should have adequate powers to supervise or monitor, and ensure compliance by, financial institutions with requirements to combat money laundering and terrorist financing, including the authority to conduct inspections. They should be authorised to compel production of any information from financial institutions that is relevant to monitoring such compliance, and to impose sanctions, in line with Recommendation 35, for failure to comply with such requirements. Supervisors should have powers to impose a range of disciplinary and financial sanctions, including the power to withdraw, restrict or suspend the financial institution's license, where applicable. （监管机构应当拥有足够的权力监管、监测金融机构，包括实施检查，确保金融机构遵守反洗钱与反恐怖融资要求。监管机构应当有权要求金融机构提交任何与合规监管有关的信息，并根据建议 35，对不遵守该要求的情形实施处罚。监管机构应当有实施一系列纪律惩戒和经济处罚的权力，包括在适当情形下吊销、限制或中止金融机构执照的权力。)

欧盟《反洗钱指令》第 55 条第 2 款①、第 56 条第 2 款②。

2. 学术研究

房坤：《"惩戒性"持续增强背景下商业银行反洗钱行政处罚及应对策略研究》，载《黑龙江金融》2023 年第 2 期。

王雨欢：《"风险为本"理念下反洗钱合规制度建设的路径研究——以〈反洗钱法（修订草案）〉为视角》，载《社会科学动态》2023 年第 7 期。

第五十六条 对金融机构相关责任人员的处罚

> 国务院反洗钱行政主管部门或者其设区的市级以上派出机构依照本法第五十二条至第五十四条规定对金融机构进行处罚的，还可以根据情形对负有责任的董事、监事、高级管理人员或者其他直接责任人员，给予警告或者处二十万元以下罚款；情节严重的，可以根据情形在职责范围内实施或者建议有关金融管理部门实施取消其任职资格、禁止其从事有关金融行业工作等处罚。

---

① DIRECTIVE (EU) 2024/1640 (on the mechanisms to be put in place by Member States for the prevention of the use of the financial system for the purposes of money laundering or terrorist financing), Article 55 Paragraph 2 The European Parliament and the Council, Member States shall ensure that in the cases referred to in paragraph 1, first subparagraph, the maximum pecuniary sanctions that can be imposed amount at least to twice the amount of the benefit derived from the breach where that benefit can be determined, or at least EUR 1 000 000, whichever is higher. （各成员国应确保在第 1 款所述情况下，可施加的最高罚金制裁至少为违规所获利益的两倍（如能确定该利益），或至少为 100 万欧元，以较高者为准。）

② DIRECTIVE (EU) 2024/1640 (on the mechanisms to be put in place by Member States for the prevention of the use of the financial system for the purposes of money laundering or terrorist financing), Article 56 Paragraph 2 The European Parliament and the Council, Member States shall ensure that the supervisors are able at least to: (a) issue recommendations; (b) order obliged entities to comply, including to implement specific corrective measures; (c) issue a public statement which identifies the natural or legal person and the nature of the breach; (d) issue an order requiring the natural or legal person to cease the conduct and to desist from repetition of that conduct; (e) restrict or limit the business, operations or network of institutions comprising the obliged entity, or to require the divestment of activities; (f) where an obliged entity is subject to an authorisation, withdraw or suspend the authorisation; (g) require changes in the governance structure. （各成员国应确保监管机构至少能够：(a) 发出建议；(b) 要求义务主体遵守规定，包括实施具体整改措施；(c) 发布公开声明，指明自然人或法人及其违规行为的性质；(d) 责令自然人或法人停止相关行为，并防止其再次发生；(e) 限制或限制义务主体的业务、运营或机构网络，或要求剥离相关业务；(f) 如果义务主体需获得授权，则撤销或暂停其授权；(g) 要求变更治理结构。）

> 国务院反洗钱行政主管部门或者其设区的市级以上派出机构依照本法第五十五条规定对金融机构进行处罚的，还可以根据情形对负有责任的董事、监事、高级管理人员或者其他直接责任人员，处二十万元以上一百万元以下罚款；情节严重的，可以根据情形在职责范围内实施或者建议有关金融管理部门实施取消其任职资格、禁止其从事有关金融行业工作等处罚。
>
> 前两款规定的金融机构董事、监事、高级管理人员或者其他直接责任人员能够证明自己已经勤勉尽责采取反洗钱措施的，可以不予处罚。

条文内容解读

1. 立法意旨

本条是关于金融机构因违反反洗钱义务而被处罚时，对负有责任的董事、监事、高级管理人员或其他直接责任人员的法律责任。这一条款的立法意旨在通过强化个人责任，确保金融机构内部的反洗钱措施得到有效执行，同时为责任人员提供一定的免责机制，以促进其积极履行反洗钱义务。

2. 演变历程

本条可追溯至2006年《反洗钱法》第31条"情节严重的，建议有关金融监督管理机构依法责令金融机构对直接负责的董事、高级管理人员和其他直接责任人员给予纪律处分"，与第32条第3款："对有前两款规定情形的金融机构直接负责的董事、高级管理人员和其他直接责任人员，反洗钱行政主管部门可以建议有关金融监督管理机构依法责令金融机构给予纪律处分，或者建议依法取消其任职资格、禁止其从事有关金融行业工作。"

3. 内容解读

（1）对相关责任人员的处罚统一规定，并扩大处罚主体为"负有责任的董事、监事、高级管理人员或者其他直接责任人员"

首先，新《反洗钱法》将旧《反洗钱法》相关处罚统一在一条中规定，增强法律的逻辑性和连贯性，便于执法机构和金融机构理解和执行。其次，新法扩大了主体范围，实现了规则与现实的统一。在实践中，直接责任指直接参与反洗钱工作的人员因疏忽或故意违规导致的反洗钱措施失效，而领导责任指董事、监事和高级管理人员因决策失误、管理不善或未能有效监督反洗钱工作而导致的反洗钱措施失效。反洗钱工作的失败可能不仅仅是直接责任人员的疏忽，还可能与领导层的决策失误或管理不善有关。扩大处罚主体范围可以更全面地覆盖责任主体，避免责任推诿。此外，在一些金融机构中，监事可能参与反洗钱工作的决策和管理，因此将其纳入处罚主体范围是必要的。这有助于推动金融机构建立健全反洗钱管理体系，确保各层级人员都承担相应的责任。

（2）加大处罚力度

本条的处罚力度分为两档：第一档是对一般违规行为相关责任人员的处罚；第二档是对严重违规行为相关责任人员的处罚。

对于一般违法行为相关责任人员，本条将原《反洗钱法》规定的纪律处分和罚款统一为警告或罚款，简化了处罚措施，增强了法律的可操作性；将罚款金额从"一万元以上五万元以下"提高到"二十万元以下"，显著提高了对责任人员的威慑力，促使责任人员更加重视反洗钱义务。

对于严重违规行为，即造成洗钱或恐怖融资后果的行为相关责任人员，本条将罚款金额从"五万元以上五十万元以下"提高到"二十万元以上一百万元以下"，显著提高对严重违规行为的处罚力度，适应了当前反洗钱工作涉案金额越来越大的实践需要，也与国际反洗钱标准保持了一致。

（3）"前两款规定的金融机构董事、监事、高级管理人员或者其他直接责任人员能够证明自己已经勤勉尽责采取反洗钱措施的，可以不予处罚"的规定

本次修订的新《反洗钱法》第56条新增的一款规定具有重要的立法意图和实践意义。首先，体现了立法者在严格监管的同时，也注重责任人员的合法权益保护，避免对已经尽责的责任人员进行不公正的处罚，为责任人员提供了一种自我辩护的机制，使其能够在面临处罚时证明自己的勤勉尽责，从而避免不必要的法律后果。其次，本款鼓励责任人员在日常工作中勤勉尽责，主动采取反洗钱措施，以避免因疏忽或不可控因素导致的处罚。最后，

如此可以个人带动整体，促使金融机构加强内部培训和合规文化建设，提高全体人员的反洗钱意识。

条文实务应用

1. 金融机构

金融机构应明确各层级人员在反洗钱工作中的具体职责，特别是董事、监事和高级管理人员的责任；制定详细的责任清单，确保责任落实到人。

金融机构应根据违规行为的性质和严重程度，采取相应的内部处理措施和处罚机制，明确对责任人员的处罚标准和程序。为了确保责任人员能够有效履行反洗钱义务，金融机构应加强内部培训和合规文化建设。

2. 相关责任人员

在面临处罚时，责任人员应主动提供证明材料，申请免责。责任人员需要提供充分的证据，证明自己已经采取了合理的反洗钱措施，如参与反洗钱培训、执行尽职调查、报告可疑交易等。执法机构应对责任人员提供的证明材料进行严格审查，确保其真实性和有效性。

相关法律法规

《金融机构反洗钱和反恐怖融资监督管理办法》

第三十六条　金融机构违反本办法有关规定的，由中国人民银行或者其地市中心支行以上分支机构按照《中华人民共和国反洗钱法》第三十一条、第三十二条的规定进行处理；区别不同情形，建议国务院金融监督管理机构依法予以处理。

中国人民银行县（市）支行发现金融机构违反本规定的，应报告其上一级分支机构，由该分支机构按照前款规定进行处理或提出建议。

《金融机构反洗钱规定》

第二十五条　金融机构违反本规定的，由中国人民银行或者其地市中心支行以上分支机构按照《中华人民共和国反洗钱法》第三十一条、第三十二条的规定进行处罚；区别不同情形，建议中国银行业监督管理委员会、中国证券监督管理委员会或者中国保险监督管理委员会采取下列措施：

（一）责令金融机构停业整顿或者吊销其经营许可证；

（二）取消金融机构直接负责的董事、高级管理人员和其他直接责任人员的任职资格、禁止其从事有关金融行业工作；

（三）责令金融机构对直接负责的董事、高级管理人员和其他直接责任人员给予纪律处分。

中国人民银行县（市）支行发现金融机构违反本规定的，应报告其上一级分支机构，由该分支机构按照前款规定进行处罚或者提出建议。

《金融机构客户身份识别和客户身份资料及交易记录保存管理办法》

第三十一条　金融机构违反本办法的，由中国人民银行按照《中华人民共和国反洗钱法》第三十一条、第三十二条的规定予以处罚；区别不同情形，向中国银行业监督管理委员会、中国证券监督管理委员会或者中国保险监督管理委员会建议采取下列措施：

（一）责令金融机构停业整顿或者吊销其经营许可证。

（二）取消金融机构直接负责的董事、高级管理人员和其他直接责任人员的任职资格、禁止其从事有关金融行业的工作。

（三）责令金融机构对直接负责的董事、高级管理人员和其他直接责任人员给予纪律处分。

中国人民银行县（市）支行发现金融机构违反本办法的，应当报告上一级中国人民银行分支机构，由上一级分支机构按照前款规定进行处罚或者提出建议。

《金融机构大额交易和可疑交易报告管理办法》

第二十四条　金融机构违反本办法的，由中国人民银行或者其地市中心支行以上分支机构按照《中华人民共和国反洗钱法》第三十一条、第三十二条的规定予以处罚。

《涉及恐怖活动资产冻结管理办法》

第十九条　金融机构及其工作人员违反本办法的，由中国人民银行及其地市中心支行以上分支机构按照《中华人民共和国反洗钱法》第三十一条、第三十二条以及中国人民银行有关规定处罚；涉嫌构成犯罪的，移送司法机关依法追究刑事责任。

《证券期货业反洗钱工作实施办法》

第十七条　证券期货经营机构不遵守本办法有关报告、备案或建立相关内控制度等规定的，证监会及其派出机构可采取责令改正、监管谈话或责令参加培训等监管措施。

❋ 条文理论延伸

1. 比较法规定

《打击洗钱、恐怖融资与扩散融资的国际标准：FATF 建议》第 35 条[①]。

欧盟《反洗钱指令》第 55 条第 3 款第（b）项[②]、第 56 条第 3 款第（e）项[③]。

2. 学术研究

董宁伟：《银行首席合规官设立的中外比较——基于重要性、必要性与

[①] INTERNATIONAL STANDARDS ON COMBATING MONEY LAUNDERING AND THE FINANCING OF TERRORISM & PROLIFERATION: The FATF Recommendations, Article35, The Financial Action Task Force (FATF), updated November 2023, Countries should ensure that there is a range of effective, proportionate and dissuasive sanctions, whether criminal, civil or administrative, available to deal with natural or legal persons covered by Recommendations 6, and 8 to 23, that fail to comply with AML/CFT requirements. Sanctions should be applicable not only to financial institutions and DNFBPs, but also to their directors and senior management. (各国应当确保对建议 6、建议 8 至建议 23 中涵盖的、未能遵守反洗钱与反恐怖融资要求的自然人和法人，实施一系列有效、适当和劝诫性的处罚，包括刑事、民事或行政处罚。处罚应当不仅适用于金融机构以及特定非金融行业和职业，也适用于其负责人和高级管理人员。)

[②] DIRECTIVE (EU) 2024/1640 (on the mechanisms to be put in place by Member States for the prevention of the use of the financial system for the purposes of money laundering or terrorist financing), Article 55 Paragraph 3 Subparagraph (b), The European Parliament and the Council, Member States shall ensure that, by way of derogation from paragraph 2, where the obliged entity concerned is a credit institution or a financial institution, the following pecuniary sanctions can also be imposed: in the case of a natural person, maximum pecuniary sanctions of at least EUR 5 000 000 or, in the Member States whose currency is not the euro, the corresponding value in the national currency on 9 July 2024. (各成员国应确保，作为第 2 款的例外，当相关义务主体为信贷机构或金融机构时，还可对其施加以下罚金制裁：（b）对于自然人，最高罚金制裁至少为 500 万欧元，或对于货币非欧元的成员国，为 2024 年 7 月 9 日对应的本国货币价值。)

[③] DIRECTIVE (EU) 2024/1640 (on the mechanisms to be put in place by Member States for the prevention of the use of the financial system for the purposes of money laundering or terrorist financing), Article 56 Paragraph 3 Subparagraph (e), The European Parliament and the Council, Member States shall ensure that the supervisors are able, by means of the administrative measures referred to in paragraph 2, in particular to: impose a temporary ban against any person discharging managerial responsibilities in an obliged entity, or any other natural person who has been held responsible for the breach from exercising managerial functions in obliged entities. (各成员国应确保监管机构通过第 2 款所述行政措施，特别是能够：（e）对义务主体中履行管理职责的任何人员，或对违规行为负有责任的其他自然人，施加临时禁令，禁止其在义务主体中履行管理职责。)

可行性的分析》，载《西南金融》2017 年第 11 期。

李昱蓓、董二磊、陈靖：《金融强监管下的反洗钱处罚》，载《中国金融》2020 年第 16 期。

第五十七条　金融机构违反对等原则擅自行动的法律责任

> 金融机构违反本法第五十条规定擅自采取行动的，由国务院有关金融管理部门处五十万元以下罚款；情节严重的，处五十万元以上五百万元以下罚款；造成损失的，并处所造成直接经济损失一倍以上五倍以下罚款。对负有责任的董事、监事、高级管理人员或者其他直接责任人员，可以由国务院有关金融管理部门给予警告或者处五十万元以下罚款。
>
> 境外金融机构违反本法第四十九条规定，对国家有关机关的调查不予配合的，由国务院反洗钱行政主管部门依照本法第五十四条、第五十六条规定进行处罚，并可以根据情形将其列入本法第四十条第一款第三项规定的名单。

条文内容解读

1. 立法意旨

本条是关于反洗钱法金融机构违反对等原则擅自行动的法律责任的规定。

2. 演变历程

本条为新增规定。2006 年《反洗钱法》并未规定金融机构违反对等原则擅自行动的法律责任。

3. 内容解读

本条是金融机构违反新《反洗钱法》第 50 条规定的法律责任，新《反洗钱法》第 50 条第 1 款、第 2 款规定："外国国家、组织违反对等、协商一致原则直接要求境内金融机构提交客户身份资料、交易信息，扣押、冻结、划转境内资金、资产，或者作出其他行动的，金融机构不得擅自执行，并应当及时向国务院有关金融管理部门报告。除前款规定外，外国国家、组织基于合规监管的需要，要求境内金融机构提供概要性合规信息、经营信息等信息的，境内金融机构向国务院有关金融管理部门和国家有关机关报告后可以提供或者予以配合。"近年来，我国先后出台了《中华人民共和国网络安全法》《中华人民共和国数据安全法》《中华人民共和国个人信息保护法》对数据安全作出了体系化的保护，《中华人民共和国网络安全法》第 37 条规定，关键信息基础设施的运营者在中华人民共和国境内运营中收集和产生的个人信息和重要数据应当在境内存储。因业务需要，确需向境外提供的，应当按照国家网信部门会同国务院有关部门制定的办法进行安全评估；法律、行政法规另有规定的，依照其规定。《中华人民共和国数据安全法》第 26 条规定，任何国家或者地区在与数据和数据开发利用技术等有关的投资、贸易等方面对中华人民共和国采取歧视性的禁止、限制或者其他类似措施的，中华人民共和国可以根据实际情况对该国家或者地区对等采取措施。第 36 条规定，中华人民共和国主管机关根据有关法律和中华人民共和国缔结或者参加的国际条约、协定，或者按照平等互惠原则，处理外国司法或者执法机构关于提供数据的请求。非经中华人民共和国主管机关批准，境内的组织、个人不得向外国司法或者执法机构提供存储于中华人民共和国境内的数据。金融数据安全作为国家数据主权的重要内容，数据出境应当履行相关报告和审查义务，金融机构所掌握的金融数据往往涉及国家金融数据安全和个人敏感信息保护，与反洗钱、反恐怖主义与金融信息流动高度相关，随着该领域日益严重的信息跨境流动带来的问题，需要对金融机构违反相关规定承担的法律责任作出规定。

金融信息与数据的跨境流动目前应当根据对等原则或者国际条约的协商原则进行提供。外国国家、组织违反了对等原则或者协商原则，对我国境内金融机构提出协助提供金融信息的，我国境内的金融机构不得擅自提供和配合，应当履行一定的程序和报告义务，通常包含三种情形：第一种是必须向国务院有关金融管理部门报告、获得批准同意后方能出境的情形；第二种是向国务院有关金融管理部门和国家有关机关报告后即可出境的情形；第三种是在前两种的基础上还需要符合国家数据安全管理、个人信息保护有关规定方能出境的情形；新《反洗钱法》第 50 条的法律责任规定也体现了过罚相当的原则，具体执行机构为国务院有关金融管理部门。处罚范围根据情节严重程度作出处罚，违反对等原则擅自行动的，一般处 50 万元以下罚款；情节严重的，处 50 万元以上 500 万元以下罚款；造成损失的，并处所造成直接经济损失一倍以上五倍以下罚款。应当注意的是，该条文不仅对金融机构的单位法律责任作出了规定，对负有责任的董事、监事、高级管理人员或者其他直接责任人员也作出了规定，增加了对金融机构责任人员的处罚。新《反洗钱法》对金融机构责任人员处罚区分了一般情形和产生严重后果的处罚条款及强度，在处罚措施及力度上也有所提升。2006 年《反洗钱法》规定的处罚措施仅包括责令限期改正或者是给予纪律处分，新《反洗钱法》已经加重了处罚的责任，主要为警告或者处 50 万元以下罚款。境外金融机构违反本法第 49 条的规定，对国家有关机关的调查不予配合的，由国务院反洗钱行政主管部门依照本法第 54 条、第 56 条规定进行处罚，并可以根据情形将其列入本法第 40 条第 1 款第 3 项规定的名单。新《反洗钱法》根据特定行为的法律责任的处罚轻重，也作出了不同层级的细分，区分了不同情节和严重程度，反映出对法律运行中执法量责的规范化要求。

新《反洗钱法》第 57 条第 2 款的规定具有突破性，对阻断外国法律的不当域外适用或者长臂管辖作了具体规定。"境外金融机构违反本法第四十九条规定，对国家有关机关的调查不予配合的，由国务院反洗钱行政主管部门依照本法第五十四条、第五十六条规定进行处罚，并可以根据情形将其列入本法第四十条第一款第三项规定的名单。"新《反洗钱法》第 49 条规定，国家有关机关在依法调查洗钱和恐怖主义融资活动过程中，按照对等原则或者经与有关国家协商一致，可以要求在境内开立代理行账户或者与我国存在其他密切金融联系的境外金融机构予以配合，体现了依据境外金融机构境内的资本纽带关系可以实施对域外金融机构的管辖。对不予配合境外金融机构，我国国家有关机关还可以依据第 54 条、第 56 条对境外金融机构实施处罚，处罚的措施包括责令限期改正，处 50 万元以下罚款；情节严重的，处 50 万元以上 500 万元以下罚款，可以根据情形在职责范围内或者建议有关金融管理部门限制或者禁止其开展相关业务。对境外金融机构负有责任的董事、监事、高级管理人员或者其他直接责任人员，处 20 万元以上 100 万元以下罚款；情节严重的，可以根据情形在职责范围内实施或者建议有关金融管理部门实施取消其任职资格、禁止其从事有关金融行业工作等处罚。也可以根据第 40 条第 1 款第 3 项规定列入重大风险等黑名单。

新《反洗钱法》第 50 条也规定了金融机构董事、监事、高级管理人员或者其他直接责任人员尽职免责的规定，责任人员如果能够证明自己已经勤勉尽责采取反洗钱措施的，可以不予处罚。

❖ 条文实务应用

随着反洗钱的新发展，国际交流和协助不断扩大，我国的金融机构在对接外国国家或者组织的反洗钱要求时，对于需要提供的境内金融客户的身份资料、交易信息，扣押、冻结、划转境内资金、资产，或者需要就其作出其他配合或者协助行动的，往往由于涉及数据安全和个人信息保护问题，也涉及国家对等原则或者国际条约的协商原则的规定，特别需要建立内部严格审核流程和外部报告制度。并根据不同情形的报告层级要求，确定是向国务院有关金融管理部门，或者国家有关机关报告。同时还需要严格结合《中华人民共和国网络安全法》《中华人民共和国数据安全法》《中华人民共和国个人信息保护法》规定作出合法行动。境外的金融机构根据对等原则和协商原则，也负有对我国国家有关机关反洗钱的配合义务，根据本法规定，不得无故拒绝履行法定配合义务。

❖ 条文理论延伸

贾济东、胡扬：《论我国反洗钱法域外适用的困境与出路》，载《华中科技大学学报（社会科学版）》2021 年第 2 期。

蔡宁伟：《美国反洗钱"长臂管辖"的渊源与演变》，载《金融监管研究》2019 年第 11 期。

第五十八条 特定非金融机构反洗钱法律责任

> 特定非金融机构违反本法规定的，由有关特定非金融机构主管部门责令限期改正；情节较重的，给予警告或者处五万元以下罚款；情节严重或者逾期未改正的，处五万元以上五十万元以下罚款；对有关负责人，可以给予警告或者处五万元以下罚款。

条文内容解读

1. 立法意旨

本条是关于反洗钱法特定非金融机构反洗钱法律责任的规定。

2. 演变历程

本条为新规定。2006年《反洗钱法》并未规定特定非金融机构反洗钱法律责任的规定。

3. 内容解读

2006年《反洗钱法》首次将"特定非金融机构"列入反洗钱义务主体的范围，但是并未明确界定"特定非金融机构"的定义和范围。2018年，《中国人民银行办公厅关于加强特定非金融机构反洗钱监管工作的通知》定义了"特定非金融机构"，并列举了特定非金融机构为房地产开发企业、房地产中介机构、贵金属交易商、贵金属交易所、律师事务所、会计师事务所、公证处、公司服务提供商八类机构。新《反洗钱法》在附则第64条作出规定，并重新调整了特定非金融机构的列举范围，新《反洗钱法》在《中国人民银行办公厅关于加强特定非金融机构反洗钱监管工作的通知》的基础上，删除"公司服务提供商"，增加"宝石现货交易的交易商"，同时对"贵金属交易的交易商"和"宝石现货交易商"增加"从事规定金额以上"的限定条件。

新《反洗钱法》通过第42规定了特定非金融机构的反洗钱法律义务，与金融机构的反洗钱义务基本上保持了一致，通过立法明确了特定非金融机构与金融机构一样负有反洗钱法律义务。其差异主要在于特定非金融机构的行业特性和业务类型差异较大，并不要求特定非金融机构在运营全周期履行反洗钱义务。所以，新《反洗钱法》的立法表述作了参照性适用的规定，就是特定非金融机构从事规定的特定业务时，参照金融机构履行反洗钱义务的相关规定执行。对比金融机构作为反洗钱的主要监管阵地，特定非金融机构的反洗钱监管显然需要区分其不同的行业特点、经营规模、洗钱风险状况，从而确定其履行反洗钱义务的具体内容。

相对应地对特定非金融机构的反洗钱法律责任承担方面，新《反洗钱法》第58条规定的特定非金融机构违反反洗钱义务法律责任方面，对比金融机构法律责任在相应的处罚标准上较为减轻，体现了过罚相当的原则。对特定非金融机构的处罚类型包含三个档次：责令限期改正；警告或者处 5 万元以下罚款；5 万元以上 50 万元以下罚款；对有关负责人，主要处罚类型是警告或者处 5 万元以下罚款。相较金融机构的处罚数额和处罚类型，特定非金融机构的反洗钱义务相对变轻，所以对其违反洗钱义务的处罚裁量更为低量化，展现出了立法机构对特定非金融机构的行政处罚过罚相当的实际考量。

本条文所指的情节严重，应当根据特定非金融机构违反反洗钱义务的具体情况作不同区分。一是在违法的主观故意方面，如果该特定非金融机构的成立和主要经营内容主要是为了掩饰洗钱违法行为，那应当属于情节严重范畴；二是在违法行为的次数及持续时间方面需要作出区别认定，只是单次洗钱行为或者首犯的可以认定为情节较轻；存在多次违法，以及违法的时间持续较长的，应当认定为情节严重；三是涉嫌洗钱的数额大小，通常洗钱数额超过 500 万元的，且具有多次实施洗钱行为；拒不配合财物追缴，致使赃款赃物无法追缴；造成损失 250 万元以上；或者造成其他严重后果情形之一的，应当认定为"情节严重"，需要从重处理，涉嫌违法的，依法应当追究刑事责任。

❖ 条文实务应用

新《反洗钱法》将特定非金融机构及其从业人员纳入法定反洗钱义务范畴，并强化其需要承担的法律责任，将其履行反洗钱义务的行为纳入法律的监督与制约之下，使追究特定非金融机构及其从业人员不履行或者不正确履行反洗钱义务的法律责任规范化、明确化。但实务操作中，对特定非金融机构进行洗钱风险管理仍然存在较大困难，追究其反洗钱法律责任也分别由不同的行政主管部门负责，监管对象渗透到社会经济生活的各个行业和方面，监管难度相对较大，监管机构也相对分散，信息共享还存在障碍。在具体执行处罚上，有关特定非金融机构主管部门在参照新《反洗钱法》追究特定非金融机构的反洗钱法律责任时，需要区分违法行为类型，根据违法情节作出轻重判断，依法作出过罚相当的处罚。

新《反洗钱法》要求特定非金融机构依法采取预防、监控措施，建立健全客户身份识别制度、客户身份资料和交易记录保存制度、大额交易和可疑交易报告制度，但这些具体措施的落实需要有关特定非金融机构主管部门通过日常监管推进建设。同时，也需要国务院反洗钱行政主管部门会同国务院有关部门制定特定非金融机构反洗钱义务的具体实施细则和配套法规，强化对特定非金融机构的监管机制，建立起有效的监管和约束机制。新《反洗钱法》中对处罚金额上限的规定相对偏弱，建议取消对处罚金额上限的规定，并根据违法情节及数量确定具体处罚金额；对一些情节严重或者造成严重损失的，应当增加没收违法所得，并处所造成直接经济损失一倍以上五倍以下罚款，可以强化特定非金融机构对洗钱违规行为的惩戒作用。

条文理论延伸

赵永林：《论我国特定非金融机构反洗钱监管》，载《河北法学》2014年第12期。

马文博：《我国特定非金融机构反洗钱监管制度完善的困境及其出路》，载《东北大学学报（社会科学版）》2024年第2期。

第五十九条　单位与个人违反反洗钱特别预防措施法律责任

> 金融机构、特定非金融机构以外的单位和个人未依照本法第四十条规定履行反洗钱特别预防措施义务的，由国务院反洗钱行政主管部门或者其设区的市级以上派出机构责令限期改正；情节严重的，对单位给予警告或者处二十万元以下罚款，对个人给予警告或者处五万元以下罚款。

条文内容解读

1. 立法意旨

本条是关于《反洗钱法》对金融机构与非金融机构以外的单位与个人违反反洗钱特别预防措施法律责任的规定。

2. 演变历程

本条为新增规定。2006年《反洗钱法》并未规定非金融单位与个人违反反洗钱特别预防措施法律责任。

3. 内容解读

反洗钱特别预防措施是全球化背景下国际合作的重要组成部分。在经济快速全球化的趋势下，单一国家的反洗钱行动难以全面遏制国际洗钱活动，因此，各国之间的法规和措施逐渐趋同，尤其是在联合国反洗钱倡议的框架下，各国越来越多地参与到国际合作中。通过共享信息和技术，各国能够更有效地跟踪和打击跨境洗钱活动。反洗钱的全球合作不仅增强了各国自身的金融安全，也巩固了国际政治和经济关系。总之，反洗钱特别预防措施在促进全球经济健康、公平和透明发展的过程中扮演着至关重要的角色，是维护国际金融秩序和各国国家安全不可或缺的组成部分。

反洗钱特别预防措施已经得到广泛认可，其重视程度在现代社会中不断提升，具有多个层面的重要意义。反洗钱特别预防措施往往涉及国家安全、也是对全球和国家金融系统的安全保护，也体现了全球合作的主要趋势。

第一，反洗钱特别预防措施是国家安全的一项重要措施，通过预防性措施，将涉及重大国家安全的恐怖活动或者重大制裁黑名单的实体和个人列入监控范围，可以事先阻断资金的非法流动，确保国家安全。

第二，在金融安全保护方面，通过筛查和监控可疑金融活动，能够有效遏制洗钱相关非法活动对经济的侵蚀。

第三，随着洗钱行为和新型行为的发展，洗钱活动变得越发复杂和隐蔽，监管的领域已经从传统的金融机构为唯一的对象，逐步发展到将非金融机构及个人也纳入了反洗钱的监管范围中，以确保应对多样化的风险来源。所以，特别预防措施旨在通过扩大监管范围，除金融机构与非金融机构以外的单位和个人也参与到捕捉潜在的洗钱行为中，避免资金流入非法领域，保障社会经济的安全和健康发展。

第四，反洗钱特别预防措施的重要性还表现在其对法律合规环境的促进作用上。特别预防措施的实施需要单位和个人建立健全企业和自身的合规体系，促使社会实体组织实现自我保护，免受反洗钱法律制裁。合规环境要求的合规文化和反洗钱文化意识，能够促进组织内部的合规意识，使员工在日常工作中警惕和识别异常的反洗钱金融活动，从而塑造一个对洗钱行径零容忍的文化环境。

第五，通过反洗钱特别预防措施制度的法律的严格执行，结合单位和个人的反洗钱合规文化的相辅相成，不仅提高了社会对反洗钱的整体防范能力，还提升了国家在全球金融系统的透明度和安全性。通过建立这种有效的合规机制，单位及个人能够在复杂的国际金融环境中保持稳健运行。

随着反洗钱工作的深入推进，反洗钱处罚力度不断增强，承担反洗钱义务的主体也随之加大，"反洗钱特别预防措施"涉及的组织和名单包含了三种严重的风险，不仅关涉国家反恐怖行动的重大安全，也关涉国际制裁的国家主权行为，而且有一定的危害性，这些组织和人员名单往往涉及重大洗钱风险、不采取措施可能造成严重后果。所以监管范围扩展到金融机构、特定金融机构等具有法定反洗钱义务单位之外的其他任何单位和个人。该处罚条款所针对的主体包含了不特定的单位和个人，范围相当广泛。这体现了反洗钱义务的监管范围不断扩大，反洗钱监管不仅关注传统的金融机构、特定非金融机构，在特别预防措施的法律责任上，将不特定的单位和个人也纳入监管范围，以更全面地预防、监控和打击涉及国家层面的重大洗钱活动。可以称为中国针对重大洗钱风险的"黑名单"的制裁措施，即针对中国认定的恐怖组织和人员、安理会制裁名单及重大洗钱风险名单，可以采取停止提供金融等服务或者资金、资产、限制资金、资产转移等措施。

相较2006年《反洗钱法》而言，反洗钱特别预防措施是新《反洗钱法》重要的制度创新和概念引入，是利用金融武器打击洗钱活动和恐怖主义融资活动的重大举措。按照上述规定，任何单位和个人均有义务采取该类黑名单筛查及控制措施，即执行反恐黑名单、外交部执行联合国制裁名单、中国反洗钱黑名单等筛查工作不仅是对金融机构的要求，也是对各类公司实体和个人的要求。对于一般企业和个人而言，建立对交易对手的尽职调查程序和名单筛查流程将成为一项基本工作。这无疑对于社会公众，特别是公司法人而言，将是一个全新的工作和挑战。

未履行反洗钱特别预防措施的法律责任是各国法律框架中的重要组成部分，这不仅能确保法律的强制性和约束力，同时也为司法实施和监管提供了法律依据。在我国，对于未依据法律履行反洗钱特别预防措施的单位和个人，国务院反洗钱行政主管部门可以责令其限期改正，情节严重者则可能面临数额不等的罚款或处罚。这样严厉的法律责任不仅体现了立法层面对反洗钱工作的重视，也通过对违规行为的处罚措施，进一步强化了反洗钱监管的执行力和有效性。

在执法主体上，将调查权和处罚权进行了层级下放和调整，分别可以由国务院反洗钱行政主管部门或者其设区的市级以上派出机构负责执行，因为本条文所涉及的单位和个人相当广泛，单独由国务院反洗钱行政主管部门无法延伸至基层组织、社会各行业和个人，通过法律授权国务院反洗钱行政主管部门在设区的市级以上派出机构具有的执法权，增强了该条文执行的可行性和威慑力。

对于反洗钱惩罚机制的分类，我们可以从主体、性质和程度等多个维度进行执行。在主体方面，处罚对象包括金融机构、非金融机构以外的单位和个人。根据单位或个人未履行反洗钱义务的情节严重程度，处罚类型可分为警告、罚款、限期整改等多种形式。在性质方面，处罚可以分为行政处罚和刑事处罚。行政处罚主要针对未达刑事犯罪标准，但存在违规行为的单位和个人，通常以罚款、警告为主。刑事处罚则是在洗钱行为涉嫌犯罪时，由司法机关介入进行的严厉法律制裁。在法律制度的框架下，根据不同主体在反洗钱活动中的作用，制定相应的处罚措施，有助于提高新型金融机构、传统金融机构乃至普通市场主体履行反洗钱义务的自觉性与紧迫感。有关行政处罚的种类分为单位和个人的不同档位的处罚额度，情节较轻的，责令限期改正；情节严重的，对单位给予警告或者处 20 万元以下罚款，对个人给予警告或者处 5 万元以下罚款。

❀ 条文实务应用

全球化背景下跨国洗钱活动增多，这对各国之间的法律协调和信息共享提出更高要求。为了加强反洗钱的法律力度和实际可操作性，相关部门需不断完善法律法规标准，建立更加透明、公正和高效的反洗钱执法环境，以应对新兴金融工具、技术和国际环境的快速变化。通过严厉且合理的法律制裁，才能有效遏制洗钱活动的滋生与蔓延。

在实施反洗钱特别预防措施的过程中，要面对多种挑战。首先，法律执行力和规范性存在不足。有时反洗钱政策在地方实施中无法达到国家预期的效果，这涉及执法机构间协调不力以及法律适用不当的问题。特别是对金融机构之外的单位和个人，法律处罚的威慑力不足，使得有些单位和个人不重视反洗钱的法定义务。其次，法律条文在基层贯彻时，可能面临因执法人员数量不足或专业技能欠缺带来的困难，这使得对违法行为的及时发现和纠正受到阻碍。此外，处罚标准和流程不够明确，导致执法中的主观性和随意性增加，可能出现同类案件处理结果不一致的情况。

执行反洗钱特别预防措施还面临技术和数据支持的挑战。随着经济活动全球化和金融产品复杂化，洗钱手段不断翻新，传统的技术手段和管理措施难以有效应对。执法机构在侦查和监控洗钱活动时需要依赖高效的数据分析能力和先进的技术设备，但目前这些支持往往不足，使得反洗钱特别预防措施难以全面开展。此外，信息共享机制的不完善也阻碍了跨部门、跨国界的反洗钱合作，增加了洗钱活动的侦破难度。特别是在金融机构与非金融机构间的数据交流中，标准化程度低和信息孤岛现象严重削弱了信息流动性和透明度。

最后，反洗钱特别预防措施的落实受制于社会认知和合规文化的建立。许多企业和个人对反洗钱法律法规的重要性认识不足，甚至误认为反洗钱责任主要在于金融机构，这种认识偏差影响了其合规行为的实施。同时，部分企业文化中缺乏风险防范意识，未将反洗钱视为必要的经营行为。这种文化氛围的缺失使得违规行为在一定范围内得以蔓延。此外，社会公众对反洗钱的重要性和个人义务的了解不够，降低了全社会参与反洗钱的力度和配合程度。处理这些文化和认知问题，需要通过加强宣传教育和提高合规标准等措施来逐步改善。

条文理论延伸

刘宏华、叶庆国、吴卫锋：《我国个人反洗钱义务立法思考》，载《中国金融》2020年第16期。

李昱蓓、董二磊、陈靖：《金融强监管下的反洗钱处罚》，载《中国金融》2020年第16期。

第六十条 未按规定提交受益所有人信息的处罚标准

法人、非法人组织未按照规定向登记机关提交受益所有人信息的，由登记机关责令限期改正；拒不改正的，处五万元以下罚款。向登记机关提交虚假或者不实的受益所有人信息，或者未按照规定及时更新受益所有人信息的，由国务院反洗钱行政主管部门或者其设区的市级以上派出机构责令限期改正；拒不改正的，处五万元以下罚款。

条文内容解读

1. 立法意旨

本条明确规定了《反洗钱法》中法人、非法人组织未按规定提交受益所有人信息的处罚标准。

2. 演变历程

本条是本次修订新增的条款。与 2006 年《反洗钱法》相比，新《反洗钱法》新增了受益所有人信息管理的专项规定及对应罚则，本条是配套法律责任条款。

3. 内容解读

受益所有人识别工作是开展反洗钱工作的一项重要内容。为维护市场秩序、金融秩序，提高资金流向透明度，增强打击洗钱行为的有效性，2024 年 4 月 29 日，中国人民银行和国家市场监督管理总局发布了《受益所有人信息管理办法》（以下简称《管理办法》）。在全球反洗钱的大背景下，这一新规出台，进一步规范了受益所有人信息的收集、使用和管理，精准填补了我国现行反洗钱体系中关于受益所有人识别制度的不足。《管理办法》明确了"公司、合伙企业、外国公司分支机构，及中国人民银行、国家市场监督管理总局规定的其他主体"应通过相关登记注册系统备案受益所有人信息，明确了中国人民银行的管理职责，以及与相关机构之间的信息反馈和核实机制，并明确赋予中国人民银行在监管和处罚方面的权力和处罚标准，以规范备案机构填写受益所有人信息的准确性，在《反洗钱法》修订前，这是监管部门有力但为数不多的执法依据。

本次新修订的《反洗钱法》通过，也对《管理办法》的出台作出了回应，受益所有人信息管理制度从法律层面得以确定，并相应地在第 60 条增加法律责任条款，强化了金融机构在反洗钱工作中的责任，使得法律逻辑更加丰满，保障不同政府监管部门之间的职能衔接和统一行动。其责任条款主要有以下亮点。

（1）责任主体范围扩大。根据《管理办法》，个体工商户被排除在备案主体之列，个人独资企业及其分支机构、农民专业合作社（联合社）及其分支机构、非公司企业法人及其分支机构，以及境内公司的分支机构、合伙企业的分支机构等组织也未被要求进行备案。此外，对于注册资本不超过1000万元人民币且股东、合伙人全部为自然人的，如果不存在股东、合伙人以外的自然人对其实际控制或者从其获取收益，也不存在通过股权、合伙权益以外的方式对其实施控制或者从其获取收益的情形，只需要进行承诺，即可免予备案受益所有人信息。但本次修订的《反洗钱法》则把义务主体扩大到了"法人、非法人组织"，大有"天网恢恢疏而不漏"之立法旨意。

（2）进一步明确处罚主体和标准。此前，《管理办法》第14条法律责任条款的规定，对"备案主体未按照规定办理受益所有人信息备案的"行为，应"依照企业登记管理有关行政法规处理"。根据《中华人民共和国市场主体登记管理条例》第47条的规定，市场主体未依照本条例办理备案的，由登记机关责令改正；拒不改正的，处5万元以下的罚款。而本次修订的《反洗钱法》中，不再采用援引条款，直接写明监管主体和标准，使得责任追究制度更为清晰、明了。

（3）处罚力度更为严厉。相比《管理办法》，本次修订一是将《管理办法》第14条中"备案主体备案的受益所有人信息不准确的"这一说法加以明确，将其列举为具体几种违法行为，即"向登记机关提交虚假或者不实的受益所有人信息，或未按照规定及时更新受益所有人信息"；二是进一步要求将责令改正附加期限，即要求违法行为人限期改正，且将监管主体的级别限制为国家或设区的市级以上派出机构。如此改变，使得监督力度更足、执行标准更严，违法成本适度提高，为我国反洗钱工作提供了更加坚实的法律基础。

❖ 条文实务应用

受益所有人信息登记制度是本次修法新增的一个重要概念。新《反洗钱法》第19条明确了法人、非法人组织的受益所有人的概念，只要是参与市场活动的法人、非法人组织，都应在办理工商注册登记时，主动、如实提交受益所有人信息，反洗钱行政主管部门、登记机关按照规定管理受益所有人信息。

此外，要求金融机构和特定非金融机构进行形式核查登记（"在履行反洗钱义务时依法查询核对受益所有人信息"）的同时，还应进行实质核查（"发现受益所有人信息错误、不一致或者不完整的，应当按照规定进行反馈），被动接受登记信息的做法并不能免除其反洗钱义务。如衔接到新《反洗钱法》第29条关于客户尽职调查的规定，受益所有人信息的备案和登记也是义务机构开展受益所有人识别的重要方法之一。这意味着，即使公司、企业等主体履行了规定的登记义务，相关机构仍有义务识别及核实受益所有人信息，对于登记信息与实际信息显著不符的，义务机构应能够主动发现并采取措施解决。因此，法人、非法人组织在完成登记之后，也应掌握受益所有人的实际情况并在登记机关及时更新。

相关法律法规

《受益所有人信息管理办法》

第二条　下列主体（以下统称备案主体）应当根据本办法规定通过相关登记注册系统备案受益所有人信息：

（一）公司；

（二）合伙企业；

（三）外国公司分支机构；

（四）中国人民银行、国家市场监督管理总局规定的其他主体。

个体工商户无需备案受益所有人信息。

第三条　注册资本（出资额）不超过1000万元人民币（或者等值外币）且股东、合伙人全部为自然人的备案主体，如果不存在股东、合伙人以外的自然人对其实际控制或者从其获取收益，也不存在通过股权、合伙权益以外的方式对其实施控制或者从其获取收益的情形，承诺后免于备案受益所有人信息。

第十四条　备案主体未按照规定办理受益所有人信息备案的，依照企业登记管理有关行政法规处理。

中国人民银行及其分支机构发现备案主体备案的受益所有人信息不准确的，应当责令备案主体限期改正；拒不改正的，处5万元以下的罚款。

《中华人民共和国市场主体登记管理条例》

第四十七条　市场主体未依照本条例办理备案的，由登记机关责令改正；拒不改正的，处5万元以下的罚款。

❉ 条文理论延伸

蔡宁伟：《法定代表人、实际控制人和受益所有人辨析——基于新〈公司法〉〈民法典〉和〈反洗钱法〉的视角》，载《征信》2024 年第 4 期。

田娟、牛珊珊：《受益所有人身份识别的国际经验》，载《中国金融》2020 年第 9 期。

第六十一条 裁量基准制定主体及原则

> 国务院反洗钱行政主管部门应当综合考虑金融机构的经营规模、内部控制制度执行情况、勤勉尽责程度、违法行为持续时间、危害程度以及整改情况等因素，制定本法相关行政处罚裁量基准。

❉ 条文内容解读

1. 立法意旨

本条是关于《反洗钱法》行政处罚裁量基准制定主体及原则的规定。

2. 演变历程

新《反洗钱法》为进一步落实监管责任，强化行政处罚教育和震慑效果，明确规定裁量基准制定主体及原则，与 2006 年《反洗钱法》相比，本条是本次修订新增的条款。在监管、义务履职的实践中，相关处罚应综合考量，与洗钱风险挂钩，体现合理性、适当性原则，避免"为罚而罚"，符合监管有效性标准。

3. 内容解读

随着不断更新迭代的洗钱新模式、新业态的出现，对洗钱风险的监管也展现出新趋势。新修订的《反洗钱法》在行政处罚层面，作出了一些重大调整。

一是监管理念有所转变。新《反洗钱法》第 4 条新增规定："反洗钱工作应当依法进行，确保反洗钱措施与洗钱风险相适应，保障正常金融服务和资金流转顺利进行，维护单位和个人的合法权益。"这意味着，新《反洗钱法》引入了"风险为本"的监管理念，取代了原有的"规则为本"理念，将"风险为本"的监督理念制度化、法律化。这种转变意味着监管将更加注重对洗钱风险的评估和防控，重点在于对风险点的分析判断，这要求相关处罚要综合考量诸多因素，根据风险状况配置反洗钱监管资源，并制定相应的风险管理、防控和处罚措施，真正将监管、义务履职的实践与洗钱风险挂钩，体现行政处罚的合理性、适当性原则。

二是进一步细化处罚层次。新《反洗钱法》为不同的违法情形设定了相应的罚款标准，在处罚层次上进行了更为细致的划分，反映出对实际执法力度掌握的规范化要求，以便为未来的反洗钱执法工作提供更加坚实的法律基础。例如，新《反洗钱法》特意针对2006年《反洗钱法》列举的数种违法行为，设定了不同的罚款额度。但立法不甘止步于此，而是要求国务院反洗钱行政主管部门制定相应的行政处罚裁量基准，从国家层面统一反洗钱监管领域行政处罚的"度量衡"，明确相关违法行为对应的法定依据、裁量阶次、适用条件和具体标准等内容，并按照行政处罚法有关规定，明确不予处罚、从轻处罚、减轻处罚、从重处罚等情形，确保行政处罚裁量权在法定的范围内正当行使，推进严格规范公正文明执法。从市场参与者的角度来说，这能够避免因各地各部门裁量标准不统一、裁量幅度不合理等原因，导致执法实践中存在"类案不同罚""畸轻畸重"等问题，细化的罚款机制使得行政处罚更具针对性、适当性和有效性，有效推进基层和企业减负，更好地保护企业的合法权益。

本条新规中列举的考量因素有几个重点值得注意。（1）新《反洗钱法》增加了"内部控制制度执行情况"考量因素。新《反洗钱法》第6条规定，履行反洗钱义务的金融机构与特定非金融机构，应当建立健全反洗钱内部控制制度。第27条规定，金融机构应当依照本法规定建立健全反洗钱内部控制制度。第52条明确将涉及反洗钱内部控制的主要要素列入行政执法的范围，规定义务机构在内控制度和流程、负责部门、人员配备、风险评估、独立审计、反洗钱培训、信息系统建设、负责人履职等多个方面未能有效执行内部控制要求的，反洗钱行政主管部门可以采取责令限期改正等处罚。第61条更是将内部控制制度执行情况纳入裁量基准的考量因素范围。这反映出我国反洗钱立法更加关注金融机构反洗钱内部控制机制的趋势，全面扩大违反内控要求的处罚范围。（2）响应本法"尽职免责"原则，强调义务人勤勉尽职得以免责。新《反洗钱法》第 56 条第 3 款规定，前两款规定的金融机构董事、监事、高级管理人员或者其他直接责任人员能够证明自己已经勤勉尽责采取反洗钱措施的，可以不予处罚。较 2006 年《反洗钱法》而言，新法引入了国际上的董监高与责任人"尽职免责"原则，针对我国反洗钱义务主体涉及行业多，经营规模差异大的情况，在适度提高违法成本的同时，按照过罚相当原则，对董事、监事、高级管理人员或者其他直接责任人员能够证明勤勉尽责采取反洗钱措施的，明确可以不予处罚。新增免责规定的内容是"以风险为导向"理念和工作方法的重要体现，但实践中的核心问题是，如何在执法和司法裁判中充分有效地使用该免责条款。因此，国务院反洗钱行政主管部门在制定行政处罚裁量基准的同时，应充分考虑免责条款的具体适用，不断探索将国际经验与我国实际情况相结合，推动制度落地生效。

2024 年 11 月 25 日，中国人民银行发布的《中国人民银行行政处罚裁量基准适用规定》（以下简称《规定》），明确了对不同违法行为应给予的行政处罚幅度，将行政处罚裁量基准划分为不予处罚、减轻处罚、从轻处罚、一般处罚、从重处罚等裁量阶次。法定罚款金额为一定幅度的，原则上在相应的幅度范围内，按照标准划分从轻处罚、一般处罚、从重处罚。当事人的生产经营规模较小，对行政处罚的承受能力较低的，可以结合违法行为的严重程度、社会危害性以及当事人的主观过错程度等因素减轻处罚、从轻处罚。另外，《规定》要求央行及其分支机构适用行政处罚裁量基准，应当遵循公平公正、过罚相当、宽严相济、程序正当、处罚与教育相结合的原则，保障行政处罚的种类、幅度与违法行为事实、性质、情节及社会危害程度相匹配，提升了金融监管透明度和有效性。根据新《反洗钱法》第 61 条，中国人民银行将以《规定》为基础，为反洗钱监管制定更有针对性、更具可操作性的裁量基准。

总体而言，这条新规反映出我国反洗钱监管的思路，即监管不"为罚而罚"，而"为治而罚"，拒绝粗暴地将义务等同为责任，而是采取了更为细致的"分层责任",针对金融机构的性质和履行反洗钱义务的实际能力,综合考虑实际诸多因素,对其违法行为设置更为科学合理的具体处罚标准。

条文实务应用

新《反洗钱法》已经从法律层面确立了风险为本的监管理念,强调基于风险的反洗钱监管方法。根据这种趋势,金融机构及特定非金融机构应摈弃机械化的、统一的管理标准,而是合理分配合规管理及风险控制资源,科学评估不同组织机构、业务、客户和交易等所面临的洗钱风险,在其业务权限范围内,采取差异化的反洗钱风险管理措施。有几个合规细节,企业应予以高度关注:(1)明确反洗钱内控体系及合规建设,建立健全反洗钱内部控制,设立专门机构或者指定内设机构牵头负责反洗钱工作,根据经营规模和洗钱风险状况配备相应的人员,按照要求开展反洗钱培训和宣传,履行客户尽职调查、客户身份资料和交易记录保存、大额交易和可疑交易报告、反洗钱特别预防措施等义务。此外,金融机构还应当定期评估洗钱风险状况并制定相应的风险管理制度和流程,根据需要建立相关信息系统。(2)金融机构高管应合规、尽责履职并采取安全措施。较 2006 年《反洗钱法》而言,新《反洗钱法》明确指出金融机构高管合规履职可以不予处罚的内容,国务院反洗钱行政主管部门将在后续的行政处罚裁量基准制定工作中对此有相应的考虑,体现新《反洗钱法》对企业合规经营的期待。(3)主动配合调查、及时自查整改。反洗钱违法行为一般持续时间长、发生次数多、涉案金额大、情节较为复杂,单纯依靠一味处罚,实际落实执行确有难度,从这个角度看,反洗钱行为的自查自纠、整改就显得更为重要。企业若主动消除或者减轻违法行为危害后果的,监管机构应根据情节及危害后果等因素,综合考虑处罚决定和整改措施及效果,达到法律效果和社会效果相统一的目的。

相关法律法规

《中国人民银行行政处罚裁量基准适用规定》

全文(略)

条文理论延伸

1. 比较法规定

欧盟《反洗钱指令》(第5号指令,AMLD5)第58条①

---

① AMLD5, European Parliament and Council of the European Union, 30/5/2018, Article 58 – Penalties:

1. Member States shall ensure that competent authorities have the power to take appropriate administrative measures and impose administrative penalties where obliged entities infringe the provisions of this Directive.

2. ember States shall ensure that the administrative penalties and measures that can be applied are effective, proportionate and dissuasive.

3. Member States shall ensure that when determining the type and level of administrative penalties or measures, the competent authorities take into account all relevant circumstances, including, where appropriate: (a) the gravity and the duration of the infringement; (b) the degree of responsibility of the natural or legal person responsible for the infringement; (c) the financial strength of the responsible natural or legal person, as indicated by the total turnover of the responsible legal person or the annual income and net assets of the responsible natural person; (d) the importance of profits gained or losses avoided by the responsible natural or legal person, insofar as they can be determined; (e) the losses for third parties caused by the infringement, insofar as they can be determined; (f) the level of cooperation of the responsible natural or legal person with the competent authority, without prejudice to the need to ensure that penalties and measures are effective and dissuasive; (g) previous infringements by the responsible natural or legal person.

4. Member States shall ensure that decisions taken by the competent authorities imposing penalties or measures are published. Such publication shall include information on the type and nature of the infringement and the penalties or measures imposed. The publication shall not contain personal data within the meaning of Regulation (EU) 2016/679.

5. ……

[欧盟《反洗钱指令》,发布机构:欧洲议会和欧盟理事会,发布日期:2018年5月30日,第58条:

1. 成员国应确保主管当局有权在义务实体违反本指令规定时采取适当的行政措施并施加行政处罚。

2. 成员国应确保可适用的行政处罚和措施是有效、适度且具有威慑力的。

3. 成员国应确保在确定行政处罚或措施的类型和程度时,主管当局应考虑所有相关情况,包括但不限于:(a)违规行为的严重性和持续时间;(b)对违规行为负责的自然人或法人的责任程度;(c)负责的自然人或法人的财务实力,如负责法人的总营业额或负责自然人的年收入和净资产;(d)负责的自然人或法人所获得的利润或避免的损失的重要性(如可确定);(e)违规行为对第三方造成的损失(如可确定);(f)负责的自然人或法人与主管当局的合作程度,同时不影响确保处罚和措施有效且具有威慑力的需要;(g)负责的自然人或法人之前的违规行为。

4. 成员国应确保主管当局作出的施加处罚或措施的决定被公开。此类公开应包括违规行为的类型和性质以及施加的处罚或措施的信息。公开内容不得包含《欧盟通用数据保护条例》(Regulation (EU) 2016/679)定义的个人数据。

5. 略。]

英国《反洗钱条例》(Money Laundering Regulations)第76条①

2. 学术研究

赵城晖、程凯：《人民银行行政处罚自由裁量权的法律控制研究》，载《审计与理财》2019年第4期。

第六十二条 行刑衔接

> 违反本法规定，构成犯罪的，依法追究刑事责任。
> 利用金融机构、特定非金融机构实施或者通过非法渠道实施洗钱犯罪的，依法追究刑事责任。

---

① Money Laundering Regulations, UK Parliament, 26/6/2017, Regulation 76 – Penalties：(1) A person who fails to comply with any requirement imposed by or under these Regulations is liable to a civil penalty. (2) The amount of the penalty is to be such amount as the authority imposing it ("the penalty authority") determines is appropriate, but— (a) it may not exceed £ 1,000,000; and (b) in the case of a failure to comply with a requirement imposed by regulation 30, 33, 34, 35, 36, 37, 39, 40, 41, 42, 43, 44, 45, 46, 47, 48, 49, 50, 51, 52, 53, 54, 55, 56, 57, 58, 59, 60, 61, 62, 63, 64, 65, 66, 67, 68, 69, 70, 71, 72, 73, 74, 75 or 76, it may not exceed £ 1,000,000. (3) The penalty authority may recover the penalty as a debt due to it. (4) In determining the amount of the penalty, the penalty authority must have regard to— (a) the seriousness of the failure; (b) whether the failure was deliberate or reckless; (c) whether the person on whom the penalty is to be imposed is an individual; (d) the amount of any benefit derived or loss avoided as a result of the failure; (e) the conduct of the person on whom the penalty is to be imposed after the failure; (f) the penalty authority's published statement of policy on the imposition and amount of penalties. (5) (6) (7) (8) (9) (10) (11) (12) ……［英国《反洗钱条例》，发布机构：英国议会，发布日期：2017年6月26日，第76条——处罚条款：(1)任何人未能遵守本条例或根据本条例施加的任何要求，将被处以民事罚款。(2)罚款金额由施加罚款的机构确定，但：(a)不得超过1,000,000英镑；(b)对于未能遵守第30条、第33条、第34条、第35条、第36条、第37条、第39条、第40条、第41条、第42条、第43条、第44条、第45条、第46条、第47条、第48条、第49条、第50条、第51条、第52条、第53条、第54条、第55条、第56条、第57条、第58条、第59条、第60条、第61条、第62条、第63条、第64条、第65条、第66条、第67条、第68条、第69条、第70条、第71条、第72条、第73条、第74条、第75条或第76条施加的要求，罚款不得超过1,000,000英镑。(3)罚款机构可将罚款作为应偿还债务追讨。(4)在确定罚款金额时，罚款机构必须考虑以下因素：(a)违规行为的严重性；(b)违规行为是否出于故意或鲁莽；(c)被处罚人是否为个人；(d)因违规行为获得的任何利益或避免的损失金额；(e)被处罚人在违规行为发生后的行为；(f)罚款机构关于罚款施加和金额的公开政策声明。(5)(6)(7)(8)(9)(10)(11)(12)略。］

条文内容解读

1. 立法意旨

本条是关于反洗钱法行刑衔接的规定。

2. 演变历程

本条可追溯至2006年《反洗钱法》第33条："违反本法规定，构成犯罪的，依法追究刑事责任。"考虑到我国刑法对洗钱犯罪行为，不论是通过金融机构还是通过非法渠道实施，都有追究刑事责任的规定，于是新《反洗钱法》新增了衔接性条款，规定利用金融机构、特定非金融机构实施或者通过非法渠道实施洗钱犯罪的，依法追究刑事责任。新《反洗钱法》通过明确行刑衔接制度，将行政监管与刑事制裁进一步紧密结合，完善了洗钱犯罪的追诉路径，消除了以往在法律适用上的模糊地带，充分体现了我国反洗钱治理的严厉性。

3. 内容解读

随着洗钱手段的更新迭代，洗钱方式越发复杂多样，2006年《反洗钱法》已难以适应目前国际社会和国内经济发展对反洗钱的要求。2020年，《中华人民共和国刑法修正案（十一）》发布，其中一大亮点便是将"自洗钱"行为纳入了刑法打击范围，使得刑事司法在应对复杂的洗钱案件时更加灵活全面。本次新修订的《反洗钱法》第2条对"反洗钱"定义进行了修改，保留了以上反洗钱的7项上游犯罪，同时增加了"其他犯罪"的兜底条款。与《中华人民共和国刑法》相比，扩大了上游犯罪的范围，并规定"预防恐怖主义融资活动适用本法"。

新《反洗钱法》第62条与第2条遥相呼应，共同实现反洗钱行政管理和刑事处罚的有效衔接。一方面，违反本法规定构成犯罪的，依法追究刑事责任；另一方面，明确规定三类洗钱行为也将"依法追究刑事责任"。

（1）"利用金融机构"洗钱的，如利用银行转账、证券交易等方式实施的洗钱行为，属于较为传统、常见的洗钱方式，可直接适用刑法相关条款。

（2）"利用特定非金融机构"洗钱的，依法追究刑事责任。随着时代的发展，洗钱犯罪逐渐脱离依附于上游犯罪的桎梏，许多犯罪分子绕开银行等金融机构去洗钱，犯罪形式较为新颖，往往依托现金密集行业，账户的进款和出款都采用现金交易方式，消除了交易痕迹，规避了监管，且跨行业操作居多，并不要求实名制交易，难以根据交易客户的基本信息，进而判断交易是否属于可疑交易，现实规制较为困难。为此，新《反洗钱法》作出了积极回应和深刻调整，除进一步完善和细化金融机构的反洗钱合规义务外，也针对特定非金融机构的主体范围、合规义务内容和法律责任而作出更为清晰的规范和界定。例如，新《反洗钱法》第64条对履行反洗钱义务的特定非金融机构范围进行了定义，包括房地产开发企业或者房地产中介机构、会计师事务所、律师事务所、公证机构、贵金属交易商、宝石现货交易的交易商及其他需要履行反洗钱义务的机构。这意味着，"利用特定非金融机构实施洗钱犯罪的"，如通过房地产交易、经纪服务、贵金属交易等途径进行洗钱的行为，新《反洗钱法》明确其刑事责任属性，消除了以往在法律适用上对此类行为进行刑事处罚的模糊地带。

（3）针对"通过非法渠道"实施洗钱犯罪的，依法追究刑事责任。我国反洗钱监督体系逐步健全、趋向严格，使得通过金融机构和特定非金融机构实施洗钱的成本和风险不断增高，而通过"地下钱庄"等非法渠道洗钱，因具有组织严密、手续专业、手段隐蔽等特点，便成为上游犯罪人跨境转移赃款的秘密通道，带来的洗钱风险日益严峻，对我国金融管理秩序产生多维度的危害。在以往的司法实践中，如何认定通过"地下钱庄"等渠道非法从事跨境汇款、买卖外汇、资金支付结算等非法业务的行为，一直是司法难点，如行为人是否存在洗钱罪的主观认知等问题，成为对"地下钱庄"适用洗钱罪的主要障碍。因此，打击此类行为，一般适用"非法经营罪"这一罪名来进行刑事处罚，但并未呈现出较好的案件办理和治理效果，不仅遮掩了"地下钱庄"等非法渠道所蕴含的洗钱风险，未揭示资金的真实法律性质，也难以全面评价此类行为的法益侵害性。本次新修订的《反洗钱法》适时而动，在第62条进一步明确与刑罚的衔接，为打击"地下钱庄"等一些采取非法渠道实施洗钱的行为提供了更有力的法律武器，加大了对洗钱犯罪的打击力度。

从本条规定能够看出，洗钱风险的不断提高，反洗钱形势的越发严峻，导致对洗钱行为的处罚力度进一步加强。立法进一步明确反洗钱行刑衔接制度，将会有效打击洗钱违法犯罪活动，维护金融秩序、社会公共利益和国家安全。

✦ 条文实务应用

1. 实务指南

金融机构仍为犯罪分子洗钱的主要渠道，其在新《反洗钱法》出台后应更加重视自身反洗钱风险。结合新《反洗钱法》《金融机构反洗钱规定》《金融机构大额交易和可疑交易报告管理办法》等法律、部门规章的要求，构建以"风险为本"的全流程反洗钱监测、预警机制，建立健全机构内控制度，根据自身业务制定操作规范和流程指引，强化大数据、人工智能等技科技手段，落实金融机构关于客户尽职调查、交易记录保存、大额/可疑交易报告等核心义务。加强对员工的反洗钱培训，提高反洗钱合规意识，确保有效履行反洗钱职责。

对于特定非金融机构而言，在从事特定业务时，应积极配合监管部门规定和要求，参照金融机构的相关要求履行反洗钱义务，与监管部门加强沟通，探索与本行业相契合的反洗钱合规制度，警惕通过特定非金融机构进行洗钱的活动。一是犯罪者利用犯罪所得和收益直接或者间接购买不动产，或者投资古玩字画，购买贵重金属、汽车、钻石珠宝等动产，通过多种投资渠道达到洗钱的目的。二是通过会计师事务所、律师事务所等经纪服务洗钱。犯罪者通过会计中介、法律服务中介等帮助，直接参股或注资，以虚假注册企业、虚假公证、虚报营业收入等手法，经过合法报税使非法所得及收益合法化。三是利用拍卖物品洗钱。犯罪者与拍卖行或竞争者串通，虚估拍品价格或高价竞买竞品，以支付巨额藏品价款的形式转移、清洗非法资金。因此，特定非金融机构需加强自身反洗钱合规管理，特别注意避免实施或者被利用实施以上行为，及时高效监控、预防、管理和控制相关风险。否则，根据本条规定的行刑衔接角度分析，特定非金融机构可能会面临被刑事司法评价为"放任危害后果的发生"，进而追究不作为犯罪或者洗钱共犯的刑事责任，导致法律风险从行政责任向刑事责任递延。

2. 典型案例

冯某才等人贩卖毒品、洗钱案①

案情简介：

2021年3月至4月，经缠某介绍，冯某才两次将海洛因放置在指定地点出售给他人。4月7日晚，冯某才再次实施毒品交易时被民警当场抓获。冯某才三次贩卖海洛因共计15.36克，收取缠某毒赃共计12350元。冯某才每次收取缠某等人的毒赃后，通过微信转账将大部分或者全部毒赃转给其姐姐冯某，三次转账金额合计8850元。其中：（1）2021年3月21日22时59分，冯某才收到缠某支付的毒赃4000元，于次日12时05分转至冯某微信2500元；（2）2021年4月7日21时15分，冯某才收到缠某支付的毒赃7600元，于当日22时55分转至冯某微信5600元；（3）2021年4月7日23时27分，冯某才收到吸毒人员昔某支付的毒赃750元，于当日23时28分全部转至冯某微信。

2021年10月13日，人民法院以贩卖毒品罪判处冯某才有期徒刑九年，并处罚金5000元；以洗钱罪判处冯某才有期徒刑六个月，并处罚金1000元；数罪并罚，决定执行有期徒刑九年，并处罚金6000元。冯某才未上诉，判决已生效。

裁判要旨：

结合证据全面审查发现：（1）冯某才每次收到毒赃后均全部或大部分转账，在作案时间段内呈现即收即转的特点。（2）冯某才与冯某对于借款金额、次数、已偿还金额以及未偿还金额等情况的陈述均含糊不清，且双方陈述的欠款数额差距较大。冯某才供称"我现在还欠她（冯某）一万多元钱。"而冯某称："应该还有（欠）几万元钱吧"。（3）除查明的三次毒赃转账外，2021年1月至4月，冯某才还有11次收取他人转账资金后即全部或大部分转给冯某，其中有4笔共计13480元来自缠某。冯某才关于归还借款的辩解不符合常理，且没有合理根据。冯某才收取毒赃后将赃款转移至他人的资金账户，具有掩饰、隐瞒犯罪所得及其收益的来源和性质的故意。上述行为发生在《刑法修

---

① 参见《检察机关惩治洗钱犯罪典型案例》，载最高人民检察院网站，https：//www.spp.gov.cn/xwfbh/wsfbt/202211/t20221103_591486.shtml#2，2025年5月20日访问。

正案（十一）》实施后，已构成洗钱罪，事实清楚，证据确实、充分。

案件评析：

要完整把握刑法规定的犯罪构成要件，坚持主观因素与客观因素相统一的刑事责任评价原则，准确区分洗钱罪与上游犯罪。洗钱罪是在上游犯罪完成、取得或控制犯罪所得及其收益后实施的新的犯罪活动，与上游犯罪分别具有独立的构成。"为掩饰、隐瞒上游犯罪所得及其产生的收益的来源和性质"和"有下列行为之一"都是构成洗钱罪的必要条件，主观上具有掩饰、隐瞒犯罪所得及其产生的收益来源和性质的故意，客观上实施了掩饰、隐瞒犯罪所得及其产生的收益的来源和性质的行为，同时符合主客观两个方面条件的，应当承担刑事责任，并与上游犯罪数罪并罚。认定上游犯罪和自洗钱犯罪，都应当符合各自独立的犯罪构成，上游犯罪行为人完成上游犯罪并取得或控制犯罪所得后，进一步实施的掩饰、隐瞒犯罪所得及其产生的收益的来源和性质的行为，属于自洗钱行为。上游犯罪实施过程中的接收、接受资金行为，属于上游犯罪的完成行为，是上游犯罪既遂的必要条件，不宜重复认定为洗钱行为，帮助接收、接受犯罪所得的人员可以成立上游犯罪的共犯。对于连续、持续进行的上游犯罪和洗钱犯罪，应当逐一分别评价，准确认定。

2022年11月，最高检发布检察机关惩治洗钱犯罪典型案例，冯某才等人贩卖毒品、洗钱案正是其中之一，帮助执法机关、司法机关厘清了办理自洗钱案件中的一些模糊认识，准确认定自洗钱犯罪。在新修订的《反洗钱法》出台之后，这个案件更是对犯罪人员发出警示：违反本法规定，实施上游犯罪后又洗钱的，不仅要追究上游犯罪的刑事责任，还要追究洗钱犯罪的刑事责任。

相关法律法规

《中华人民共和国刑法》

第一百九十一条 为掩饰、隐瞒毒品犯罪、黑社会性质的组织犯罪、恐怖活动犯罪、走私犯罪、贪污贿赂犯罪、破坏金融管理秩序犯罪、金融诈骗犯罪的所得及其产生的收益的来源和性质，有下列行为之一的，没收实施以上犯罪的所得及其产生的收益，处五年以下有期徒刑或者拘役，并处或者单处罚金；情节严重的，处五年以上十年以下有期徒刑，并处罚金：

（一）提供资金帐户的；

（二）将财产转换为现金、金融票据、有价证券的；

（三）通过转帐或者其他支付结算方式转移资金的；

（四）跨境转移资产的；

（五）以其他方法掩饰、隐瞒犯罪所得及其收益的来源和性质的。

单位犯前款罪的，对单位判处罚金，并对其直接负责的主管人员和其他直接责任人员，依照前款的规定处罚。

第二百二十五条　违反国家规定，有下列非法经营行为之一，扰乱市场秩序，情节严重的，处五年以下有期徒刑或者拘役，并处或者单处违法所得一倍以上五倍以下罚金；情节特别严重的，处五年以上有期徒刑，并处违法所得一倍以上五倍以下罚金或者没收财产：

（一）未经许可经营法律、行政法规规定的专营、专卖物品或者其他限制买卖的物品的；

（二）买卖进出口许可证、进出口原产地证明以及其他法律、行政法规规定的经营许可证或者批准文件的；

（三）未经国家有关主管部门批准非法经营证券、期货、保险业务的，或者非法从事资金支付结算业务的；

（四）其他严重扰乱市场秩序的非法经营行为。

《中华人民共和国刑法修正案（十一）》

十四、将刑法第一百九十一条修改为："为掩饰、隐瞒毒品犯罪、黑社会性质的组织犯罪、恐怖活动犯罪、走私犯罪、贪污贿赂犯罪、破坏金融管理秩序犯罪、金融诈骗犯罪的所得及其产生的收益的来源和性质，有下列行为之一的，没收实施以上犯罪的所得及其产生的收益，处五年以下有期徒刑或者拘役，并处或者单处罚金；情节严重的，处五年以上十年以下有期徒刑，并处罚金：

"（一）提供资金帐户的；

"（二）将财产转换为现金、金融票据、有价证券的；

"（三）通过转帐或者其他支付结算方式转移资金的；

"（四）跨境转移资产的；

"（五）以其他方法掩饰、隐瞒犯罪所得及其收益的来源和性质的。

"单位犯前款罪的,对单位判处罚金,并对其直接负责的主管人员和其他直接责任人员,依照前款的规定处罚。"

《最高人民法院、最高人民检察院关于办理非法从事资金支付结算业务、非法买卖外汇刑事案件适用法律若干问题的解释》

第二条 违反国家规定,实施倒买倒卖外汇或者变相买卖外汇等非法买卖外汇行为,扰乱金融市场秩序,情节严重的,依照刑法第二百二十五条第四项的规定,以非法经营罪定罪处罚。

第五条 非法从事资金支付结算业务或者非法买卖外汇,构成非法经营罪,同时又构成刑法第一百二十条之一规定的帮助恐怖活动罪或者第一百九十一条规定的洗钱罪的,依照处罚较重的规定定罪处罚。

条文理论延伸

王新、雷昌宇:《反洗钱视野中地下钱庄的刑事法律规制》,载《政法论坛》2025年第1期。

王新:《洗钱罪的基础问题辨析——兼与张明楷教授商榷》,载《法学评论》2023年第3期。

第七章 附 则

第六十三条 履行反洗钱义务的金融机构

在境内设立的下列机构，履行本法规定的金融机构反洗钱义务：

（一）银行业、证券基金期货业、保险业、信托业金融机构；

（二）非银行支付机构；

（三）国务院反洗钱行政主管部门确定并公布的其他从事金融业务的机构。

条文内容解读

1. 立法意旨

本条是关于履行反洗钱义务的金融机构的列举性规定。

2. 演变历程

本条源自2006年《反洗钱法》第34条对反洗钱法中所指称的金融机构的列举性规定，"本法所称金融机构，是指依法设立的从事金融业务的政策性银行、商业银行、信用合作社、邮政储汇机构、信托投资公司、证券公司、期货经纪公司、保险公司以及国务院反洗钱行政主管部门确定并公布的从事金融业务的其他机构。"

2006年《反洗钱法》第34条采用了列举式的定义方式，具体列出政策性银行、商业银行、信用合作社等金融机构，同时规定国务院反洗钱行政主管部门可以确定并公布其他从事金融业务的机构。这一规定基本涵盖了当时中国金融市场的主要业态，主要是以传统金融机构为核心

本次反洗钱法修订，结合了国内金融业的发展现状，放弃了2006年《反

洗钱法》如政策性银行等的具体类型列举,而是改为以行业进行划分和指称。

新《反洗钱法》第 63 条对金融机构的分类作出了进一步的扩展和调整。"证券期货业"被调整为"证券基金期货业",确保基金管理公司及相关金融服务商都在监管范围之内;同时,新增"信托业",将信托公司正式纳入反洗钱义务主体。这一调整弥补了此前法规中对信托行业监管的漏洞,符合近年来信托行业快速发展的趋势。此外,非银行支付机构依然被保留,兜底条款也仍然存在,确保了监管的灵活性。这一修订表明,监管机构不仅关注金融机构本身,还更加关注金融市场中的各类资金管理业务,确保所有具有资金处理能力的机构都承担反洗钱义务。

3. 内容解读

2024 年《反洗钱法》第 63 条采用了"分类列举 + 兜底条款"的模式,以更加明确和动态适应的方式界定金融机构的范围,从而强化反洗钱监管的精准性与执行力。

首先,分类列举增强明确性与针对性。该条文明确划分了不同金融行业,包括银行业、证券基金期货业、保险业、信托业以及非银行支付机构,使得不同类型的金融机构能够根据自身的业务模式和风险特征,针对性地履行反洗钱义务。这些机构承担资金存储、投资管理、资本运作等核心金融功能,容易成为洗钱活动的目标。银行业作为最主要的金融服务提供者,其账户体系和跨境交易能力使其在反洗钱监管中处于核心地位;证券、基金、期货行业涉及大额资本运作,可能被利用进行市场操纵和资金清洗;保险业可用于隐匿资金来源,如通过大额保单交易和退保进行资金转移;信托业因其复杂的法律架构和资产管理职能,也可能被用于隐藏受益所有人身份,因此这些行业均需严格履行反洗钱义务。这种行业列举模式弥补了早期反洗钱法条文表述较为笼统的缺陷,使金融机构能够更清晰地理解自己的合规义务,避免因定义模糊而导致法律适用争议。

其次,新增信托业,完善监管覆盖面。相较于 2006 年《反洗钱法》及此前的修订稿,2024 年最终版本增加了"信托业"作为单独类别。这一变化反映了近年来信托行业在财富管理、资产配置、跨境金融活动中的重要性,以及该行业在反洗钱监管中的特殊风险。如信托业务涉及的资产可能来源复杂，资金流动路径较长，容易被不法分子利用进行洗钱，因此纳入独立监管类别，有助于强化其反洗钱合规管理，补齐制度短板。

此外，兜底条款提供灵活性与开放性。第 3 项规定"国务院反洗钱行政主管部门确定并公布的其他从事金融业务的机构"，赋予了国务院反洗钱行政主管部门一定的裁量权，可以确定并公布其他从事金融业务的机构，使得法律条文能够适应金融市场的发展变化。这一规定的灵活性，使监管机构能够根据金融创新和风险演变情况，动态调整监管对象，例如，新兴金融产品、虚拟资产服务提供商、数字银行、供应链金融平台等，均可能被纳入反洗钱监管范围，以防止监管空白带来的系统性风险。随着金融科技、虚拟资产、去中心化金融等新兴金融模式的兴起，兜底条款的存在使监管机构能够迅速响应行业变化，将新型金融主体纳入监管，而无须等待法律修订，确保法律适用的连续性和及时性。

最后，法律执行更具指引性，促进精准合规。通过明确分类和动态调整机制，金融机构能够更精准地理解自身的法律责任，避免因监管空白或定义模糊带来的合规困境。同时，这种模式也为监管机构的执法提供了更清晰的框架，有助于提升反洗钱工作的透明度、可操作性以及执行力度。

本次修订是对原有金融机构定义模式的重大变更，具体而言是国内外各种现实因素共同作用的结果。

首先是金融行业新发展与新兴制度机构的崛起。随着科技和金融的融合，互联网金融、第三方支付等新兴业态迅速发展，带来了更多的反洗钱风险。传统反洗钱法中的定义已无法覆盖这些新兴机构。例如，非银行支付机构（如支付宝、微信支付）的交易规模巨大，若不纳入监管，就很容易成为洗钱的高风险领域。

其次是反洗钱国际合作与标准提升。中国作为金融行动特别工作组（FATF）的成员，不断完善国内反洗钱法律以符合国际标准。

从整个《反洗钱法》的体系来看，第 63 条在《反洗钱法》的体系性地位体现为对金融机构反洗钱义务主体范围的明确界定，并在法律适用上与其他相关条款形成衔接，为责任追究提供基础性依据。第 63 条不仅与《反洗钱法》第六章的责任追究条款相互呼应，同时也与刑法有关洗钱犯罪的规定形成联动，共同构建了从行政监管到刑事惩治的层级化法律责任体系。特别是，第63条通过对履行反洗钱义务的金融机构进行列举，明确了反洗钱监管的核心对象，为后续法律责任的认定奠定了基础，从而确保反洗钱法律制度在适用上的明确性和可操作性。

从法律逻辑上看，第63条在反洗钱法律体系中承担了界定义务主体的功能，使得后续关于金融机构的义务条款（如客户尽职调查、大额和可疑交易报告、受益所有人识别等）有了清晰的适用对象。这种立法方式不仅有助于规范金融机构的市场行为，同时也增强了法律适用的精准性，使金融机构无法以自身行业类别或法律适用争议为由逃避反洗钱义务。

更进一步地，作为《反洗钱法》第三章"金融机构和特定非金融机构的反洗钱义务"内容的起点，第63条不仅确定了义务主体，还与第64条关于特定非金融机构的规定相互补充，形成了完整的义务适用框架。这种体系性设计确保了金融体系和部分高风险非金融行业都被纳入反洗钱监管范畴，既避免了监管漏洞，也使得法律在执行过程中具有足够的灵活性，以适应反洗钱监管实践的不断演进。因此，第63条不仅是对金融机构反洗钱义务的确认，更是整个反洗钱法律体系在适用范围上的基础性条款，它的设立确保了法律责任的可追溯性，使反洗钱监管能够覆盖金融市场的各个角落，从而有效打击和预防洗钱活动。

❖ 条文理论延伸

1. 比较法规定

英国《反洗钱、反恐融资和资金转移条例2017》第8条。[①]

[①] UK, The Money Laundering, Terrorist Financing and Transfer of Funds (Information on the Payer) Regulations 2017, Application, 8. (1) Parts 1 to 6 and 8 to 11 apply to the persons ("relevant persons") acting in the course of business carried on by them in the United Kingdom, who— (a) are listed in paragraph (2); and (b) do not come within the exclusions set out in regulation 15. (2) The persons listed in this paragraph are— (a) credit institutions; (b) financial institutions; (c) auditors, insolvency practitioners, external accountants and tax advisers; (d) independent legal professionals; (e) trust or company service providers; (f) estate agents; (g) high value dealers; (h) casinos.

[英国《反洗钱、反恐融资和资金转移条例2017》第8条 适用范围：（1）第1部分至第6部分及第8部分至第11部分适用于符合以下条件的在英国境内开展业务过程中行事的"相关人士"：（a）属于本条第（2）款所列实体；（b）不属于条例第15条规定的排除情形。（2）本款所列实体包括：（a）信贷机构；（b）金融机构；（c）审计师、破产从业人员、外部会计师及税务顾问；（d）独立法律专业人士；（e）信托或公司服务提供商；（f）房地产经纪人；（g）高价值交易商；（h）赌场。]

2. 学术研究

成娜、袁静文、卢俊峰：《我国银行业反洗钱困境："规则为本"抑或"风险为本"——基于混合策略模型的分析》，载《上海金融》2017年第6期。

陈艳萍、彭振辉：《第三方支付机构客户洗钱风险评估》，载《财会月刊》2020年第23期。

第六十四条　特定非金融机构的反洗钱法义务

> 在境内设立的下列机构，履行本法规定的特定非金融机构反洗钱义务：
> （一）提供房屋销售、房屋买卖经纪服务的房地产开发企业或者房地产中介机构；
> （二）接受委托为客户办理买卖不动产，代管资金、证券或者其他资产，代管银行账户、证券账户，为成立、运营企业筹措资金以及代理买卖经营性实体业务的会计师事务所、律师事务所、公证机构；
> （三）从事规定金额以上贵金属、宝石现货交易的交易商；
> （四）国务院反洗钱行政主管部门会同国务院有关部门根据洗钱风险状况确定的其他需要履行反洗钱义务的机构。

❈ 条文内容解读

1. 立法意旨

本条是对承担反洗钱法义务的特定非金融机构的列举性规定。

2. 演变历程

新《反洗钱法》第64条规定是本次修订过程中新增加的内容，2006年《反洗钱》中并无类似规定，总体而言是针对反洗钱工作的新形势与新要求。

3. 内容解读

就形式而言，新《反洗钱法》第64条与第63条一样皆采用了"明确列举+开放性规定"的列举模式，体现出明确性与模糊性的有机结合，展现了法律的规范性与灵活性。一方面，条文明确列举了房地产开发企业、房地产中介机构、会计师事务所、律师事务所、公证机构以及贵金属、宝石现货交易的交易商等特定非金融机构，清晰界定了现阶段反洗钱义务的主要承担主体范围，为法律的实施提供了具体依据，确保规则的明确性和可操作性。另一方面，条文通过开放性规定，即"国务院反洗钱行政主管部门会同国务院有关部门根据洗钱风险状况确定的其他需要履行反洗钱义务的机构"，为未来可能出现的新型高风险主体预留了制度接口。这一设计不仅增强了法律的适应性和前瞻性，也为行政部门根据实际情况动态调整监管范围提供了合法依据。

通过这种列举模式，第64条在明确规定与灵活调整之间取得了平衡。一方面，具体列举的行业以其交易中资金流动量大、资金来源复杂、交易链条长等特点成为反洗钱的重点领域，明确其反洗钱义务主体有助于提高规制的精准性和有效性；另一方面，开放性规定则为应对经济活动和洗钱手段的不断变化提供了灵活空间，确保法律始终能够与时俱进。总体而言，该条既明确了当前高风险行业的反洗钱义务，又预留了制度接口，为构建全面、严密且高效的反洗钱法律体系奠定了坚实基础。

就具体内容而言具体规定则是综合考量、与时俱进的结果：

首先，本次修法新增《反洗钱法》第64条规定，是对反洗钱领域中的特定非金融机构的具体列举，明确了这些机构在反洗钱工作中的义务承担主体地位，这是结合行业特点、回应时代关切，在新形势下推进反洗钱工作与时俱进的新实践。

从第64条列举的具体行业来看，这些机构在交易过程中通常涉及高频次、大额的资金流动，并且资金来源复杂、去向多样。例如，房地产开发企业和房地产中介机构因房屋交易金额高且参与主体多，极易成为隐藏非法资金、进行资产置换的高风险领域。[1] 会计师事务所、律师事务所、公证机构在提供专业服务时，可能协助客户代管资金、证券账户，或代理设立企业并筹措资金，这些行为一旦缺乏有效监管，就可能被不法分子利用，成为洗钱的中转站或掩护工具。此外，从事贵金属、宝石现货交易的商家，其商品高

---

[1] 孙心怡：《房地产行业洗钱风险监测问题实证分析》，载《征信》2020年第12期。

价值、小体积、易于流通的特性，使得这些交易场景成为不法分子转移和隐藏非法资产的重要渠道。

这些行业的特殊性，决定了它们在反洗钱工作中的关键地位。一方面，由于其资金流动量大且性质复杂，这些行业存在较高的洗钱风险，立法者明确其反洗钱义务，有助于填补监管空白，增强反洗钱网络的全面性和有效性；另一方面，这些行业的专业性和市场影响力较强，将其纳入反洗钱义务主体，不仅能够扩大法律规制的覆盖面，还可以借助这些主体的专业优势，提高洗钱风险识别和报告的效率，形成更有效的反洗钱合力。

其次，从国际经验来看，特定非金融机构长期以来就是反洗钱立法和监管的重点领域。例如，金融行动特别工作组（FATF）在反洗钱建议中明确要求房地产中介、律师、会计师等从事高风险业务的非金融机构履行特定的反洗钱义务。新《反洗钱法》第64条的规定与国际标准接轨，既反映了全球反洗钱趋势对新型洗钱风险的关注，也展现了我国立法对国际合规趋势的积极回应。

从体系性角度来看，本条不仅有利于形成打击洗钱的严密网络，通过第62条对这些特定非金融机构的列举和义务明确，既体现了法律对洗钱犯罪高风险领域的针对性规制，也进一步强化了反洗钱法律体系的科学性和完备性。这些行业因其交易特性而具有洗钱风险，立法者通过明确其反洗钱义务，不仅有效堵塞了法律漏洞，还为我国构建全面、严密的反洗钱防控网络提供了有力支撑。

当前，电信网络诈骗、非法集资等各类上游犯罪带来的洗钱活动较为猖獗，实践中，不少单位和个人因不了解洗钱后果或为谋利而出租出借银行账户，出售身份证代为开户、转账等，为不法分子提供了洗钱便利，也给人民群众带来财产损失等困扰。预防和遏制洗钱以及相关犯罪活动，不仅是政府部门的法定职责，也是金融机构和特定非金融机构的法定义务，更是每个社会公众的共同责任，本条规定将特定的非金融机构纳入义务主体体系中，有利于发挥法律的规范作用，增强反洗钱意识，使得距反洗钱阵地较近的非金融机构自觉远离、抵制洗钱及相关犯罪活动。

而从《反洗钱法》与《中华人民共和国刑法》的关系、反洗钱义务和责任与刑事责任之间的衔接来看，第 64 条与作为引渡性条款的第 62 条紧密相关，共同架起了《反洗钱法》与刑法之间的桥梁。《反洗钱法》第 62 条明确规定，对于违反《反洗钱法》相关义务且构成犯罪的行为，应依法追究刑事责任。这一设计不仅增强了不同法律部门的体系性和协调性，还进一步实现了行政法律规范与刑事法律规范的无缝衔接，使得反洗钱领域的违法行为能够真正受到刑法的惩处。

从刑法的一般理论出发，追究刑事责任需要满足犯罪构成的四要件要求，即犯罪主体、主观方面、犯罪客体和客观方面。第 64 条通过对特定非金融机构的具体列举，有效明确了犯罪主体的范围。这种立法模式避免了法律适用过程中因主体不明而导致的适用困难，同时为违法行为的认定和追责提供了清晰的框架。更重要的是，这种明确性体现了立法者在精准打击洗钱犯罪与保护合法经营者权益之间的平衡，既避免涵摄范围过大导致无辜主体被卷入，也防止范围过窄削弱法律的规制力。

此外，第 64 条的列举不仅是对洗钱犯罪主体的一种限制性界定，更体现了立法在应对新兴风险领域的预见性和主动性。随着全球经济和金融活动的日益复杂，特定非金融机构在洗钱犯罪中的作用逐渐凸显。通过将这些机构纳入反洗钱义务主体范围，法律为进一步完善洗钱犯罪防控机制奠定了基础。同时，这也为未来可能需要纳入反洗钱义务的其他新型主体提供了法律基础和实践依据。

❖ 条文实务应用

被明确列举的特定非金融机构应当主动建立反洗钱合规制度。被明确列举的房地产开发企业、会计师事务所等特定非金融机构应建立健全反洗钱合规管理制度，明确反洗钱工作的管理结构和职责分工。具体而言，相关非金融机构可以设立反洗钱合规官（AML Officer）或者其他人员，具体负责日常的反洗钱工作。除新的人事安排外，还需要制定并实施具体的内部反洗钱政策和操作程序，如客户尽职调查（CDD）、可疑交易报告（STR）、大额交易监控、员工培训等内容，确保所有员工理解和遵循反洗钱义务。

条文理论延伸

1. 比较法规定

英国《反洗钱、反恐融资和资金转移条例 2017》（*Money Laundering, Terrorist Financing and Transfer of Funds Regulations* 2017）[①]。

2. 学术研究

包明友：《完善新时代反洗钱制度体系的重要举措》，载《中国金融》2024 年第 11 期。

宣昌能：《以制度创新推动新时代反洗钱事业高质量发展》，载《中国金融》2024 年第 24 期。

第六十五条 施行时间

本法自 2025 年 1 月 1 日起施行。

条文内容解读

新《反洗钱法》第 65 条规定了该法的施行时间，即"本法自 2025 年 1 月 1 日起施行"。这一条款主要涉及法律生效的时间节点，并为相关部门、机构和公众提供了明确的法律适用起始日期。

首先，特定非金融机构如房地产中介、律师事务所、会计师事务所、贵金属交易的交易商等，在这之前需要完成内部反洗钱合规体系的搭建，确保

---

① UK, The Money Laundering, Terrorist Financing and Transfer of Funds (Information on the Payer) Regulations 2017, Application, 8.— (1) Parts 1 to 6 and 8 to 11 apply to the persons ("relevant persons") acting in the course of business carried on by them in the United Kingdom, who— (a) are listed in paragraph (2); and (b) do not come within the exclusions set out in regulation 15. (2) The persons listed in this paragraph are— (a) credit institutions; (b) financial institutions; (c) auditors, insolvency practitioners, external accountants and tax advisers; (d) independent legal professionals; (e) trust or company service providers; (f) estate agents; (g) high value dealers; (h) casinos.

[英国《反洗钱、反恐融资和资金转移条例 2017》第 8 条 适用范围：(1) 第 1 部分至第 6 部分及第 8 部分至第 11 部分适用于符合以下条件的在英国境内开展业务过程中行事的"相关人士"：(a) 属于本条第 (2) 款所列实体；(b) 不属于条例第 15 条规定的排除情形。(2) 本款所列实体包括：(a) 信贷机构；(b) 金融机构；(c) 审计师、破产从业人员、外部会计师及税务顾问；(d) 独立法律专业人士；(e) 信托或公司服务提供商；(f) 房地产经纪人；(g) 高价值交易商；(h) 赌场。]

在法律正式生效后，能够立刻开始履行反洗钱义务。

其次，政府和金融监管部门需要在生效前完成对法律实施的各项准备工作，包括发布相关实施细则、制定执行标准、开展培训等，以确保法律施行后，相关监管工作能够顺利进行。

最后，在新法施行前，可能存在旧有的反洗钱规定，相关部门和机构需要根据新《反洗钱法》的要求进行适当的调整。这一过程涉及行政措施、法规的修订和适用，确保新《反洗钱法》实施时与现有法律体系的衔接无缝对接。

图书在版编目（CIP）数据

新反洗钱法解释、理论与实务 / 武长海，王旭主编.
北京：中国法治出版社，2025.6. -- ISBN 978-7-5216-5351-9

Ⅰ．D922.281.5

中国国家版本馆 CIP 数据核字第 20253DA690 号

责任编辑：白天园　　　　　　　　　　　　封面设计：杨泽江

新反洗钱法解释、理论与实务
XIN FANXIQIANFA JIESHI、LILUN YU SHIWU

主编/武长海，王旭
经销/新华书店
印刷/三河市国英印务有限公司
开本/710 毫米×1000 毫米　16 开　　　　　印张/ 18.75　字数/ 278 千
版次/2025 年 6 月第 1 版　　　　　　　　2025 年 6 月第 1 次印刷

中国法治出版社出版
书号 ISBN 978-7-5216-5351-9　　　　　　　定价：68.00 元

北京市西城区西便门西里甲 16 号西便门办公区
邮政编码：100053　　　　　　　　　　　　传真：010-63141600
网址：http://www.zgfzs.com　　　　　　　编辑部电话：010-63141792
市场营销部电话：010-63141612　　　　　　印务部电话：010-63141606

（如有印装质量问题，请与本社印务部联系。）